MONTSAUGEON

(HAUTE-MARNE)

PAR

ERNEST SERRIGNY

ANCIEN MAGISTRAT

MEMBRE DE L'ACADÉMIE DES SCIENCES ARTS ET BELLES LETTRES DE DIJON,
DE LA COMMISSION DES ANTIQUITÉS DE LA COTE-D'OR,
DE LA SOCIÉTÉ HISTORIQUE DE LANGRES.

DOMOIS-DIJON

IMPRIMERIE DE L'UNION TYPOGRAPHIQUE

1907

MONTSAUGEON

(HAUTE-MARNE)

Principaux ouvrages du même Auteur.

De Saint-Dizier à Wassy.

Journal d'une expédition contre les Iroquois en 1687, par le chevalier de Baugy.

La représentation d'un mystère de Saint Martin à Seurre, en 1496.

La chapelle des Bossuet à Seurre.

Cæcila. — Oratorio de M. Ch. Poisot

Triduum en l'honneur de J.-B. de la Salle.

Sigurd, opéra de M. Reyer.

La Jeanne d'Arc de Schiller.

Rédemption. — Oratorio de M. Gounod.

L'abbé Chevojon — Un Seurrois.

Les Verseilles et Valpelle.

Orphée chrétien, représenté sur un bassin d'étain.

La Crèche de Villegusien.

Le grand Pardon général de peine et de coulpe à Chaumont.

MONTSAUGEON

(HAUTE-MARNE)

PAR

ERNEST SERRIGNY

ANCIEN MAGISTRAT

MEMBRE DE L'ACADÉMIE DES SCIENCES ARTS ET BELLES LETTRES DE DIJON,
DE LA COMMISSION DES ANTIQUITÉS DE LA COTE-D'OR,
DE LA SOCIÉTÉ HISTORIQUE DE LANGRES.

DOMOIS-DIJON

IMPRIMERIE DE L'UNION TYPOGRAPHIQUE

—

1907

MONTSAUGEON

CHAPITRE Ier

Origines.

Entre Prauthoy et Vaux-sous-Aubigny s'élève, dans la plaine, un monticule, une *motte*, une énorme taupinière flanquée de quelques maisons et de riantes villas abritées contre les vents du nord, ensoleillées à l'est, au midi et à l'ouest et se reflétant dans les eaux claires d'un étang, qui baigne ce petit coin pittoresque de la Haute-Marne. C'est Montsaugeon, village sans importance aujourd'hui, mais, jadis, forteresse de grand renom et la capitale d'une contrée qui a son histoire, le *Montsaugeonnais*.

Pour préciser la situation géographique de Montsaugeon disons que cette localité est à 58° 28" de longitude est et 47° 4' de latitude nord.

Elle faisait partie du pays d'Attouard (*pagus atturensis*) limité par la Tille, la Saône et la Vingeanne. La contrée est aujourd'hui divisée entre la Haute-Marne et la Haute-Saône. On verra plus loin ce qu'était le *Montsaugeonnais*.

L'origine de Montsaugeon est fort ancienne, cela n'est pas douteux. Sans compter la rencontre assez fréquente de silex taillés en forme de couteaux, de grattoirs, de pointes de flèches, deux *tumulus* situés *au Charmet* ont été plusieurs fois fouillés pour le compte de l'empereur Napoléon III, qui écrivait alors la *Vie de César* ; une première fois, sommairement, par M. Defay; et, une seconde fois, par MM. Camille et Joseph Royer, membres de la Société historique de Langres, qui ont recueilli nombre d'objets trouvés à Montsaugeon : Le musée de Saint-Germain conserve quantité de bijoux, fragments de poterie, et objets divers découverts dans ces fouilles.

Peut-être cherchait on à démontrer que, là, s'était livré une grande bataille entre Vercingétorix et Jules César. En effet, Montsaugeon (1) avec sa *motte* isolée, facilement défendable, située entre la voie romaine de Langres à Lyon, avec embranchement sur Toul et passant par le territoire voisin de Couzon, dût être une place importante et, des deux côtés de ces routes, des débris de constructions romaines, de nombreuses tuiles à rebords, des vestiges anciens affirment l'antique habitation de ces lieux par les Romains.

Avant le blocus d'Alesia se serait donc livré sur le territoire de Montsaugeon une grande bataille entre Vercingétorix et Jules César.

César, obligé de lever le siège de Gergovie, capitale des Arvernes, traversa la Loire et vint dans le pays des Senonais avec les troupes de Labienus. Pendant ce temps, Vercingétorix, à la tête de la révolte des Gaulois, était nommé par les Eduens

(1) En septempre 1863, M Henri Defay a publié un mémoire intitulé « *Etude sur la bataille qui a précédé le blocus d'Alesia* » et ayant pour objet de déterminer le lieu de la bataille dans laquelle les Romains ont vaincu les Gaulois avant le siège d'Alesia.

généralissime, en l'assemblée de Bibracte (Autun). Avec ses 15000 hommes de cavalerie Vercingétorix coupait les relations de César avec la province romaine, dont il cherchait à se rapprocher en entrant dans la Séquanie (Saône). Du pays de Sens, César décida de longer la frontière des Lingons ; il arriva au midi de Langres, traversa la Séquanie par la voie de Langres au lac de Genève afin de rejoindre les Allobroges.

En son quartier général de Bibracte (Autun ou Beuvray) Vercingétorix apprend le mouvement de l'armée romaine. Convaincu que César va en Séquanie par la route de Langres à Lyon, ou plutôt celle de Langres au lac de Genève, il court à Pontaïller (Pontailler-sur-Saône) et remonte la route jusqu'à Sacquenay. Le lieu était favorable à une grande bataille de cavalerie.

Entre Sacquenay, Occey, Suxy, Piépape, Chassigny, s'étend une vaste plaine comprise entre le vallon de la Vingeanne et la voie romaine de Langres à Lyon, avec embranchement, à Vaux-sous-Aubigny, sur la voie de Langres au lac de Genève (1).

C'est là qu'aurait eu lieu un combat, qui précéda la chute d'Alesia.

César, devinant les projets de Vercingétorix, se rend à Benœuvre, divise ses troupes en deux colonnes, fait passer ses bagages avec une escorte par la voie de Langres à Alise (2). Le reste de l'armée suit par le *chemin des fées* (3), « marchant parallèlement à la colonne des bagages et à portée de la secourir.

(1) Langres à Lyon par Bourg, Longeau, Prauthoy, Aubigny.
Langres à Genève par Bourg, Longeau, Prauthoy, Aubigny, Isomes, Sacquenay.

(2) Langres, Saint-Geosmes, Aprey, Aujeures, Musseau, Lamargelle, Benœuvre.

(3) Langres, Perrogney, Pierre Fontaines, la Borde, Benœuvre.

Il arrive dans la région de La Borde, Pierrefontaines, et tombe sur la voie de Langres à Lyon par les chemins qui joignaient cette voie à celle de Langres à Alise et se prolongaient jusqu'au chemin des fées. »

Il occupe immédiatement les sommets de Montmuzard, de Bize-Lassaut et du bois Morie derrière Chassigny. Ces deux derniers postes pouvaient abriter sa cavalerie dans une position favorable le long de la Vingeanne et du *Rû* de Chassigny, qui coulait au nord et au bas de ces hauteurs.

« De ses retranchements César apercevait en face de lui à dix mille pas, sur le dernier plan, les hauteurs de Sacquenay et Montormentier que Vercingétorix était en train de fortifier et, dans l'intervalle, ses regards plongeaient sur ce vallon, où allaient, le lendemain, se développer les deux armées, ce cirque choisi par Vercingétorix pour jouer le premier acte de cette héroïque défense d'un peuple avide de délivrance. »

Vercingétorix avait établi trois camps : à Sacquenay, à Montormentier et au Soc, monticule également fortifié. « Il était là, dans une position très favorable. Derrière lui, s'étendait une plaine; devant lui, des escarpements presque inexpugnables le défendaient de l'approche des Romains. Il commandait la levée de Genève et pouvait en une heure au plus se porter avec toutes ses forces au dessus de la route de Langres à Lyon si César s'y fût engagé. »

« De ces positions il dominait toute la plaine jusqu'à Bize-Lassaut. Il put donc suivre toutes les phases de la bataille, dont le panorama se déroula devant ses yeux. »

« Le lendemain, Vercingétorix fait descendre son armée des hauteurs dans la plaine. Il range en bataille son infanterie devant les camps, sur le plateau compris entre la Vingeanne au nord, Montormentier à l'est et Sacquenay au midi, pour animer ses cavaliers et inspirer terreur à l'armée romaine. Il distribue sa cavalerie en trois corps : l'un passe la Vingeanne, rivière très guéable en certains endroits et prend la direction du bois Morie par les hauteurs ; l'autre descend la levée de Genève à la rencontre de César. Les troupes du troisième, composant l'avant-garde, s'avancent jusque sur le plateau de Dommarien et s'opposent à la marche de l'infanterie qui descend en obliquant à droite pour aller protéger la colonne de bagages qui commence à déboucher sur la route à Vaux par le vallon du *Badin.* »

« César, des hauteurs de Bize-Lassaut, où il était posté, se rend compte de ces mouvements, divise également sa cavalerie en trois corps et la lance contre les Gaulois. »

L'action s'engage de toutes parts, à Dommarien, à Prauthoy, à Choilley. L'infanterie parvient à la route en face d'Aubigny. Elle fait halte dans une plaine qui s'étend à l'embranchement des deux routes et reçoit les bagages au milieu de ses légions. »

« César a gagné les hauteurs de Prauthoy, d'où il suit les péripéties de cette lutte. Là où il voit les cavaliers plier sous les efforts de ses nombreux adversaires il envoie de l'infanterie pour soutenir et rétablir le combat. Cette précaution ralentit l'ardeur des Gaulois et ranime les Romains sûrs d'être secourus. Enfin, les Germains, qui combattaient à l'aile droite, gagnent le sommet d'une colline où est aujourd'hui la ferme de *la Chassagne* et en chassent les ennemis. »

« Les Gaulois fuient en désordre vers la Vingeanne sur les bords de laquelle Vercingétorix a rangé son infanterie. Les uns dans la direction de

Choilley, de Dardannay, de Cusey, d'autres vers le Badin cherchant à regagner la levée et le camp de Sacquenay. Les premiers passent la rivière et son reçus par l'aile gauche des Romains qui les taillent en pièces. Les autres sont poursuivis sur le plateau d'Isomes où l'on en massacra un grand nombre. L'infanterie gauloise, craignant d'être investie, se dérobe à la mort par une prompte fuite. »

« César est maître du champ de bataille; Vercingétorix se retire à Alise, coupant en ligne droite de Sacquenay sur Aujeures, en traversant Occey, Pressant, et allant gagner par les dessus de Rivières-les-Fosses, la voie de Bar-sur-Aube (1) à Lyon qui le mène droit sur la voie d'Alise. »

« César poursuit les fuyards qui sont massacrés. Il les bat à Sacquenay, à Occey, à Pressant, à Rivières, vers Chamberceau, vers Vervres-sous-Chalancey, leur tue environ 3000 hommes et ne cesse sa poursuite qu'à la nuit. Voyant la direction de Vercingétorix, César ne doute pas de son but d'aller s'enfermer dans Alise, cette voie ne pouvant le conduire ailleurs. Il revient donc prendre ses bagages qu'il a installés sous la garde de deux légions sur la colline qui domine Vaux-sous-Aubigny au sud-ouest, fait donner sépulture aux morts et part le lendemain pour faire le siège d'Alise. »

La thèse de M. Defay s'appuie sur les Commentaires de César (2), qu'il paraphrase avec beaucoup d'érudition ; malheureusement les Commentaires ne donnent aucun nom de rivière, de pays, de localités et le champ des hypothèses reste ouvert.

(1) Sacquenay, Occey, Pressant, Chamberceau, la Vaatre, Vervres-sous Chalaney, Vaillant etc...

(2) VIIe livre. chap 66 à 68.

Le colonel de Coyuart (1) a réfuté et contredit victorieusement M. Defay, qui rend Monsaugeon témoin de cette mémorable bataille ; cependant, l'hypothèse a été adoptée, avec certaines modifications, dans *l'Histoire de César* par Napoléon III (tome II, p. 253).

Au moment où tous les savants s'occupent des fouilles que l'on pratique à Alise-Ste-Reine, il m'a paru intéressant de donner cet extrait du travail de M. Defay, bien qu'il soit fort contesté.

Quelle est l'étymologie du mot Montsaugeon ?

« Si quelques monuments de la période romaine, dit M. Jolibois (2), s'y étaient rencontrés, les étymologistes n'auraient pas manqué de faire dériver le mot latin de ce village (*Mons Salio*) de celui des prêtres du dieu Mars, les *Saliens*, qui, en sautant (*saliendo*), dansaient et frappaient leurs boucliers en chantant des chants saliens, qu'un certain *salien*, originaire de Samothrace ou d'Arcadie, imposa, dit-on, en Italie lorsqu'il accompagna Enée.

« Il serait plutôt permis, ajoute le même auteur, de rapprocher ce nom de celui des *Francs Saliens* » ; mais les Francs Saliens n'apparurent que vers le troisième et le quatrième siècles, et nulle part l'existence de Montsaugeon n'est signalée avant l'époque carlovingienne.

Mons Saliens, montagne saillante (*saliens*) a satisfait certains étymologistes ; mais il ne faut pas perdre de vue que le verbe *salio*, saillir ou jaillir, s'applique généralement aux fontaines. Si le mot *saliens* (qui saute, qui jaillit), peut s'appliquer au *Saliens rivus* de Virgile il pourrait s'appliquer à la rigueur à l'eau courante, l'eau de l'étang de Montsaugeon n'étant pas

(1) *Mémoires de la Commission des Antiquités de la Côte-d'Or.* (tome VII, p. 160).

(2) Jolibois. La *Haute-Marne*, V° *Monsaugeon.*

alors retenue et se répandant peut-être en cet endroit.

Mons solus, montagne isolée, qu'on rencontre en des écrits anciens, a eu ses adhérents.

Faut-il admettre que ce village a pris le nom de *Mons aux lions* (*Mons ad leones*), parce qu'autrefois ses seigneurs portaient deux lions dans leurs armoiries ? Il est certain qu'en 1600 et même plus tard on écrivait *Monsaulion*, mais on aurait écrit *Mons-ès-lions*.

Mons salis, venant du grenier à sel (*salis*) établi dans la ville, est inadmissible, car, en 1369, bien longtemps avant l'établissement du grenier on écrivait *Mons salio*, comme on peut s'en convaincre en lisant une ordonnance de Monseigneur Guillaume de Poitiers, qui fonda la confrérie de St Nicolas dans l'église de Montsaugeon (*Montes salionis*). *Mons Salvio* a été proposé par M. Roserot (1).

Que penserait-on de *Mons salix* (*salix*, *saule*) si l'on suppose que cet endroit était planté de saules ? Le saule ne prend-il pas son nom du *sallis* celtique qui signifie près de l'eau. Cette étymologie, pour être la plus simple, n'est peut-être pas la plus mauvaise.

On a imaginé que l'éminence, où se dressait fière et quelque peu hautaine la forteresse de Monsaugeon, serait quelque ancien *tumulus*, édifié de main d'hommes pour servir de sépulture à quelque puissant d'alors, ou un souvenir glorieux amoncelé en l'honneur de héros tombés, là, le glaive en main. Nous avons, en France, d'autres monticules la plupart fouillés et consacrés par la science comme *tumulus*. Sans aller jusqu'à Carnac, où l'on visite *le Mont Saint Michel*, tumulus reconnu, ne peut-on pas citer, près de nous, les *deux Jumeaux* des environs de Châtillon-sur-

(1) Roserot. *Répertoire historique de la Haute-Marne.*

Seine que l'on a, à tort ou à raison, considéré comme des *tumulus* ?

L'étude géologique du terrain permet de se rendre compte de la formation de la *Motte* de Montsaugeon.

Elle se trouve auprès de la montagne. Supposez une fracture, ou *faille,* se détachant de cette montagne ; admettez que, à un moment donné, les eaux se soient précipitées au moment d'un *diluvium*, aient recouvert de terrains stratifiés la surface de cet éboulement, y aient laissé des dépôts superposés à diverses époques, puis, que cette partie de terrain ait subi tout autour d'elle une désagrégation, que les eaux aient rongé en traversant la faille tout ce qui s'opposait à son cours, il reste au bout de plusieurs siècles un espace émergeant d'abord, puis les eaux baissant, une motte telle que nous la voyons aujourd'hui. Un rivière qui rencontre des obstacles devient sinueuse, ronge ses bords et se creuse au milieu qui deviendra une vallée et ses rives primitives une montagne, un monticule, une *motte*, si les eaux suivant leurs cours arrivent jusqu'à former une boucle ; cela se voit encore de nos jours, mais en petit.

Les vallées formées par *érosion,* ainsi s'appellent géologiquement ces phénomènes, constituent le relief du sol. En Bourgogne, nous pouvons comparer à la motte de Montsaugeon la montagne d'Alise (le mont Auxois) *témoin* laissé au milieu de la vallée creusée par le Rabutin, le rù de Vaux, l'Oze, l'Ozerain, et la Brenne, qui tous se jettent dans l'Ozerain après avoir donné naissance à une belle vallée d'érosion.

La formation de la *motte* expliquée scientifiquement, si l'on examine maintenant la constitution géologique du sol il faut dire adieu à la légende du *tumulus.*

Qu'il me soit permis de reproduire textuellement

la note suivante qu'a bien voulu me communiquer M. Jourdheuil, instituteur à Montsaugeon.

« Le sol de la commune appartient au groupe oolithique (1) de le formation jurassique. Le territoire commence à l'*E.* et au *N. E.* par un plateau de Cornbrash à peine recouvert d'un peu de terre végétale provenant de l'érosion sur place, assez fertile cependant, là où la roche n'est pas trop à découvert. — En avançant vers l'*O.* et le *S. O.*, le plateau de Cornbrash s'abaisse lentement et disparaît dans la partie basse sous les argiles imperméables de l'*oxfordien* inférieur ou *kellovien*, où l'on a jadis exploité à ciel ouvert des minerais de fer en grains. La surface du kellovien est recouverte de débris plus meubles, provenant en partie de groise, de résidus de l'oxfordien moyen et forme un terrain extrêmement fertile aujourd'hui.

Au milieu du kellovien s'élève la butte de Montsaugeon, témoin des anciennes érosions, ayant 50 mètres de hauteur et environ 300 mètres de diamètre à la base. Elle est composée de couches de l'exfordien inférieur et de l'exfordien moyen, terminée au sommet par un petit plateau de roches calcaires de l'exfordien supérieur sur lequel s'élevait autrefois le château de Montsaugeon. Les flancs du côteau sont en partie occupés par des vignes,en partie par les maisons du village. Le bris successif des murs indique que la butte subit un affaissement très lent.

(1) *Oolithe*, calcaire formé d'une immense quantité de petites boules semblables à des œufs de poissons et reliées entre elles par un ciment calcaire et se transformant en roche servant de pierre de construction. A ces calcaires sont associés des sables, des marnes, des argiles, des minerais de fer. On distingue quatre étages : la *grande oolithe*, consistant en puissantes assises de calcaire oolithique ; l'étage *oxfordien* formé surtout de marnes et d'argiles bleuâtres ; l'étage *corallien* (est-ce le *Corn-brash ?*) où abondent des débris de coraux ou madrepores : l'étage *portlandien*, qui fournit la pierre lithographique.

En continuant vers l'*O.*,on arrive à la voie, qui, dans sa partie *N.-S.* est entaillée dans des groises, c'est-à-dire dans des sables grossiers formés de débris de roches de la grande oolithe et suit de très près un escarpemement rocheux dont proviennent ces débris. Cette falaise est une faille très régulière, qui ramène là la terre de Forest-marble au niveau du sommet du kellovien et laisse même apparaître au sud la grande oolithe miliaire. La faille a produit un rejet de cent mètres.

A l'ouest de cette ligne le terrain est un plateau rocheux très aride, mais la majeure partie de ce plateau a été ainsi attaqué par les agents atmosphériques pour donner naissance à des terrains fertiles. Les flancs des érosions sont occupés par la groise mélangée d'un peu d'argile. Ils formaient un sol recherché pour les vignes. Le fond des ravins est d'une excellente culture; les parties respectées par l'érosion sont seules, arides et en friche.

En résumé et sauf les points du territoire où la roche est à nu, le sol de Montsaugeon est formé de débris calcaires et de marnes; il se prête aux cultures les plus variées que comporte le climat (1). «

(1) Notice manuscrite de M. Jourdheuil, instituteur, à Montsaugeon

CHAPITRE II

Montsaugeon ancien.

Montsaugeon au moyen âge.

Montsaugeon est vieux comme le monde, c'est incontestable ; il est certain, d'après les trouvailles recueillies, qu'il fut habité pendant la période Gallo-romaine, mais son existence historique ne remonte qu'au XI° siècle.

Cependant des historiens ont cru trouver la trace de Montsaugeon au VIII° siècle.

Dans ses écrits, F. du Tillet (1) en « la vie de Carloman, premier du nom, puisné du roy Pépin » rapporte qu'il eut de la reine Berte, sa femme, deux fils, dont l'un nommé Adalguise par Platine (2) en la vie du pape Zacharie premier (3) ayant régné un peu plus de trois ans mourut à *Salmoniaco* le quatriesme de décembre l'an 771, s'expliquant *Salmoniaco Montsaujon* à quatre lieues de Langres où se voit de loing le lieu élevé de la forteresse également en pointe, ou difficilement se monte, de toute part imprenable pour lors sinon par famine cette forteresse qui bridoit tout le pays » sous Waldéric 33° évêque de Langres (4).

(1) TILLET (Jean du), sieur de la Bussière, publiciste érudit, né à Paris, mort le 2 octobre 1570 ; auteur notamment du *Recueil des Rois de France* (1580).
(2) PLATINA (*Barth. de Secchi* dit), historien italien (1421-1481).
(3) Le pape Zacharie vivait en 741 ; mais un second pape de ce nom a-t-il existé ?
4) Tabourot, *Mémoires*, p. 213.

Aucun débris de monument ne vient à l'appui de cette assertion de du Tillet reproduite par Gautherot (1) et contredite depuis longtemps :

« Il faut observer que Pépin, estant prest de mourir ce qui arriva sur la fin de septembre de l'année 768, partagea ses estats qu'il donna à Charlemagne l'Austrasie avec la Neustrie et la Thuringe, et à Carloman, partie de l'Allemagne et de la Bourgogne laissant l'Aquitaine par indivis à l'un et à l'autre ; mais Carloman étant décédé sans enfants l'an 771 au lieu dit *Montsalion qui n'est pas Montsaujon mais Samoney près de Laon* comme l'explique fort bien le P. Philippe Labbe (2) (3).

Il est maintenant établi que Carloman, fils de Pépin et frère de Charlemagne, mourut à Samoussy près de Laon.

En 870, à Baissey, village alors considérable, non loin de Montsaugeon, l'évêque Isaac vint tenir un synode : « L'an 870 (*Indiction III*, *Chronique de Bèze*) le même Isaac tenant un synode ou assemblée d'ecclésiastiques au village de Bessey, il jugea d'un débat touchant les dixmes de Saint-Martin-de-Luc en faveur du curé, après avoir esté ouy là dessus M.... Ce mesme Prélat par ses paroles et par ses exemples enflammant tout le monde à faire du bien aux Eglizes, un nommé Almaury, qui devoit estre un homme riche et puissant et sa femme appelée Berdiade, donnèrent l'entretien des habillements des chanoines de sainct Mammès divers héritages qu'ils

(1) Gautherot, Denis, né à Langres le 15 mars 1622, auteur de l'*Anastase de Langres* (1649).

(2) P. Vignier. *La Décade du diocèse de Langres*, I, 460.

(3) Labbe (le P. Philippe) jésuite érudit, théologien, poète latin, né à Bourges le 10 juillet 1607, mort à Paris le 25 mars 1667 auteur notamment, de l'*Abrégé chronologique de l'histoire sacrée et profane* (1668).

avoient à Ocey, gros village du pays d'Attouart, à Montigny et à Aubigny, du consentement d'Herbert, leur parent. L'acte en est passé au susdit Bessey qualifié bien public ou de justice mais sans datte. Un autre nommé Humbert fit don à la mesme Eglize ou à celle de saint Bénigne, la chose est douteuse, d'un gaignage qu'il avoit à Sacy sur la rivière de Tille, au comsté d'Oasche par acte passé à 'Langres en présence de de l'evesque Isaac (1). »

Ces premières donations à l'église de Langres seraient, peut être, l'origine des droits de l'évêché sur le Montsaugeonnais (2).

Après Almaury ou Almaric, que l'on suppose avoir été comte bénéficiaire de Montsaugeon, ce pays eut non seulement pour seigneurs les Evêques de Langres qui prirent le titre de comtes de Montsaugeon, mais aussi des seigneurs laïques, dont la puissante maison était alliée à celles de Mirebeau, de Grancey, de Thil, etc.

Le premier connu parmi ces seigneurs est Hugues I qui vivait vers l'an 1050; son fils Hugues II, lui aurait succédé.

En 1069, Raynard de Bar (3), surnommé Hugues (1065-1085) était le 52e évêque de Langres. Lenoble comté de Bar-sur-Seine appartenait alors à son frère qui, venant à mourir, laissa ses deux fils sous la tutelle de l'évêque. Raynard voulut d'abord défendre les droits de ses pupilles sur le comté de Bar et s'arroger ensuite la garde et défense de l'abbaye de Pothières que ses prédécesseurs avaient maintes fois tenté de mettre sous leur protection. A l'encontre des comtes de Bar-sur-Seine, Raynard employa la force

(1) P. Vignier. *Décade*. I. 493.
(2) Jolibois *La Haute-Marne*. V° *Montsaugeon*.
(3) P. Vignier. *Décade*, II, 45.

et la violence pour entrer dans le monastère; il se présenta accompagné de nombreux ecclésiastiques et suivi de gens de guerre pour s'emparer de l'abbaye. Les Religieux lui refusèrent l'entrée; n'estans pas les plus forts, ils se sauvèrent qui çà, qui là comme ils purent et laissèrent l'abbaye à l'abandon. A laquelle les soldats mirent le feu après l'avoir pilée et saccagée de mesme que le bourg (1).

« Le pape Alexandre II, instruit de ces horribles excès de la part d'un évêque, prépare ses foudres, mais un trait, qui ne peut avoir sa source que dans l'empire de la religion sur les cœurs, écarte l'orage suspendu sur la tête du coupable. L'abbé de Pothières par une générosité vraiment chrétienne intercède lui-même auprès du souverain pontife en faveur de son ennemi et représente avec force la sincérité du repentir de l'évêque; la grâce est obtenue. Pénitent et humilié Raynard répare ses torts; et ses bienfaits surpassent les pertes occasionnées par suite de son imprudence » (2).

Le roi fut moins indulgent. « Ce prélat ayant déplu au roy qui estoit Philippe I, à l'occasion de la tutelle de ses neveux et de l'administration de leurs comtez, n'ayant peut estre voulu relever pour eux de sa majesté, fust arresté prisonnier à Noyon. Ces jeunes seigneurs estoient l'un comte de Tonnerre, fils de sa sœur et l'autre fils de son frère, comte de Bar-sur-Seine, et

(1) Au moment de son élection, Raynard de Bar était chanoine de la cathédrale. Il a écrit sur la présence réelle et l'on cite de lui plusieurs ouvrages en vers ; il a encore traduit du grec en latin la vie de St Mammès et composé l'office de ce martyr. Il était éloquent et de bon conseil et on dit qu'ayant été chargé d'une mission à Constantinople il y devint l'ami de l'empereur Michel. Il n'était pas moins recommandable par ses vertus que par sa science et cependant on peut lui reprocher des excès envers les moines de Pothières. (Jolibois. *La Haute-Marne*, v° *Bar*).

(2) L'abbé Mathieu. *Les évêques de Langres*. p. 55

parce qu'il soutenait que ces deux grands fiefs devoient l'hommage immédiat à la mitre épiscopale et non pas à la couronne, il eust peut estre crainte que le rendant au Roy en leur nom, dans la confusion des pouvoirs, ses propres droits périssent (1) ».

L'évêque Reynard, après une longue détention à Noyon, fut libéré par Louis le Débonnaire. Le comté de Tonnerre dépendait et était de la mouvance de Langres (2).

L'évêque de Langres Robert, fut en 1087 le bienfaiteur de l'abbaye de Bèze en donnant à son abbaye les églises de saint Symphorien d'Aubigny et de St Berojn (St Béroin) franches et quittes de toutes charges, du consentement de son Chapitre (« Desquels se défit le prioré d'Aubigny du consentement de son chapitre », *MSS des Chesnes*) ce que Gosselin, Hugues Garnier et Norgant archidiacre, ratifièrent pour eux et pour leurs confrères.

En 1098, *Eudes* ou *Odon* était qualifié seigneur de Montsaugeon, qu'il tenait en fief de l'évêque de Langres : « Eudes, seigneur de Monsaugeon, venant de prendre sa terre de l'evesque, de qui elle relevoit, céda de gré et mit entre ses mains les droits et les prétentions qu'il avoit sur l'Eglise d'Aubigny, afin que les ioignant à ce qu'il avoit déja donné à Bèze, il en fit un prioré dépendant de cette abbaye ; côme par effect il l'establit ceste année là, qui estoit 1098, y ayant encore adiouté la chapelle ou l'Eglise de Nostre Dame de Montsaujon, celle d'Isomes et d'aultres » (3)..... « Peut estre que ce fust en la mesme année ou la suivante que ce mesme Prélat (*Godefroy*) agréa et con-

(1) P. Vignier. *Décade* II, 47.
(2) Choppin. *De sacra politia*. L. 2. Titre I.
(3) P. Vignier. *Décade* II 61.

firma les donations que divers seigneurs firent à l'hopital de Subsy près de Montsaujon (1) (1141) ».

On lit ailleurs (2) : Robert I de Bourgogne « fait en 1098 l'union de la cure d'Aubigny au prieuré de ce lieu, qu'il venoit de fonder et le soumet à l'abbaye de Bèze. On voyoit dans ce prieuré les tombeaux des seigneurs de Montsaugeon. » Je n'ai constaté aucune trace de ces tombeaux dans l'église d'Aubigny.

Cet évèque, Robert I de Bourgogne, (*Robertus I*, 1085 à 1110) petit-fils de Robert I duc de Bourgogne était disciple de saint Bruno ; à sa mort (18 septembre 1110) il fut inhumé dans l'abbaye de Molesmes (3).

D'après la *Roue de la Fortune* ou *chronique de Grancey*, le seigneur de Monsaugeon épousa la fille du comte de Bourgogne. Il fonda le prieuré d'Aubigny, Sept-Fays et l'hòpital de Sacquenay.

Archer de Montsaugeon fut un seigneur très cruel : un jour, il retenait dans les fers un bonhomme et se préparait à lui arracher les dents ; le bonhomme invoqua mentalement le bienheureux Prudence de Bèze et aussitôt ses chaines se rompirent. Cette famille s'unit à celles de Viguory, de St Dizier et de la Fauche (4).

Cette chronique n'est qu'un roman généalogique du XIVe siècle ; mais aucun document ne fait mention d'*Archer* ou *Anscher de Montsaugeon*, cité comme bienfaiteur, en 1130, de l'abbaye de Morimont (5).

Montsaugeon était sous la dépendance de l'évêché.

(1) P. Vignier. *Décade*, II. 85.
(2) L'abbé Mathieu. *Les éveques de Langres*, p 58.
(3) L'abbé Roussel. *Le Diocèse de Langres*, p. 105, 212.
(4) *La Roue de la Fortune ou Chronique de Grancey*, traduction de Emile Jolibois, p. 19.
(5) P. Vignier. *Décade*, II. 441.

Une bulle du pape Pascal II à l'evêque Robert confirme l'église de Langres dans la libre possession de ses biens. Cet acte de l'an 1105 mentionne parmi les dépendances de l'évèché : ..... les châteaux de Montsaugeon, de Coublanc, etc. (1).

La charte porte : « *Charta Guilenci Ling. episc. de fondatione. Albae ripae (1135) : odo de Montsalion* laudante uxorae sua *Helissent* dedit quiquid habebat in supra scriptis finagiis, Arc fracto videlicet, Rachese, Sale, Quince, Morofangie, Crille, et concessit quiquid adquisierimus de feodo suo sive infra hos terminos sive extra ; testes Pontius de Dummarem, Guido de Urtes, Odo de sancto Benigno » (2).

L'accroissement d'Auberive fut rapide grâce à la générosité d'opulents protecteurs : « Renaud de Grancey, sa femme Agnès, son frère Guillaume, ses fils Eudes et Renaud ; Eble comte de Saulx, sa femme Reige ; Renier de la Roche, Girard de Rouvres ; *Eudes de Montsaugeon ;* Heliran de Grignon, les sires de Bures, de Boussenois, de Beire, de Nogent, les vicomtes de Dijon, tous paraissent dans la première charte de 1135, à laquelle Villencus évêque de Langres donna son approbation (3).

En 1136, on trouve parmi les chanoines de Langres Hugues de Rivière et *Gérard de Montsaugeon* « l'un et l'autre de bonne noblesse (4) (5). »

Parmi les seigneurs de Montsaugeon vient ensuite *Pierre Mauregard I (malus respectus)* qui en l'an 1130, fonda près de Gray, sur les bords de la Saône, par l'entremise de ses cinq fils, dont Eudes, Othon, Girard et Regnault, l'abbaye de Theuley, où les sires

(1) L'abbé Roussel. *Le Diocèse de Langres* I. 203

(2). L'abbé Roussel — *Le Diocèse de Langres, I. 210*

(3) *Gallia christiana* t. IV. Instr. p. 166

(4) *Gallia christiana*, t. VI pr. col. 161 — 164.

(5) P. Vignier. *Décade II*, 92.

de Beaumont, de Vergy, de Champlitte eurent plus tard leur sépulture (1).

Valon ou *Valet* I, avec *Amasis* également seigneur de *Montsaugeon*, fit donation à l'abbaye de Belmont, couvent de religieuses, de ce qu'il avait au village de Baigneux (2). On voit « Vallon et Gallon d'Amasis » parmi les bienfaiteurs des hôpitaux de Grosse Sauve et Sussy (1140 à 1150) (3).

Thibaud de Montsaugeon est signalé dans une charte de Gauthier de Bourgogne, évêque de Langres, par laquelle il notifie que Renaud de Chaudière et Thibaud de Montsaugeon ont donné à l'abbaye d'Auberive ce qu'ils ont à Allofroy (1145) : « Ego Galterus, Dei gratia Lingonensis episcopus, que per manum nostram facta sunt, presentibus et futuris nota fieri volo, quod scilicet Rainaldus Coldarum ejusque filius Girardus, dederunt in elemosinam Deo et sancte Marie de Alparipa quid quid clamabant et habebant infra finagium d'Arclofrait, absque una retentione. Item *Teboldus de Montsalion* et ipse dedit domui Alberive per manum nostram quidquid habebat vel clamabat ad Alcofrait vel quidquid ibidem aliquis ab eo tenebat, tam in decima quam in alia qualibet possessione. Hæc omnia data in elemosinam Deo et sancte Marie de Albaripa per manum nostram, anno ab incarnatione Domini M° C° LX° V° (4).

Dans une autre charte, sans date, Gauthier de Bourgogne, évêque de Langres, notifie diverses fondations à l'abbaye de Theuley par les sires de Saint-Seine et de Fouvent. Un *Gérard de Montsaugeon* y

(1) L'abbé Roussel. *Le Diocèse de Langres*. I. p. 92. — E. Petit. *Histoire des Ducs de Bourgogne* II. p 312.
(2) P. Vignier. *Décade II*. 388.
(3) P. Vignier. *Décade II*. 391.
(4) Arch. de la Haute-Marne: *Cart. d'Auberive*, t. II, pp. 772, 773. — E. Petit. *Histoire des ducs de Bourgogne*. II. p, 312.

figure comme témoin : « Hujus testes fuerunt : Guido abbas Besua, *Gerardus archidiaconus de Montesalions* (1170 ?) (1) ».

Quand (1163-1179), l'évêque Gauthier de Bourgogne donna aux Templiers de la Romagne un homme avec ce qu'il possédait « testes sunt : Garnerius et Girardus de Montissalione lingonensis archidiaconus » (2).

D'après une bulle du pape Adrien IV (1159) les droits du château de Montsaugeon furent déterminés : « Charta Adriani papæ de confirmatione sententiarum quas Ludovicus rex in adonem ducem Burgundiæ promulgavit (8 mars 1158)... Adrianus... medietatem etiam castri *Montesalionis* cum omnibus appenditiis suis tam in dominio quam in casatis, tibi et prædictæ ecclesiæ tuæ nihilominus confirmamus... » Cette bulle porte confirmation par le pape Adrien du jugement rendu à Moret par le roi Louis-le-Jeune contre Eudes II duc de Bourgogne et confirmation pour l'évêque de Langres de la possession de *moitié du château de Montsaugeon* et de ses dépendances (3).

Cette bulle est à retenir à raison des événements qui la provoquèrent : Godefroy de Rochetaillée, évêque de Langres (1140-1162), sans vivre ouvertement en mauvaise intelligence avec le duc de Bourgogne, avait souvent avec lui des questions d'intérêt, qui menaçaient de troubler l'accord, et que le jugement de Moret n'avait pas réussi à rendre parfait, bien que le duc ait dû s'incliner devant la décision du roi de France. Pour éviter le retour de ces revendications

(1) Bibliothèque nationale. — *Cart. de Theuley*, Coll. Moreau 873, fol. 156. 158. — E. Petit *Histoire des ducs de Bourgogne*, II. p 304.

(2) Archives de la Côte-d'Or. *Fonds de la Commanderie de la Romagne*. II. 1230

(3) *Don Plancher*. t I. pr LXXVI. — E. Petit, *Histoire des ducs de Bourgogne*. p. 275. 175 — L'abbé Roussel. *Le Diocèse de Langres*, I. p. 205.

qui amenaient des débats incessants, l'évêque de Langres obtint en mars 1158 (1159) la bulle du pape Adrien qui ratifiait la décision royale et assurait à l'évêque les droits ci-dessus mentionnés sur le château de Montsaugeon.

Raoul de Montsaugeon fit en 1168 remise à l'abbaye de Beaulieu des dîmes qui lui étaient dues sur le cimetière de Beaulieu et sur les terrains adjacents (1).

« L'évêque de Langres, Gauthier de Bourgogne, (1163-1179) ayant à se plaindre de Henri le Libéral, comte de Champagne, écrivit au roi Louis VII : « Tout le monde dans nos environs sait comment, du temps de notre prédécesseur, le comte Henri s'est conduit envers l'église de Langres, et nous croyons que vous avez dû en être informé. Aujourd'hui ses sentiments sont les mêmes ; il ne cesse d'inquiéter nous et notre église, usurpant par violences nos terres et nos possessions. Il vient de piller notre village de Grevolles (2) et *a reçu l'hommage de Renaud de Montsaugeon* pour le village de Condes (3), fief qui relève de notre évêché. Vous devez comprendre combien cet acte est préjudiciable pour notre église... Vous pourrez donner pleine confiance au porteur de ces présentes qui vous fera un complet exposé de notre affaire (4). »

Deux ans plus tard le débat entre Gauthier de Bourgogne et Henri le Libéral n'était pas terminé et le roi Louis VII qui avait sommé les parties de comparaître devant lui à Gisors, reçut une lettre du

(1) Archives de la Haute-Marne. *Fonds Beaulieu.* — E. Petit. *Histoire des ducs de Bourgogne*, II, p. 328.

(2) Gevrolles, canton de Montigny-sur-Aube (Côte-d'or)

(3) Condes, arrondissement et canton de Chaumont.

(4) Duchesne *Hist, franc.* t. IV. p. 669,67. — Dom Bouquet *Epist. Ludovi.* t XVI p. 119. C. D. — E. Petit. *Hist. des ducs de Bourgogne* II. p. 293.

comte de Champagne qui refusait de s'y rendre sous prétexte qu'il n'avait pas eu le temps de consulter ses barons dans une question aussi importante (1).

L'affaire se dénoua d'une façon beaucoup plus tragique pour *Renaud de Montsaugeon* qui fut traitreusement « occis » (1164) par le fils d'un chevalier de ce même château, ce qui produisit de nouveaux troubles dans cette partie du Langrois. L'évêque se vit en butte à des revendications incessantes de la part des héritiers et notamment de *Hugues d'Arceau* qui réclamait moitié de l'héritage. Les parents, alliés et amis du défunt firent grand bruit et ne cessaient de proférer les plus inquiétantes menaces (2).

Dans une lettre écrite à ce sujet au roi (3) par l'évêque de Langres, on voit que ce dernier avait en outre été assigné pour un autre démêlé relatif à Coublane et dont les détails ne nous sont pas connus. Ce document curieux nous apprend que Gauthier ne put s'y rendre et réclama un nouveau rendez-vous (4).

« L'assassinat de *Renaud de Montsaugeon* a causé une perturbation profonde dans les domaines et donne lieu à des exactions qui ne peuvent être réprimées que par une main ferme et une intervention puissante. Les parents de Renaud restent partie dans l'Empire, partie dans le Royaume et demandent justice... Tous cherchent de jour en jour à nous inquiéter et nous font des menaces soit par eux soit par leurs alliés». Duchesne place le fait en l'an 1167; Dom Bouquet en 1165.

Hugues III, duc de Bourgogne, termina le différend en 1188 ; d'après un arrangement conclu entre

(1) Dom Bouquet. *Epist Ludov.* t. XVI. 119 n° 336.
(2) A Duchesne. *Hist. Franc.* t. IV 643.
(3) A. Duchesne. *Hist Franc.* t. IV. p. 643.
(4) E. Petit. *Hist. des ducs de Bourgogne*, II p. 141.

Manassés de Bar,évêque de Langres et Amédée d'Arceaux, le duc se portant garant, Amédée d'Arceaux renonce à ses prétentions ; l'évêque lui concède la construction d'une porte qu'il voulait faire au château de Montsaugeon. Hugues, frère d'Amédée, approuva, ainsi que la femme de ce dernier, Agnès, fille d'Eudes de Grancey le traité passé « in festo S. Mathei apostoli » (1).

A la première attaque de St Jean d'Acre (4 oct. 1189) furent tués les croisés : Renaud de Grancey, Mile de Grancey, *Amédée d'Arceau* dont il vient d'être parlé (2).

Sous Hugues III (1176) un *Girard de Montsaugeon* était son Chambellan (*Camberlanus*). Ce Girard de Montsaugeon, doyen de l'église de Langres, donna une vigne aux religieux de Cîteaux pour les aider à construire leur église « ad opus ecclesiæ edificandum » (3).

La maison de Montsaugeon était alors à l'apogée de sa puissance. Après Hugues III sa décadence est rapide et nous voyons les membres de la famille se déshonorer, se ruiner et vendre à l'évêque ou aux communautés leurs biens et leurs droits sur le Montsaugeonnais.

L'un d'eux, *Pierre II Mauregard*, a été mis en scène dans le *Roman de Grancey* comme type du mauvais seigneur. « Pierre, vicomte d'Orléans, était loin d'imiter la conduite de son frère Saint Loup. Il avait engagé toutes ses terres par hypothèques et vendu même quelques-unes. Il ne se plaisait que dans le mal et n'écoutait aucun conseil, pas même ceux du Pape,

(1) DOM PLANCHER. t. I. pr CXIII — E. Petit Hist. des ducs de Bourgogne III 282

(2) E. Petit *Hist. des ducs de Bourgogne*. III. 59.

(3) Arch. de la Côte-d'Or *Cartul. de Cîteaux* n° 1608 fol. 147. — E. Petit *Hist. des ducs de Bourgogne*. III, 277.

qui souvent l'engagea paternellement à changer de vie. On l'avait surnommé *Mauregard*. Ennemi du clergé, il pendait aux arbres des chemins les prêtres qui osaient lui reprocher sa conduite et il les frappait à grands coups de lanière ; il rançonnait les clercs, les moines et allait même jusqu'à leurs arracher les dents les unes après les autres, lorsqu'ils ne voulaient pas lui donner de l'argent. Enfin, c'était le seigneur le plus cruel qu'on pût imaginer, et s'il méprisait les foudres de l'Eglise, il ne faisait pas plus de cas de l'autorité du Roy. — Ce Pierre *Mauregard* n'est point un personnage d'invention : il était de la maison de *Montsaugeon* et seigneur de Mirebeau. Il vivait dans la seconde-moitié du XIIe siècle. Pierre avait des terres et des droits féodaux dans le pays de la Montagne et nous avons vu de lui plusieurs actes par lesquels il céda, pour avoir de l'argent, ses terres et ses droits aux gens d'église. En 1194, par exemple, il demande cent sols, monnaie de Langres, à l'abbé d'Auberive, en échange du droit de pâture de Santenoges. Ainsi sa détresse est grande, comme dit le chroniqueur. L'archidiacre Gérard que le roman fait fils de Mauregard vivait en 1170 et portait le nom de Montsaugeon. Du reste, c'est bien de la ruine de la maison de Montsaugeon qu'il s'agit ici, car c'est précisément à la fin du XIIe siècle et au commencement du XIIIe que l'évêque de Langres achète les diverses parties du Comté. — C'était par respect pour les ancêtres de ce tyran et par considération pour les dames de Grancey, de Bourlemont et de Blamont, ses filles, qu'on n'en faisait pas justice : mais quand on vit que la mansuétude le rendait pire encore et que son audace croissait dans l'impunité, on résolut enfin de recourir aux dernières rigueurs. Le pape excommunia

Mauregard et le roi ordonna la destruction du château de Hautgué dont il a fait son repaire (1).

On accorda même cent jours d'indulgence à tous ceux qui prêteraient la main à l'exécution de cet arrêt. Alors, Pierre changea de conduite et pour prévenir le coup qui le menaçait il s'empressa d'aller à Rome implorer son pardon. Et comme il fit preuve de repentir le Pape lui accorda l'absolution, mais en lui prescrivant de restituer ce qu'il avait volé, car l'absolution n'est valable qu'à cette condition, et il lui ordonna encore de faire un voyage en Terre Sainte.

« Mauregard obéit. Il répara autant que possible les maux qu'il avait fait, puis il s'embarqua. A peine eut-il tiré l'épée contre les Infidèles qu'il fut fait prisonnier par le Soudan de Babylone, et pendant deux ans on l'employa aux plus rudes travaux : le vicomte tirait la charrue comme une bête de somme ; il mangeait du pain d'orge ; la nuit venue on le chargeait de chaines et on le jetait dans un cachot noir et infect : « J'ai bien mérité toutes ces souffrances, disait-il souvent, car j'ai fait beaucoup de mal ! » Le repentir avait réellement touché son cœur. Enfin, Dieu trouva l'expiation suffisante et la Vierge Marie elle-même brisa les fers du prisonnier. Pierre s'empressa d'aller dans l'abbaye du Val-de-Josaphat où reposait le corps de la mère du Christ qui fut enlevée au ciel par des anges. Il y pria avec effusion. C'est là qu'il mourut et comme les religieux connaissaient son illustre origine, ils l'enterrèrent honorablement dans l'abbaye même (2) ».

Abandonnant la légende disons que Pierre II Mauregard céda en 1193 à l'évêque Manassès, moyennant

(1) Ce château, d'après la Chronique, aurait existé près d'Auvet (Haute-Saône).

(2) La *Roue de la Fortune* ou *Chronique de Grancey*. Traduction de Jolibois, p. 41.

cent livres de Provins, de concert avec son frère Girard tous ses droits sur la Châtellenie de Monsaugeon, puis, en 1194, donna à l'abbaye d'Auberive, pour cent sous de Langres, le droit de pâture sur le territoire de Santenoge, ainsi qu'il a été dit plus haut.

Guillaume, évêque de Langres, fit en 1212, donation, approuvée par le chapitre en 1218, au Val des Ecoliers : « Sciant prœsentes et futuri quod ego Wuillehmus Lingonensis Episcopus pro remedio animæ meæ..... dedi fratro Wuillehmi cœterisque socii suis..... dedi etiam prœdictis fratribus decem liberas. in foro *Montisalionis* (Montsaugeon) ..... actum anno Domini M° CC° XII (1).

L'an 1214 *Renaud*, chevalier, de Cohons donna à Guillaume évêque de Langres ce qui lui appartenait à Montsaugeon tant en domaines, fiefs que toute autre chose pour prier pour son âme (2).

Vulon II était seigneur de Montsaugeon en 1220.

En 1224 Hugues de Montréal, 64e évêque, confirma tout ce que les *frères hospitaliers de Grosse Sauve* avaient acquis à Montsaugeon, sous la condition qu'ils ne pourraient désormais acquérir sans avoir demandé et obtenu son consentement ou celui de ses successeurs (3).

Ces acquisitions avaient été faites par les Frères de Grosse Sauve dans le but de fonder un hôpital à Montsaugeon ; mais cet établissement dura peu de temps, car, l'année suivante, le même évêque approuvait la réunion de l'éphémère *hôpital de Montsaugeon* à l'hôpital de Grosse Sauve (1225) (4).

(1) Archives de la Haute-Marne.— *Annuaire du diocèse de Langres*, 1838 p. 114.

(2) *Un manuscrit du XIIe siècle.* — (1684) Bulletin de la société historique de Langres, t. IV. p 167.

(3) L'abbé Mathieu. — *Les Evêques de Langres*, p. 93, 94.

(4) P. de St Ferjeux.— *Recherches historiques*, p. 372.

Pendant l'épiscopat de Hugues, en l'an 1229, Othon de Ruffay céda tout ce qu'il avait à Montsaugeon. Ce prélat acquit ainsi une partie de la seigneurie de Montsaugeon et quelques autres domaines aux environs de Langres.

En septembre 1235, Gui seigneur du Til-Châtel, notifie que son cher et fidèle Huyr de Harnay, chevalier, a vendu à l'évêque de Langres ce que *Valo*, Chevalier de Montsaugeon, tenait en fief à Baissey (1).

Par acte de 1235 avant Pâques, auquel commençait l'année en France, Robert de Torote, évêque de Langres, « ratifia, homologua et approuva au mois de novembre de la mesme année 1235 un don fait au dit Prioré de St Geomes par *Valo de Montsauljeon*, chevallier, de ce qu'il avoit à Longeau relevant de l'évêché (2) ».

Barthelemy était seigneur, dit-on, de Montsaugeon en 1240.

Pierre, seigneur de Montsaugeon, de concert avec *Emmeline de Prauthoy*, sa femme, vendit en 1251 ce qu'il avait à Baissey et à Sacquenay, à Guy de Rochefort : « L'année 1251 un peu avancé, Aymard de Rochefort, archid. de Langres, frère, cousin, ou enfin parent de l'évêque (Guy de Rochefort) certifie que ce prélat avoit acheplé de *Pierre de Montsaugeon*, damoiseau, tout ce qu'il avoit à Bessay et à Flagey, et ce que Emiline de Prauthoy, sa femme, côme je pense, avoit dans le bois de Sacquenay (3) ».

En avril 1258, Mille, abbé de St Michel de Tonnerre et Jacques, abbé de Chatillon-sur-Seine, notifient

(1) Bibl. nat. Lat. 7099 *Cartulaire de l'évêché de Langres*, p. 270. 271. — E. Petit. *Hist° des ducs de Bourgogne*, t, IV, p. 155.

(2) P. Vignier. *Décade*, II 131.

(3) P. Vignier. *Décade*. II. 138.

qu'Hugues, dit d'Argilly, sergent de l'évêque de Langres, a reçu du dit évêque pour lui et pour ses enfants une maison et des terres vers Montsaugeon et Baissey (1).

En 1266, c'était encore un seigneur laïque qui possédait Montsaugeon, car nous voyons le seigneur de Montsaugeon rendre hommage, cette année même, à Guy II de Genève, évêque de Langres, dont il se reconnaissait le feudataire. Il avait le titre de comte (*Comes Montissalionis*).

« L'hommage le plus pompeux et le plus solennel est celui que l'évêque (Guy II) reçut de Thibaut, roi de Navarre, comte de Champagne et de Brie, en 1268. Il fut rendu cette fois en rase campagne, dans la vallée entre Luzy et le val des Ecoliers, contrée dite des Estaux. Le Prélat, en grand appareil, était environné de plusieurs de ses archidiacres et chanoines, des seigneurs de Grancey, de Saulx, de Conflans, de Fouvent, de *Montsaugeon*, de Talmay, de Tréchateau, de Coublanc, de Ventoux, de Sacquenay, d'Arbot, de Blaigny et de beaucoup d'autres. Le prince avait à ses côtés Eustache... son mareschal, Jean, sire de Joinville, son sénéchal, et le nombreux cortège de toute sa cour. Il s'avance la tête nue, fléchit le genou aux pieds de l'évêque, s'avoue son vassal pour les terres de Bar-sur-Seine, Bar-sur-Aube, La Ferté, Chaumont, Nogent-le-Roi, Montigny-le-Roi, Coiffy et la garde de Molème. Après le roi de Navarre, les seigneurs, qui étaient de la suite du Prélat, le reconnaissent comme suzerain (2). »

En 1270, Jean fils de Hugues Taupin de Baissey

(1) Bib. nat. lat. 1099. *Cartulaire de l'évêché de Langres*, p. 270. — E Petit. *Histoire des ducs de Bourgogne*. IV. p. 288.

(2) L'Abbé Mathieu. *Les évêques de Langres*, p 114. Migneret, *Précis de l'histoire de Langres*. p 149

chevalier, reconnaît tenir en fief du duc de Bourgogne sa portion des bois de Baissey qu'il avait en franc alleu, ce qui est approuvé par Ponce, sa femme (1).

La même année, G... prieur de St-Geosmes et Girard d'Autun, chanoine de Langres, mandataires de Gui de Genève, évêque de Langres, alors outre mer (*agentibus in partibus transmarinis*), donnent à bail, moyennant 200 livres tournois, *la grange de la Chassaigne* (ce nom existe encore) et ses dépendances (2).

D'après un terrier de 1273 contenant les fiefs et les vassaux de l'évêque on lit : « Hugues et Barthelemy de Sacquenay reprise aussi de lui en ce temps ce qu'ils avoient à Sacquenay, à Montsaugeon et à Laosne ou Laonne (3). »

L'official de Langres atteste (1276) que Robert de Noidant (4) fils de Jean, dit Buignot, chevalier, Dominique, fils de Girard, dit *li boitous*, Jeannette Lorillard, etc., ont vendu à la milice du temple de *la Romagne* ce qu'ils avaient en rentes de grains à Cussy (Cusey) vers Montsaugeon (5).

En 1273, dit Javernault, « N[re] évesque Bertrand d'Ayen (Agen) ou Bartolau reçut hommage de Robert, duc de Bourgogne, pour les terres de sa mouvance, Chastillon, Tonnerre et plusieurs autres, Choppin ayant escrit *antistes* (6) *Lingonum Montissaugerii*

(1) Archives de la Côte-d'Or. *Recueil Pincedé*, VII, 20.— E. Petit. *Histoire des ducs de Bourgogne*, IV. 315.

(2) *Archives de la Haute-Marne*. G. 366. — E. Petit. *Histoire des ducs de Bourgogne*, IV, 315.

(3) P Vignier. *Décade*, II, 142.

(4) Robert de Noidant, damoiseau énoncé en une vente que Othon, seigneur de Ray fit, en 1274, de ce qu'il avait à Percey. Le même Robert, qualifié noble écuyer ayant vendu au prieur et couvent de St Geosmes la part que luy et Isabelle sa femme avaient au mesme lieu et fief de Percey en 1286. (P. Vignier, Décade, II, p. 382) — Voir aussi la généalogie Noidant.

(5) Arch. de la Côte-d'Or, orig. titres de la Romagne, H. 1235.

(6) *antistes*, préposé, surveillant.

comes solet nominari ab hoc antistite pendet comitatus Torredorensis jure clientorum (1). »

Javernault doit faire erreur, car Bertrand de Got, oncle du pape Clément V, qui le transféra d'Agen à Langres, où il résida à peine deux mois, puis de Langres à Agen, fut évêque de notre diocèse en 1308. Il s'agit donc de Jean I de Rochefort, parent de Guy II de Genève.

Dès après 1266 Montsaugeon passa aux évêques de Langres, qui de suzerains devinrent possesseurs de ce fief par suite d'acquisitions ou donations dont la première, comme il a été dit, daterait de 870 (2).

Il est probable que les comtes de Montsaugeon, épuisés par les guerres contre les Anglais et par les ravages de ces derniers, se trouvant dans l'impossibilité de soutenir leur dignité, avaient pris le parti de céder leurs biens et leurs droits à l'évêque. On remarque, en effet, que c'est après l'invasion anglaise, vers 1360, que l'évêque Guillaume de Poitiers prend le titre de comte de Montsaugeon, dont il devint le seigneur ainsi que le prouve son ordonnance de 1369 conservée aux archives de la Fabrique (3).

On voyait encore, datée du 3 mai 1336, une reprise de fief, à Langres par *Symone de Montsaugeon*, Beatrix du Rû de Couzon ; témoins : Pierre Bonjour, Guillaume de « Boniaillia » Thibaud de Morey, cha-

(1) *Vide infra* p. 31. — E. Petit. *Histoire des ducs de Bourgogne.* IV. p. 218.

(2) 1300. — On trouve le testament d'Etienne Limoges, ancien curé, clerc de Jean Rochefort évêque de Langres et probablement chapelain fondateur de la chapelle St André de l'église St Mammès. Il lègue « vingt..... au frère *Jean de Montsaugeon* de l'ordre des Frères prêcheurs de Langres. » (L'abbe Roussel. Le *Diocèse de Langres*, 216, 217).

(3) Archives paroissiales.

noines de Langres; l'abbé Poinçard et Hugue de « Foudramento (1) ».

Les derniers personnages cités dans les anciens titres sont, en 1448, un *Jean de Montsaugeon*, seigneur de Salins; en 1481, parmi les chanoines illustres de Langres « *Nicolas de Montsaugeon*, issu des seigneurs de ce lieu (2) . »

Quelques renseignements sur les derniers Montsaugeon : « Il y a, dit Vignier, autour de Chaumont des gentilshommes du nom de Montsaugeon, seigneurs en partie de Vouécourt, que je crois descendus de *Etienne de Montsaugeon*, écuyer, garde du sel de la prévôté de Benton en 1532. » Vignier cite, d'autre part, comme enterrés en l'église de Montsaugeon, sire *Regnaud de Montsaugeon*, mort le 14 mai 1438; *Jeannotte de Montsaugeon* morte en 1331 ; *Jean de Montsaugeon*, (1343) etc. *Antoine de Montsaugeon*, chevalier bourguignon portait à la fin du XIVe siècle les armes : *de gueules à neuf burelleaux d'or* (3). On dit que plusieurs seigneurs de Montsaugeon furent enterrés en l'église d'Aubigny ; et que certains d'entre eux prirent part aux croisades (4).

Après eux, la seigneurie laïque passa aux sires de la maison de Vergy, enfin aux évêques de Langres, qui devinrent les seuls propriétaires du fief de Montsaugeon (5).

(1) P. Vignier. *Décade* II. 214.

(2) Roserot. *Reprises de fiefs de l'évêché de Langres, au XIVe siècle. Bulletin* de la Société historique de Langres, III, 421. — *Archives de la Haute-Marne*, G. 55.

(3) Baluze, t. LXIX. p. 5. (Baluze, Etienne, savant historiographe, bibliothécaire de Colbert).

(4) de Piépape. — *Histoire militaire de Langres*, p. 60, 65, 66.

(5) Il existe, de nos jours, une famille de Monnet de *Montsaugeon*.» Cette maison était issue des sires de Salins: Gaucher I[e] sire de Salins, eut pour fils Gaucher II qui hérita de Salins et Guy qui eut la vicomté de Monnet; celui-ci, avec son fils Roger, sire de Monnet, fonda l'abbaye de Balerne en 1034 ; la filiation de leurs descendants se poursuit jusqu'à leur extinction, vers 1460. Trois branches étaient issues de

L'évêque de Langres, en tant que seigneur de Montsaugeon sera l'objet d'un chapitre spécial.

Charles IV, dit le Bel, mourut en 1328; en la personne de ce prince s'éteignit la branche directe des Capétiens, qui avait occupé le trône trois cent quarante et un ans et donné quatorze rois à la France. La loi salique allait faire passer la couronne à la branche des Valois, qui eut treize rois dans une durée de deux cent soixante et un ans.

Philippe VI de Valois, petit-fils de Philippe-le-Hardi par son père Charles de Valois, monta sur le trône après Charles-le-Bel ; mais cette succession ne laissa pas que d'être vigoureusement contestée.

L'avènement de Philippe de Valois au trône de France avait été pour la loi salique l'occasion d'une nouvelle consécration; mais comme elle n'existait pas au royaume de Navarre, il fut détaché de la France. Louis X avait laissé une fille, Jeanne de France qui avait épousé Philippe d'Evreux, petit-fils de Philippe-le-Hardi. Ce fut lui qui hérita de la Navarre ; mais la la Champagne et la Brie restèrent annexées à la couronne comme fiefs tombés en déshérence faute d'héritiers mâles. Une assemblée de grands barons, après avoir consulté les docteurs de l'Université, repoussa les prétentions de Jeanne d'Evreux, qui, à la suite d'une transaction entre Philippe de Valois et Philippe d'Evreux, dut se contenter de la Navarre.

Roger de Monnet : l'aînée garda le nom de Monnet ; les deux autres y ajoutèrent, puis y substituèrent le nom de Montsaugeon; celles-ci qui ont duré le plus longtemps, prirent fin, l'une dans la personne de Catherine de Montsaugeon, mariée à Louis de Cusance, morte en 1482, l'autre dans la personne de Guyot de Montsaugeon, qui passa en revue à Beauvais, en 1148, sous la bannière du sire de Chateauvilain et mourut sans alliance vers 1459.

Armes : d'azur à six pesants d'argent, 3, 2 et 1.

Lurion. *Nobiliaire de Franche-Comté*, p. 529) ».

Edouard III, qui était monté sur le trône d'Angleterre l'année précédente, prétendait aussi à la succession de Charles-le-Bel, comme petit fils de Philippe-le-Bel par sa mère Isabelle. La loi Salique prévalut et Edouard III, encore sous la tutelle de sa mère, se décida à venir faire hommage au roi de France, pour la Guyenne et le Ponthieu. Philippe de Valois alla le recevoir à Amiens au milieu d'une cour brillante et avec trois mille cavaliers pour escorte. Malgré sa soumission Edouard III n'en était que plus irrité contre Philippe qu'il considérait toujours comme un usurpateur de ses droits. Bientôt devait éclater entre la France et l'Angleterre l'effroyable guerre de cent ans (1337-1453). Cette guerre eut deux périodes bien distinctes, dont l'une s'étend de 1337 à 1377, époque où grâce à l'habileté de Charles V la France fut une première fois reconquise sur les Anglais; l'autre depuis 1415 jusqu'en 1453 qui se termina par l'expulsion définitive des Anglais du continent. Chacune de ces deux périodes renferme des phases bien différentes dont l'une est marquée par les revers continus qu'éprouva la France et l'autre par les succès qu'elle obtint.

Le Bassigny n'avait pas attendu les guerres pour en souffrir les tristes conséquences. Dès 1310 il avait eu à subir les excès des Grandes Compagnies.

Ces *Grandes Compagnies*, bandes de brigands qui, du douzième au seizième siècle effrayèrent et ravagèrent la France, l'Italie et l'Espagne, remontaient à la première croisade. A leur retour, les seigneurs, n'ayant plus ni terres, ni revenus, se firent aventuriers, organisèrent des compagnies recrutées parmi ces soldats mercenaires et inoccupés, qui, habitués aux voyages lointains, aux expéditions lucratives, à la vie des camps, préféraient la vie d'aventure aux tranquilles mais peu fructueux travaux de métier ou des champs.

Les noms que ces bandits se donnèrent sont significatifs. Ils s'appelaient les *Tard Venus* sous Louis-le-Gros; les *Routiers* sous Philippe-Auguste ; les *Malandrins* sous les rois Jean-le-Bon et Charles V ; les *Aventuriers* sous Louis XII et François Ier. Ce fut le fameux Duguesclin qui en débarrassa la France en les emmenant au secours du bâtard Henri de Transtamare qui disputait la Castille à son frère Pierre-le-Cruel.

En 1310, Eustache d'Auberticourt, à la tête d'aventuriers, avait désolé le Bassigny et signalé son passage par la ruine de l'abbaye de Vauxbons. Cette abbaye de femmes, de l'ordre de Cîteaux, avait été fondée, en 1181, par Thibaut de Saint-Loup et Elisabeth, sa femme, en faveur de leur fille Luce qui en fut la première abbesse (1).

Après la désastreuse bataille de Poitiers, livrée à Maupertuis le 19 septembre 1356 et perdue par l'impéritie du roi Jean, qui fut fait prisonnier des Anglais, les Grandes Compagnies, qui servaient à nombre égal Edouard III et le roi de France, se répandirent sur les provinces. A leur tête se trouvaient alors Eustache d'Aubéricourt et Brocard de Fénestrange (2). Eustache d'Aubéricourt, gentilhomme gascon, parcourut le Bassigny et, non loin de Langres, ainsi qu'il a été dit, pilla et ruina l'abbaye de Vauxbons, tandis qu'en 1360 Brocard ou Bourkart de Fenestrange, noble lorrain, après avoir servi le roi

(1) Jolibois — *La Haute-Marne*, V° *Vaubons*.

(2) Fenestrange, chef-lieu de canton (Meurthe) c'était jadis le chef-lieu d'une baronie et une des archi-maréchaussées de l'empire d'Allemagne.

Jean contre les Anglais, vint après la paix de Brétigny réclamer une somme de 30.000 livres, que le malheureux roi était dans l'impossibilité de payer. Brocard de Fenestrange, pendant que Michel de Frampas, dit le *sergent de Wassy*, se jetait sur le territoire de Montiérender, s'empara de Wassy et d'autres places du domaine royal et, dit la chronique, ne laissa rien dans son département qui ne fut « ars et brouï » (1).

Pendant la captivité du roi Jean enfermé dans la Tour de Londres, éclata, en 1358, la *Jacquerie*, révolte des chaumières contre les châteaux, du paysan excédé contre le noble qu'il avait souvent reconnu à la tête des Ecorcheurs. Cette vaste coalition des paysans révoltés contre leurs seigneurs avait pour chef un certain Guillaume Caillet, surnommé *Jacques* Bonhomme, d'où elle prit son nom. Ces bandes furent combattues vigoureusement par le *captal* (2) *de Buch* (Jean (3) de Grailly), général gascon au service de Charles-le-Mauvais, roi de Navarre. Philippe-le-Hardi à l'aide des milices communales expurgea le pays et refoula la Jacquerie en Alsace, où elle fut exterminée par l'empereur Charles IV. Le Bassigny eut beaucoup à souffrir du passage de ces révoltés (4).

Quelques années après (1366), la Bourgogne et la Champagne furent envahies par les troupes du prince de Galles, le redoutable *Prince Noir*, ainsi nommé à cause de la couleur de son armure. C'est lui qui avait gagné la bataille de Poitiers, où le roi Jean fut fait prisonnier. Il se jeta, en 1366, sur l'Auxois et dé-

(1) E. Serrigny. *De Saint Dizier à Wassy*, p. 63.
(2) Le captalat de Buch, subdivision du Bordelais ; la Teste de Buch, ville principale. Les anciens seigneurs se qualifiaient *captals* ou *capoudals*.
(3) Grailly, ancienne maison de Guyenne.
(4) De Piépape. *Histoire militaire de Lungres*, p. 80.

vasta l'Auxerrois ; mais l'approche de Duguesclin suffit pour débarrasser le pays.

De même que les rois de France et le roi d'Angleterre, le duc de Bourgogne fit appel aux Grandes Compagnies. En 1363, le comte de Montbéliard désolait le comté de Bourgogne. Philippe le Hardi, sur l'invitation du roi, son frère, quitta le pays Chartrain avec ses Bourguignons et marcha sur le comté de Montbéliard. Langres était sur sa route. Il trouva aux environs un rassemblement de seigneurs bourguignons, qui l'attendaient impatiemment, les sires de Vergy, de Sombernon, de Grancey, Hugues de Vienne, l'évêque de Langres, etc. Ces seigneurs s'étaient ligués pour arrêter l'ennemi et avaient pris pour commandant le plus célèbre de tous les chefs des Compagnies, Armand de Cervolles, surnommé *l'Archiprêtre*. Arnaud ou Armand de Cervolles, né dans le Périgord, quoique marié et chevalier, possédait un archiprêtré, d'où lui vint son surnom. Les seigneurs de Châteauvilain ont plusieurs fois abandonné le parti de Bourgogne et c'est par suite d'une de ces défections qu'Arnaud de Cervolles possédait leur seigneurerie en 1364. Arnaud avait, à ce qu'il paraît, amassé beaucoup d'argent au métier qu'il faisait de chef des Compagnies (1). Charles V le prit plus tard à sa solde contre les Anglais.

Le comte de Montbéliard dont les Compagnies dévastaient le pays, surtout du côté de Besançon, fut repoussé. Il se vengea et vint, en 1371, ravager notre pays à la tête d'un corps de soldats allemands ; mais la noblesse, l'évêque et les bourgeois de Langres,

(1). De Barante. *Histoire des ducs de Bourgogne*. T. I. 18.— *Histoire de Bourgogne* par un Bénédictin.

alliés contre l'ennemi, le repoussèrent et le poursuivirent jusqu'au Rhin (1).

Les habitants de Chassigny, près Montsaugeon, menacés par les Allemands avaient obtenu de l'évêque, Guillaume III de Poitiers, la permission de fortifier leur église. Les gens de Dommarien, redoutant les agressions, vinrent (1371) demander asile dans le village de Chassigny, qui ne put les recueillir et les pauvres gens de Dommarien, obligés de rentrer dans leur village, furent massacrés par les Allemands. On fit le procès à ceux de Chassigny pour avoir abondonné et trahi leurs malheureux voisins ; mais on leur pardonna parce qu'ils prouvèrent que c'était forcément et pour la conservation de leur propre vie qu'ils avaient agi de la sorte (2). Dommarien, qui relevait du château de Montsaugeon et dépendait de la prévôté et du bailliage de cette place, avait cependant un château-fort, peu sûr et insuffisant sans doute. Ce château bâti sur les bords de la Vingeanne fut pris et rasé (3).

Les Anglais occupèrent longtemps le Bassigny ; enfin chassés du Rémois, du Vallage et du Tonnerrois, ils ne tardèrent pas à être repoussés des villes frontières de la Lorraine et du Bassigny. Langres avait heureusement résisté aux assauts réitérés de l'ennemi, qui le cernait de toutes parts. Un jour, les Langrois sortirent de leurs murs, débusquèrent les Anglais et reprirent les châteaux de Changey, de Saint Broing, d'Heuilley-Cotton, de Cohons, de Bourg, d'Humes et du Pailly, démolirent ces châteaux,

(1) Migneret. *Précis de l'histoire de Langres*. p. 451.
(2) L'abbé Mathieu *Les évêques de Langres*. p. 153.
Migneret. *Précis de l'histoire de Langres*. p. 149.
de Piépape. *Hist^{re} militaire de Langres*. p. 86.
P. de St Ferjeux. *Recherches historiques*. p. 250.
(3) P. de St Ferjeux. *Recherches historiques*. p. 50 et p. 86.
de Piépape. *Hist^{re} militaire de Langres*, p. 251.

repaires des Anglais ou des Bourguignons qui mettaient la campagne au pillage. Le roi Charles VII approuva cette utile destruction (1).

Au mois de décembre 1437, les Grandes Compagnies s'abattirent sur nos contrées. Chaumont fuc occupé et saccagé ; Langres était soumis au bâtard de Bourbon, et Charles VII dut venir en personne afin de rétablir l'ordre dans le pays ravagé par la guerre, la peste et la famine (2).

Quelques années plus tard (1442) Villandras, Antoine de Chabannes et Alexandre, bâtard de Bourbon, revinrent en Bourgogne et Champagne et furent chassés, après le combat de Chanteau près de Saulieu, par le maréchal de Fribourg, qui les mit en pleine déroute.

C'est à Montsaugeon qu'en 1431 le maréchal Antoine de Toulongeon, frère de Jean III de Toulongeon, grand maréchal de Bourgogne, forma un corps de Bourguignons pour Antoine de Vaudémont.

Antoine de Lorraine, comte de Vaudémont, neveu de Charles duc de Lorraine, disputait l'héritage de son oncle à René d'Anjou ou René de Lorraine, duc d'Anjou, de Lorraine et de Bar, comte de Provence et de Piémont, roi de Sicile et de Jérusalem. René d'Anjou avait épousé Isabelle fille et héritière de Charles II.

Vaudémont obtint des secours du duc de Bourgogne, et le maréchal de Toulongeon réunit à *Montsaugeon* une petite armée composée d'aventuriers alléchés par l'espoir du butin, « pauvres compagnons mais roides et vigoureux et qui ne cherchoient que leur avantage tant sur leur propre pays qu'ailleurs » (3). Ils avaient

(1) Migneret. *Précis de l'histoire de Langres*. p. 160.
(2) de Piépape. *Hist^re militaire de Langres*. p. 105.
(3) *Cronnique de Monstrelet*. t. II p. 75.

pour capitaines le bâtard de Humières, le bâtard de Fosseuse, le bâtard de Brimeu, le bâtard de Neuville et Robinet Huchechien (1).

Vaudémont partit (le 17 juin 1431) de Montsaugeon à la tête de cette petite armée composée d'environ 4000 hommes et, ravageant la Champagne et le Barrois sur son passage, se rencontra avec le duc René près de Bulgnéville (Vosges). Les troupes du duc étaient bien supérieures en nombre et s'étaient retranchées dans une position formidable. La victoire était certaine ; mais le duc René, alors, âgé de vingt trois ans, refusa d'écouter les avis du brave Barbizan et, le 2 juillet, attaqua sans ordre les troupes de Vaudémont, qui, après deux heures de combat, le mit en pleine déroute. René fut blessé, fait prisonnier et enfermé longtemps en la tour dite *de Bar*, à Dijon. Barbizan et 3000 des siens restèrent sur le champ de bataille ; Vaudémont perdit à peine 40 hommes.

La querelle ne cessa qu'en 1444 par le mariage du fils de Vaudémont, Ferri, avec Yolande fille du duc René.

Après le traité conclu à Arras, le 21 septembre 1435, entre Charles VII et Philippe-le-Bon, traité qui scella la réconciliation du roi et du duc de Bourgogne et mit fin à la guerre des Armagnacs et des Bourguignons, le duc de Bourgogne unit ses efforts à ceux de Charles VII contre les Anglais et Jean III de Vergy, sénéchal et maréchal de Bourgogne, leur reprit Montigny-le-Roi, Nogent-le-Roi et Coiffy, puis bientôt tout le pays fut débarrassé de l'étranger.

Mais la paix intérieure n'existait pas encore. La peste, la famine décimaient la contrée ; les écorcheurs

(1) De Montrol. — *Histoire de la Champagne*, p. 206.

la dévastèrent ; plus nombreux encore après le traité d'Arras ils se livrèrent pendant deux années aux plus effroyables brigandages, brûlant les villages, violant les femmes, égorgeant les enfants.

Ces écorcheurs étaient commandés par le Bâtard de Bourbon, dit le grand Bâtard de Bourgogne, fils naturel de Philippe-le-Bon et de Jeanne de Presle, si redouté pour ses exécrables forfaits.

Il fut arrêté à Bar-sur-Aube, jugé, enfermé dans un sac et jeté à la rivière (1).

Chabannes, Antoine, comte de Dommartin, qui accompagna Jeanne d'Arc dans toutes ses expéditions et se fit chef de grandes compagnies, Villandras ou Rodrigue de Villandrando, Lahire, Blanchefort, Eriston de Salazar, furent aussi des plus terribles parmi les écorcheurs.

Le diocèse de Troyes, la contrée de La Mothe en Lorraine jusqu'à Is-sur-Tille et Gemeaux en Bourgogne étaient en leur pouvoir ; Langres était occupé par le Bâtard de Bourbon et ses brigands.

Paris délivré des Anglais, Arthur III, duc de Bretagne et de Touraine, comte de Richemont, pair et connétable de France, vint en Champagne purger le pays de ces hordes sauvages (1436) ; Charles VII courut à son aide, connaissant bien les excès des écorcheurs puisque Villandras, l'un de leurs chefs, avait pillé jusqu'à ses bagages.

Bientôt (1437), Jean de Vergy surprenait à Langres les gens d'Antoine de Bourbon et les taillait en pièces.

On ne saurait se figurer les excès de ces soldats, Anglais, Bourguignons et Français : « Lorsqu'ils ren-

(1) On lit ailleurs (Lalanne, *Dictionnaire historique de la France*), « qu'il sut plus tard rentrer en grâce, car en 1486, Charles VII lui octroya des lettres de légitimation ».
L'abbé Mathieu. *Les évêques de Langres*, p. 173.
Migneret. *Précis de l'histoire de Langres*, p. 173.

controient quelque prudhomme avec une jeune femme, dit le *Journal de Charles VII*, ils renfermoient le mari dans une grande huche et puis prenoient la femme et la mettoient par force sous le couvert de la huche où le bonhomme était et criaient : Vilain ! en dépit de toi ta femme en cet endroit sera violée et ainsi le faisoient. » Mais ce n'était là que des gentillesses auprès des atrocités des Ecorcheurs. Durant le procès de Gilles de Laval, seigneur de Rais (1), on avait compté plus de cent enfants des deux sexes qu'il avait violés ou égorgés dans les châteaux de Chantoce (2), et de Machecoul en Bretagne ; prêt à mourir du dernier supplice, il avait avoué que ce n'était pas là le plus grand de ses crimes. Ceux commis par les gens du Bâtard paraîtraient encore plus horribles à retracer. Et ces aventuriers, dont le nom seul fait frissonner, avaient pour chefs, non seulement le bâtard de Bourbon, Villandras et le bâtard de Chabannnes, mais on avait vu à leur tête Rochefort, La Hire (3) et vingt autres non moins renommés ; aucun d'eux, cependant, pour ces faits ne fut puni ni même disgracié (4).

Pendant la guerre que soutint Louis XI contre le duc de Bourgogne, deux Champenois se distinguè-

(1) Retz ou Raiz : seigneur de Laval, maréchal de France, fils de Gui de Laval et de Marie de Craon, fameux par ses prodigalités insensées ; il se livra à la sorcellerie et à la débauche la plus monstrueuse. Pour le fait indiqué ci-dessus, il fut, ainsi que deux de ses serviteurs, condamné au dernier supplice (26 octobre 1440). Les originaux de son procès se trouvent aux archives de la Loire-Inférieure.

(2) Seigneurie d'Anjou possédée d'abord par la maison de Bretagne puis par celle de Raiz et de Cramezel.

(3) La Hire (Etienne de Vignolles dit) célèbre capitaine du xve siècle, s'attacha d'abord à la cause du dauphin (Charles VII), combattit au siège d'Orléans auprès de Jeanne d'Arc, qui exerça quelque temps sur lui une heureuse influence. En 1432, après avoir été prisonnier des anglais et mis en liberté, il dévasta le pays amis ou ennemi avec son compagnon Antoine de Chabannes et guerroya de côté et d'autre jusqu'à sa mort.

(4) De Montrol, *Histoire de la Champagne*, p. 208.

rent à la bataille de Montlhéry (16 juillet 1465) : le bailli de Langres, Jean de Giey, écuyer du roi et Geoffroy de Saint-Belin.

Ce dernier, gentilhomme du Bassigny, d'une valeur extraordinaire prit le duc de Bourgogne, qui n'était alors que comte de Charolais et fut Charles-le-Téméraire. Le comte de Charolais, percé de plusieurs coups avait été blessé d'une épée qui entra par la jointure de son casque et de sa cuirasse que ses écuyers avaient mal ajustée. On le serra de si près qu'un homme d'armes français mit la main sur lui en lui criant : « Monseigneur ! rendez vous ! je vous connais ; ne vous faites pas tuer ! ».

Cet homme d'armes se nommait Geoffroy de Saint-Belin. Charles était pris si Robert Corteau, fils de son médecin, homme gros et fort ne s'était jeté entre le français et lui. Heureusement on vit s'avancer une quarantaine de ses propres archers avec des gens du bâtard de Bourgogne, réunis autour de sa bannière dont le bâton n'avait plus qu'un pied de long tant elle était dépecée (1).

Si Charles-le-Téméraire fut secouru à temps et dégagé Saint-Belin fut tué dans cette bataille.

Geoffroy de Saint-Belin, bailli de Chaumont, un des plus anciens et fameux capitaines de Compagnies, surnommé la Hire, avait épousé la fille du sire de Baudricourt, ce capitaine de Vaucouleurs qui avait autrefois envoyé la Pucelle au feu roi. Le comte de Charolais fit relever son corps et commanda qu'une honorable sépulture lui fut donnée ; on l'enterra à Chartres derrière le grand autel de la cathédrale. Geoffroy de Saint-Belin fonda le célèbre *sépulcre de Chaumont*, que sa veuve, Marguerite de Baudricourt

(1) de Barante, *Histoire des ducs de Bourgogne*, VIII, 198.

acheva en 1471(1). L'un de ses aieux, Arthur de Saint-Belin, avait vendu tout ce qu'il possédait pour suivre Saint Louis à la croisade.

Charles-le-Téméraire n'oublia pas sa mésaventure et après la paix de Péronne, il envoya ravager le pays langrois par le comte de Roucy, fils du connétable, qui pilla et ravagea tout le Montsaujonnois. Ce qui ruina une grande partie des habitans de Langres et il est tombé une requeste entre les mains du Sr Iavernault que Gironet controlleur de Montsaugeon presenta en ces tems par laquelle il representait à sa Majesté qu'il fourni XII aux soldats du roy combattant contre le comte de Roucy et dont il avoit esté ruiné. Sa Majesté y eust esgard et luy donna à prendre sa vie durant CXX sur le grenier à sel de Langres en faveur de ses services et fidélité (2).

Le roi Louis XI ayant défendu (1470) tout commerce avec les sujets du duc de Bourgogne, les relations entre le Duché et la France se trouvèrent interrompues. Des vexations, préludes ordinaires de plus grands maux, furent exercées sur les sujets du duc. Des marchands dijonnais, notamment, qui se rendaient à la foire de Selongey furent enlevés par des coureurs sous prétexte qu'ils commerçaient sur les terres royales et enfermés au château de *Montsaugeon*. (3).

Quatre ans plus tard Georges de Craon la Tre-

(1) de Barante. Hist. des ducs de Bourgogne. VIII. 205. Javernault, *Mémoires*. p. 105. Jolibois. La Haute-Marne, V° Belin.

(2) Javernault, *Mémoires*, p. 106.

(3) *Lettres des Dijonnais aux Langrois* (12 novembre 1470 : Invitation de poursuivre le relachement des sujets du duc de Bourgogne, arrêtés par les officiers du Roi lorsqu'ils se rendoient à la foire de Selongey et retenus malgré les termes des lettres royaux, au château de Montsaugeon. (*Archives de la Côte-d'Or*. *B. 453*, n° 141. — *Correspondance de la mairie de Dijon*, t. I. LVII, 12 novembre 1470, original, B. 453, n° 141).

moille (1) gouverneur de Champagne vint avec ses bandes s'emparer de Hortes et dévaster la contrée, il mit le siège devant *Montsaugeon* et le prit d'assaut. Coublanc, Percey (le Petit), Cusey furent rasés ; Grancey fut obligé de se rendre. «Environ la saint-Martin d'yver LXXIIII (1474) les Alemans mirent le siège devant Hericourt les banneres (2) furent fort dommaigiez par les Alemans... Mesmement en l'éveschė de Langres y eust moult villes et villaiges qui furent ars et bruslez et aussy mainctes forteresses et chastels lesquelles ne tenoient guères de par de Bourgoingne l'armée. Ortey (Hortes) fust prins de plaine volée, volée qui fut jour de Lundi. Et de là ce dit jour devant Montsaujon le siège fust mis posé. Auquel estoient plusieurs gens de guerre et de commun assez mais tout rien n'y valut, leur convint prendre la place. Le sire de Lyé estoit leur capitaine. Des la l'on s'en allit devant mainctes places comme *Quehue de Mouton* (3) et autres puis s'en alit en départ faire Coublanc qui trop fut long le séjour et après s'en alit en Masconnois. Malle fut la bavée pour Selongey, Percey, Cusey qui les François tandis ont démoli (4).

« La guerre fut cruelle en notre pays, au récit de Guyagin qui dit que le duc de Bourgogne avait dessein de faire emprisonner le Roy et Paulus Langins (5),

(1) Georges de la Tremouille; comte de Ligny, seigneur de Jonvelle, de l'Isle Bouchard et de Rochefort, baron de Craon, institué gouverneur de Bourgogne par Louis XI après la Réunion, révoqué la même année (*Correspondance de la mairie de Dijon*. T. I, p. 196.

(2) L'auteur, (dit M. J. Garnier, le savant et regretté archiviste de la Côte-d'Or, qui a découvert cette chronique à Selongey), fait allusion aux chevaliers bannerets et aux milices qui marchaient sous les bannières de ville ou de paroisse.

(3) *Queue de mouton*. Latude.

(4) Chronique découverte par M. J. Garnier, archiviste de la Côte-d'Or et publiée par lui.

(5) Est-ce Jean *Dlugoz*, dit aussi *Langinus*, historien polonais, né à Brzeznic en 1415, d'une famille noble, précepteur des enfants de Casimir IV, ambassadeur en Prusse, Hougrie, Bohême, mort en 1480. ?

auteur allemand, qui, ignorant la situation de notre pays rapporte que le duc auparavant la bataille de Nancy où il fut tué en 1476 débelloit notre pays langrois : Carolus dux Burgundiæ dum *debelleret Lingones apud Nansem prœlio victus et occisus est.* »

Le 5 Janvier 1476 (1477) Charles-le-Téméraire était tué à Nancy et on retrouvait sur un étang glacé le cadavre nu et dépouillé de celui qu'on appelait le « grand duc d'Occident ». Avec lui finissait la branche des Valois, qui avait duré plus de cent vingt années. Il ne laissait qu'un enfant, *Marie de Bourgogne*, née à Bruxelles le 13 février 1457, unique héritière du Duché.

Louis XI, averti des premiers (on sait qu'il inventa la *Poste*) ne dissimula point sa joie d'être débarrassé d'un rival redoutable, détesté et songea à réunir la Bourgogne à la couronne en dépouillant Marie. Dès le 9 Janvier, le roi écrivait aux bourguignons pour les assurer qu'il voulait garder pour « *sa chère filiolle* » tous ses droits et qu'ils ne devaient se mettre en autres mains qu'en celles du roi. Le 13 janvier, les magistrats dijonnais délibéraient aux Jacobins, libres, croirait-on, mais avec 6000 hommes de troupes en surveillance autour de la ville et sous l'autorité civile ainsi que celle de l'évêque de Langres, qui avait juridiction sur la Province. Le 23 janvier les Etats se réunissaient, mais la noblesse refusant de s'y rendre, la majorité était acquise au roi, et l'on vota *la Réunion de la Bourgogne* ; mais sous quel prétexte !

Louis XI avait deux cordes à son arc ; il en usa et surtout rusa. Pour parler en style moderne, il joua et joua longtemps la comédie du mariage de Marie de Bourgogne avec le Dauphin. S'il voulait, disait-il, garder les droits de sa « *filliolle* » c'était avec la ferme intention de lui donner son fils pour époux. Louis XI n'en pensait pas un mot ; mais combien cette union, qu'il faisait miroiter aux yeux des gens qu'il voulait séduire et gagner, eût été profitable ! elle eût évité ces guerres, qui furent incessantes et ces rivalités dont on sent encore la trace aujourd'hui.

En effet, le mariage du fils du roi avec la fille du duc simplifiait tout ; mais Louis XI, tout en dissimulant et parlant toujours de ce projet d'union, n'en avait nulle envie, pour une foule de raisons d'Etat, que nous n'avons pas à étudier ici.

D'autre part, le roi semblait vouloir faire prévaloir le droit. Marie, étant femme, ne pouvait recueillir l'héritage ducal. Or la loi féodale n'excluait pas les femmes de la succession. De plus, il existait des héritiers mâles plus rapprochés que le roi de France, notamment Jean, comte de Nevers, descendant en droite ligne de Philippe-le-Hardi.

Louis XI exploita donc, au mieux de ses intérêts, l'idée d'un mariage, qu'il ne désirait pas, mais que l'opinion publique caressait.

Il arriva que, en présence des 6.000 hommes, qui menaçaient la ville et en considération du futur mariage, les Etats votèrent la réunion de la Bourgogne. Pendant ce temps « la jeune et désolée pucelle, dit Gollut, ne pensoit à aultre chose qu'à plourer son désastre ! »

Le succès des négociations relatives à la Réunion est dû, pour la plus grande part au prince d'Orange, qui, jusqu'à la mort de Marie de Bourgogne, eut le rôle important dans les péripéties que nous allons entrevoir.

Jean de Châlon, prince d'Orange, appartenait à une branche des comtes de Bourgogne ; seigneur en Franche-Comté, Bourgogne, Dauphiné, Champagne, il avait servi les intérêts de Charles-le-Téméraire, mais avait perdu les bonnes grâces de son duc. Il était riche et brave, Louis XI voulut se l'attacher. « Votre duc est mort, prêtez-moi main forte en Bourgogne et je vous rends ce que vous avez perdu ; en outre je vous donne le gouvernement de la Province ». Le prince accepta ; et, habilement, escomptant la promesse du mariage de la princesse avec le Dauphin, mena au mieux les projets de Louis XI. Il obtint des Etats de la Franche-Comté l'acquiescement à la Réunion et l'envoi des garnisons françaises à Dôle, à Gray et à Salins. En même temps Arras ouvrait ses portes.

Marie de Bourgogne, âgée de dix-neuf ans, « épouvantée » par la mort de son père, se trouvait sans argent, sans appui, sans armée, ruinée par les défaites de Granson, Morat et Nancy. Sur l'ordre du Conseil ducal qui lui fut donné, la princesse protesta contre la violation de ses droits (23 janvier). Sa lettre arriva trop tard et d'ailleurs fut supprimée.

Louis XI s'avançant dans le nord s'emparait des villes qui appartenaient à Marie de Bourgogne. La princesse Marie, croyant, comme tous ses sujets, que le roi ne s'emparait de ses villes que pour *l'obliger à épouser le Dauphin*, députa ses conseillers intimes le chancelier Hugonnet, vicomte d'Ypres, né en Charolais, et le seigneur d'Imbercourt pour conclure son mariage si le roi le souhaitait. Cette lettre de créance exposait que « Marie s'était mise en possession de l'héritage paternel et entièrement confié à un Conseil ; ils ajoutèrent, au nom de Mademoiselle, qu'ils consentaient à la restitution des villes engagées, à reconnaître la juridiction du Parlement de Paris, l'hommage dû au roi par la Bourgogne, l'Artois et la Flandre, ils consentaient enfin à réduire les Etats de Marie aux limites qu'ils avaient sous Philippe-le-Hardi, cent ans auparavant, si le roi de son côté observait la *trêve de neuf années* qu'il avait conclue avec le duc de Bourgogne, Charles. « Laissez-moi faire, répondit doucement le roi ; je vais prendre les Etats de Charles pour les garder à *ma chère filiolle* ; j'ai des forces qui peuvent la rassurer, *nous ferons ensuite le mariage* ». Une allusion au mariage, c'est tout ce que remportèrent les ambassadeurs.

Quand ils revinrent les dits ambas sadeurs trouvèrent Gand en révolte, Marie comme prisonnière des Gantois, qui, pendant que Louis XI s'avançait toujours au Nord, exigèrent que la princesse envoyât de nouveaux députés, des Gantois cette fois, pour rappeler au roi la trêve de Soleure. « La princesse, dirent au roi les délégués des factieux, a résolu de ne rien faire que par le conseil des Gantois ! « On vous trompe, répliqua le roi, ou vous me trompez ; ma *filiolle* a son conseil privé qui la dirige. Lisez !» et Louis XI leur livrait la lettre antérieure de Marie de Bourgogne.

On cria à Gand que Hugonet et Imbercourt avaient trahi et bientôt ils furent exécutés malgré les supplications de la princesse qui vint se jeter aux pieds de la foule exaspérée : « Ils sont garrottés : leurs membres ont été rompus par la torture ; Marie se jette au milieu de cette multitude en sanglotant ; elle demande à tous, les mains jointes, qu'on délivre des vieillards innocents ; Grâce ! Grâce ! s'écrie Mademoiselle ; et elle s'évanouit. Elle venait de voir le sang des victimes jaillir sous le glaive des bourreaux ! (1)

Les Gantois faisaient ainsi le jeu de Louis XI mais la Bourgogne allait se lever pour défendre la fille de leurs Ducs.

Le prinre d'Orange, s'il devenait gouverneur de

(1) Rossignol. *Réunion de la Bourgogne à la France*. p. 59.

Bourgogne, pouvait être dangereux. Un autre homme, plus dévoué, plus obéissant, plus ardent, avait reçu du roi la même promesse ; il avait autant de droits que le prince d'Orange au gouvernement de Bourgogne ; c'était Georges de la Trémouille, baron de Craon, que sa cruauté inflexible et son avidité ont fait appeler *Craon le Terrible*. Du reste, le prince d'Orange ayant rompu avec son maître légitime, n'était-il pas suspect ? Quoiqu'il en soit, Louis XI commit la faute d'abandonner le prince d'Orange et de nommer, à la fin de février 1476 (1477) la Trémouille gouverneur de la Province avec pleins pouvoirs dans la Généralité.

Bientôt les deux rivaux allaient se précipiter l'un sur l'autre ; la guerre commençait en Bourgogne.

Le prince d'Orange, furieux, blessé dans son amour propre, déçu dans ses ambitions, se déclara tout à coup pour Marie de Bourgogne, qui « comprit aussitôt tout le parti qu'elle pouvait tirer d'un homme riche, influent, d'une activité dévorante et décidé à tirer vengeance de l'injure qu'il avait reçue ».

Les armes de Louis XI faisaient de rapides progrès dans le Nord ; la ville de Gand était soulevée, la mémoire des Ducs injuriée ; l'héritière presque captive, privée de ses conseillers, sans argent, voyait leur cause désespérée ; le prince d'Orange lui apparut comme un sauveur. Aussi le nomma-t-elle son Gouverneur dans nos contrées.

Le prince d'Orange ne tarda pas à soulever le pays. Les Francs-Comtois se révoltèrent et prétendirent que la décision de leurs Etats avait été surprise et que, sans droits, des garnisons françaises avaient envahi leurs villes. Le mouvement partit de Dôle, alors capitale de la Franche-Comté, restée hostile aux royalistes. « On forma une société secrète, où se trouvaient les plus honorables citoyens ; on y jura fidélité à Marie ; on cria « Vive Bourgogne ! Mort aux Français ! » Bientôt, Auxonne, Saint-Jean-de-Losnes, Pontaillier, Chaussin, Vesoul, Rochefort, Saint-Aubin, Gy, Noseroy, Sagy, Montmirey, Cuisery, les bourgs et les châteaux arborèrent les bannières de Mademoiselle ».

La Trémouille est bientôt chassé de partout, sauf de Gray, où il se réfugie. C'est en vain qu'il veut entrer à Vesoul, où Guillaume de Vaudrey, qui tenait pour Marie, l'attendait et le repousse. Le prince d'Orange ne fit pas vainement appel aux villes de Beaune, Semur, Verdun, Châlon, etc. ; mais Dijon, baillonné par La Trémouille, bien qu'il y fût craint et détesté, n'osa répondre à la lettre du prince d'Orange; néanmoins l'esprit de révolte y demeura à l'état latent pour y germer et se manifester plus tard.

De son côté, La Trémouille sort de Gray, s'empare de Marnay, Gendray, Corcondray, Balançon, Ougney, fait entrer à Pesmes-sur-l'Ognon, des écossais cachés en des tonneaux et des chars de foin, ravage tout sur son passage, massacre les gens de Frasans et de Bussey près de Gy, terrorisant la contrée pour arriver plus aisément à soumettre les places qu'il comptait enlever.

Le prince d'Orange essayait d'acheter les Suisses ; mais le roi, plus riche, surenchérissait et, le 26 avril, faisait avec eux un traité, qui lui donnait un grand avantage sur ses ennemis. Cependant le prince réussit à s'attacher 3.000 hommes, qui vinrent renforcer sa petite armée.

Il voulut diviser les forces de son adversaire en l'obligeant à les occuper en deux places. Soulever le Charolais ne lui était pas impossible. Là, vivait Claude de Toulongeon, qui était gruyer de Bourgogne à la mort de Charles et qui, dévoué à la princesse Marie, avait su empêcher la noblesse du Charolais de prendre part à la délibération qui amena la réunion de la Bourgogne à la couronne. Son frère, Adrien de Toulongeon, servait dans l'armée comtoise.

Le Charolais révolté, le prince d'Orange vint s'établir à Bletterans, d'où il pouvait commander à la fois les deux côtés de la Saône (21 avril). Ce soulèvement donna des inquiétudes à Louis XI, qui, le 15 mai, mandait à ceux du Mâconnais de se *mettre sus* pour aller au Charolais afin d'y réduire les places rebelles et d'appréhender des *traitres*. En même temps (6 juin 1477), il écrivit à La Trémouille de brûler et pendre Jean de Chalon. Le prince d'Orange ne fut pendu qu'en effigie ; mais sa principauté d'Orange fut confisquée, son *moult notable* hôtel d'Orange, place Saint-Jean à Dijon, rasé.

Le prince d'Orange ne pouvait accepter de se mesurer en pleine campagne avec un adversaire trop nombreux ; mais, chaque jour, La Trémouille était inquiété, harcelé par des bandes qui coupaient les routes et souvent lui tuaient bon nombre de soldats.

La Franche-Comté se préparait à la défense : Marie de Bourgogne aliénait ou hypothéquait partie de ses biens, pour soulager ses fidèles chevaliers ; Dôle s'armait, redoutant l'arrivée de La Trémouille.

Un moment, le prince d'Orange se trouva bloqué dans Gy, où les Français espérèrent le prendre ; mais les Bourguignons se jetèrent sur la Trémouille, au passage de l'Ognon, près de Pin-les-Magny où eût lieu une rencontre terrible : 2.000 hommes restèrent sur le champ de bataille. Le succès, chacun des deux partis se l'attribua ; mais le prince d'Orange était trop affaibli pour continuer la lutte ; il se retira sous les murs de Besançon, ville libre. La Trémouille l'y poursuivit, ravageant tout sur son passage, mais il fut obligé de s'arrêter devant Besançon.

Pendant ce temps Dijon s'était soulevé ; le Duché reconnaissait Marie sur toute la Saône et dans les montagnes. Le 24 juin, Etienne Berbisey, antique maïeur, était réélu ; le lendemain, le faubourg Saint-Nicolas envahissait la ville aux cris de : « Vive Bourgogne ! A bas les Gros ! » Les Gros c'étaient ceux qui, vendus au roi, avaient d'énormes pensions, comme La Trémouille et autres.

La Trémouille, qui s'en allait faire le siège de Dôle, revint en toute hâte et calma aisément la sédition. On jura de nouveau obéissance au roi ; on lui fit amende honorable ; mais Dijon, plus que toute autre ville, fut tenue étroitement, et alors fut conçu le projet de construire cet important château-fort dont les ruines viennent seulement de disparaître.

Ces événements, la soumission des villes, abattirent le courage des partisans de Marie de Bourgogne ; cependant le Charolais lui restait fidèle, sous la direction du sire de Toulongeon ; mais il allait bientôt être envahi de tous côtés par des armées, qui eussent suffi à conquérir la Bourgogne tout entière. Après la prise de Montcenis et de Dondain (20 juillet) la lutte n'était plus possible ; en trois semaines toute la partie comprise entre l'Ouche et la Bourbince était soumise, et La Trémouille, après avoir fait à Dijon une entrée triomphale, put, sans inquiétude, reprendre sa marche sur Dôle.

On sait que La Trémouille échoua honteusement devant les murs de cette ville.

Marie de Bourgogne avait épousé l'archiduc d'Autriche, Maximilien. Cette alliance avec un prince, d'autant plus puissant que le Saint-Empire le soutenait, ranima l'espoir des Flamands, qui furent ravis de voir leur nouveau chef rappeler au roi de France la trêve de neuf ans, qui devait être, disait le traité, respectée par les parties contractantes qu'elles *fussent mortes ou vives*. Une conférence eut lieu à Lens (4 septembre) ; une trève fut conclue, ce qui n'empêcha pas les gens du nord de guerroyer et La Trémouille de continuer le siège de Dôle. Les Francs-Comtois réconfortés par le mariage de la princesse et les assurances que leur prodiguait Maximilien, reprenaient courage et le 29 septembre, le prince d'Orange, les Vaudrey, etc., enlevaient au roi la ville de Gray, seule place que les Français eussent conservée sur la rive gauche de la Saône.

Après son échec à Dôle, La Trémouille fut révoqué et remplacé par Charles d'Amboise, sire de Chaumont, comte de Brienne, conseiller du roi et son chambellan, gouverneur de l'Isle-de-France et de Champagne, mort le 28 juin 1481. C'était un homme habile, prudent, courageux et énergique.

Charles d'Amboise avait ordre de réduire les places fortes et les villes révoltées en Bourgogne, au Langrois, en Charolais, etc.

Le prince d'Orange n'abandonnait pas la partie ; malgré les offres de Louis XI, les Suisses voulurent suivre les Bourguignons. Le 13 octobre 1477, fut conclue une union héréditaire de la Suisse avec la maison d'Autriche. Ainsi aidé, le prince d'Orange et le sire de Vaudrey passèrent la Saône à Auxonne et se présentèrent tout à coup devant Dijon ; mais les Suisses furent battus et obligés de se replier sur Auxonne. Ces Suisses devaient bientôt vendre leurs services à Louis XI, au grand désappointement du parti bourguignon, réduit aux seuls mercenaires allemands de Ferrette.

Cette digression historique n'a d'autre objet que d'amener ce qui va suivre, c'est-à-dire *le siège de Montsaugeon*, qui cité sans autre explication, ne serait que l'enregistrement d'un fait.

Claude de Toulongeon, qui tenait pour Marie de Bourgogne, s'empara de *Montsaugeon* (1477), qui fut repris par l'armée royale, l'année suivante. « Durant le mois de juin 1478 l'armée que le roy avoit envoyée en la Haute-Bourgogne pour recouvrer ses villes contre luy rebelles et dont avoit la charge le nommé Amboise, prospéra fort et meirent es mains du roy la ville de Verdun, *Montsaugeon* (1), Semur-en-l'Auxois « tant par assault que par composition (2) ».

Ce récit est confirmé par Courtépée : « Charles d'Amboise ayant reçu de nouveaux renforts du roi, chassa les troupes que l'archiduc avait fait entrer dans le Duché ; il y eût plusieurs rencontres dans lesquelles le prince d'Orange eût quelques avantages dont il ne profita point. Le gouvernement reprit ensuite les places qui s'étaient révoltées, comme *Montsaugeon*, Beaune, Verdun, Semur-en-Auxois, Saulieu et menaça le Comté d'une invasion qu'il effectua peu après (3). »

L'empereur protesta vainement, au nom de Maximilien, son fils, et de Marie de Bourgogne ; il promettait, par lettres, d'aller, en personne, visiter les Francs-Comtois. Ces lettres ranimaient le patriotisme et si l'intervention de l'empereur eût été alors plus effective, la cause ducale aurait pu triompher.

La France s'était divisée en deux parties ; l'une se disposait à fondre sur les Flandres, l'autre sur les deux Bourgognes. La trêve était sur le point d'expirer.

(1) « En 1477, Montsaugeon fut enlevé de rechef par Claude de Toulongeon qui suivait le parti de l'héritière de Bourgogne. Le sire de Chateauvillain accourut pour mettre le pays à l'abri du pillage. Coiffy, Bourbonne, Aigremont et *Montsaugeon* qui étaient tombés au pouvoir de Toulongeon furent repris par l'armée royale. (de Piepape. *Hist. militaire de Langres* p. 109).

(2) Monstrelet. *Chronique*. II. p. 75.

(3) Courtépée. *Histoire du duché de Bourgogne*. I. 221.

C'est alors que Louis XI envoya en Bourgogne l'historien Comines, son confident, pour s'entendre avec d'Amboise : Il fallait frapper, avec énergie et ensemble, les deux grandes fractions des Etats de Charles.

Tout à coup, depuis le fond du Charolais jusqu'à Semur, Chatillon, *Montsaugeon*, Salmaise, Flavigny, Saulieu, Mont-Saint-Jean, Verdun, Beaune, divers châteaux se trouvent au pouvoir des Francs-Comtois aidés de quelques allemands. Grâce à l'habileté du prince d'Orange les places n'étaient pas à prendre, elles se donnaient d'elles mêmes. Dijon même, refusa les clefs de la ville aux gens du roi. Décidément il était temps de construire *le château, près de la porte Guillaume* (6 juin 1478).

D'Amboise comprit qu'il fallait agir rapidement, avant que Maximilien et l'empereur n'intervinssent. Aussitôt, le maréchal de Bourgogne, Philippe de Hochberg, reprend Salmaise, Saulieu, Mont-Saint-Jean, Flavigny, Semur, Châtillon, tout le Charolais ; Beaune, Seurre, etc. Ces places se rendaient soit à prix d'or, soit après de vaillantes et mémorables résistances (juillet 1478).

Dans le nord, les choses tournaient mal pour Louis XI, forcé d'abandonner, notamment Condé, et de conclure, le 11 juillet 1478, une trêve d'un an.

Le prince d'Orange n'avait pas perdu tout espoir. En janvier 1478 (1479), on le voit avec ses Allemands sur les bords de la Saône cherchant à ranimer le dévouement du Charolais, mais sans grand succés ; tandis que Maximilien, rompant ouvertement la trêve, s'emparait du château de Salles et de Cambray.

Le 20 mai, les français passaient la Saône à Saint-Jean-de-Losne, et, le 25, reprenaient la ville de Dôle, puis Auxonne, Vesoul, Gray, Salins, Poligny, Arbois,

Luxeuil, Faucogney, Rougemont, Noray, Mont-Saint-Justin, Besançon.

De son côté, le prince d'Orange s'efforçait de recueillir à Bâle quelques troupes, qu'il amenait devant Besançon avec l'espoir de reprendre cette ville (1er août).

Tout n'était pas fini, car le prince d'Orange se rendît maître de Vercel, Rougemont, Mont-Saint-Justin, Faucogney, Norey, Scey-en-Varais, Maizière, Cusance, Belvoir, Châtillon-sur-Maiche.

Au printemps de l'année 1480, Claude de Toulongeon, réfugié à Besançon, reparaît avec une petite troupe demercenaires et d'amis, s'assure de quelques châteaux-forts qu'il avait repris, traverse la Franche-Comté, *s'empare de Montsaugeon*, coupe ainsi les communications de Langres avec le Duché, appelle autour de lui quiconque veut servir la fille des Ducs, sollicite les villes voisines et compte encore sur un soulèvement. Folle espérance ! Malgré d'héroïques résistances ,Faucogney, Cusance, Belvoir, Scey, Châtillon-sur-Maiche, et autres places durent se rendre aux troupes du roi.

Le sire de Châteauvillain *reprit Montsaugeon*, les châteaux de Rollans, d'Oiselay etc., (avril, mai 1480), ensuite les Bourguignons continuèrent leur guerre de partisans, comme plus tard on les vit en Vendée.

Enfin fut signée, entre Louis XI, Maximilien et Marie de Bourgogne (27 août 1480), une nouvelle trêve.

« Un des plus beaux jours de mars 1481, au moment où Louis XI, vieux et brisé, se mettait en route pour Saint-Claude, Marie de Bourgogne, jeune, pleine de vie, chevauchait gaiement, l'épervier sur le poing, comme elle est représentée sur ses grands sceaux. Des chevaliers de la Toison d'or, Olivier de la Marche,

Jean de Chalon, Maximilien, une troupe de fauconniers caracolaient autour d'elle ; le soleil brillait ; c'était le commencement d'une belle journée. La princesse vit un héron debout dans la prairie ; elle fit ôter le chaperon de son oiseau, le lança sur la proie et se précipita à sa suite. Le cheval s'abattit et roula sur Marie de Bourgogne ; on l'emporta blessée et évanouie... : elle mourut, le 27 mars 1481 (1482), agée de vingt cinq ans (1).»

C'en était fini de la maison de Bourgogne ; mais les guerres allaient continuer.

Marie de Bourgogne laissait deux enfants : Philippe et Marguerite.

Marguerite d'Autriche, née en 1480, morte en 1530, eut, comme sa mère, une jeunesse misérable : Fiancée en 1483 au Dauphin (depuis Charles VIII), qui la renvoya à son père, en 1491, pour épouser Anne de Bretagne ; fiancée en 1597 à l'infant d'Espagne, fils de Ferdinand, qui mourut peu après : enfin mariée, en 1501, à Philibert le Bear, duc de Savoie, elle était veuve en 1505, inconsolable de la perte d'un époux qu'elle aimait et auquel elle éleva le célèbre monument de Brou.

Quand Marie de Bourgogne mourut, Louis XI désirait la paix, on la lui imposait et Marguerite d'Autriche en semblait le gage obligé. En effet, le premier et principal article du *traité d'Arras* « était le mariage de Marguerite, fille de l'archiduchesse défunte, avec le Dauphin ; elle devait porter en dot les comtés d'Artois, de Bourgogne, de Mâcon, d'Auxerre, de Bar-sur-Seine et de Noyers, reversibles au prince Philippe, son frère, si le mariage ne s'accomplissait pas. On ne parla pas du Duché, parce

(1) Rossignol. — *Réunion de la Bourgogne à la France* p. 389.

qu'on ne put s'accorder sur la question de savoir si la réunion avait pu être faite légitimement ; c'est pourquoi la maison d'Autriche a toujours regardé cette question comme indécise par la paix d'Arras ; et la France, indépendamment de son droit, a tiré avantage de ce qu'on l'avait laissée en possession par ce traité » (1).

Marguerite d'Autriche, emmenée à Paris, fut fiancée solennellement au Dauphin en juillet 1483. Elle avait trois ans, Charles en avait treize. Louis XI, en mourant, avait laissé la régence et la tutelle de Charles VIII, à Anne de France, dame de Beaujeu, fille de Louis XI et de Charlotte de Savoie, épouse (1474) de Pierre de Bourbon. Elle avait alors (1483) étant née en 1462, à peine vingt-et-un ans, quand lui fut confiée la direction de Marguerite d'Autriche.

Anne de Beaujeu, malgré son jeune âge montra dans la lutte qu'elle eut à soutenir contre Louis d'Orléans, (depuis Louis XII), une capacité et une fermeté peu communes.

Maximilien s'était, par procuration, (au mois de juillet 1790), marié à Anne de Bretagne, fille et héritière du duc de Bretagne, François II. Laisser la maison d'Autriche s'implanter en Bretagne c'était augmenter encore sa puissance au détriment et au grand danger de la couronne de France ; on fit tant et si bien que l'union d'Anne de Bretagne n'eut pas lieu, que la *gente* Marguerite, la fiancée du Dauphin, fut, sans trop de cérémonie, renvoyée à son père et que Charles VIII épousa Anne de Bretagne au mois de décembre 1491 à Longuey près Tours.

L'archiduc outragé soulève l'Angleterre et l'Espagne et se rend maître de la Comté ; mais Charles VIII

(1) Courtépée. *Histoire du Duché de Bourgogne* p 223.

désarme, à prix d'argent, Henri VII d'Angleterre et, par la concession de la Cerdagne et du Roussillon, le roi d'Espagne ; de sorte que Maximilien, craignant d'avoir à lutter contre la France, se voit forcé d'accepter la paix de Senlis (3 mai 1493) par laquelle le comté de Bourgogne, le Charolais et l'Artois lui étaient assurés (1).

C'est un Haut-Marnais qui fit publier en France et en Bourgogne, au mois de décembre 1482, la paix d'Arras, célébrée partout, notamment dans les deux Bourgognes.

Jean d'Amboise, évèque de Langres, avait, un instant, suppléé son frère Charles d'Amboise, toujours absent pour le service du roi, et non loin de mourir à Tours (21 février 1481) (1482). Nommé Gouverneur de Bourgogne, Jean d'Amboise, qui sut mériter le titre de *Père des pauvres et de la Patrie*, se démit bientôt de ses fonctions en faveur de Jean de Baudricourt, seigneur de Choiseul et maréchal de France, qui publia la paix d'Arras.

Jean d'Amboise, évèque de Langres, lieutenant général en Bourgogne, mourut à Dijon en 1498 ; il était frère de Georges, le célèbre cardinal d'Amboise qui tenta inutilement de se faire nommer pape.

Jean de Baudricourt, fils de Robert, seigneur de Baudricourt et de Blaise, conseiller et chambellan du roi, bailli de Chaumont et capitaine de Vaucouleurs (1420) est celui qui mena la Pucelle d'Orléans à Charles VII. Jean, seigneur de Choiseul et de Baudricourt, s'attacha d'abord à Charles-le-Téméraire, alors comte de Charolais, dans la guerre du *Bien public* et passa ensuite au service de Louis XI qui le nomma gouverneur de Bourgogne. Après la

(1). Courtépée. *Histoire du duché de Bourgogne.* I, 223.

bataille de Saint-Aubin-du-Cormier (1488), il fut nommé maréchal de France, suivit Charles VIII en Italie et mourut sans enfants à Blois le 11 mai 1499. Il traita les deux Bourgognes avec beaucoup d'humanité et de douceur.

Plusieurs langrois accompagnèrent Charles VIII dans l'expédition, qui lui valut la conquête de Naples. Parmi eux, Philippe de Comines cite Pierre de Rohan, seigneur de Gié, maréchal de France, qui, après avoir fidèlement servi Louis XI se rendit célèbre par sa vailllante et mémorable conduite quand les français furent obligés de battre en retraite et de regagner la France. Sous Louis XII, qu'il accompagna dans une seconde expédition en Italie, le maréchal de Gié, devint lieutenant-général en Bretagne et gouverneur de François Ier, alors comte d'Angoulème.

Ce maréchal de Gié appartenait-il à la noble maison, qui occupa des fonctions importantes dans la magistrature de Langres et à Chaumont, des dignités dans l'ordre ecclésiastique et possédait en fief une partie du domaine de Giey-sur-Aujon, dont elle avait pris le nom, des portions de seigneuries à Arbigny, Hortes, Verseilles-le-Haut, etc. ?

Certains auteurs le prétendent ; cette opinion me semble, peut-être, sujette à controverse.

Guillaume de Vergy, maréchal de Bourgogne, seigneur de Champlitte et gouverneur de la province, s'empara, en 1499, de *Montsaugeon* qu'il incendia et, à la tête d'un bande de partisans, prit Aigremont, Coiffy et Bourbonne ; mais les français reprirent bientôt ces places ainsi que *Montsaugeon*, et se vengèrent en brûlant Fouvent, qui appartenait au maréchal.

Guillaume de Vergy, d'illustre famille bourguignonne, seigneur de Vergy, d'Autrey, de Champuant, de Champlitte, de Fouvent, avait servi fidèlement Charles-le-Téméraire.

L'histoire de la maison de Vergy est faite depuis longtemps; le P. Anselme, André Duchesne et, de nos jours (1885), Mr. Charles Theuriet, ont consacré, réuni les hauts faits de cette illustre famille bourguignonne, qui, ennemie de la maison de Châteauvillain, au xve siecle, a ruiné une partie des environs de Langres.

A la mort de Jean de Vergy, la famille se divisa en trois branches : 1° d'Autrey, 2° de Mirebeau, 3° de Champuant (Champvans).

Guillaume de Vergy réunit ces trois branches en sa noble personne, éleva au plus haut degré l'éclat de la famille et la gloire des *Preux de Vergy*. Fils de Jean de Vergy et de Paule de Miolan, il avait été élevé en l'hôtel de Charles de Vergy, qui lui avait fait épouser la fille unique de son fils, Antoine, mort jeune; il était fiancé à Marguerite de Vergy, qu'il épousa, en 1469, à Lausanne, après la mort de Charles de Vergy. Au contrat de mariage elle est appelée dame d'Autrey, Champlitte, Rigney; plus tard elle hérita de Bourbon-Lancy, à cause de Claude de la Trémouille, son aïeule. Ce mariage ne fut pas longtemps heureux, car Marguerite mourut peu de temps après à Champlitte, où elle voulut être enterrée en l'église collégiale près de son père Antoine de Vergy. Elle laissait à Guillaume de Vergy, tout ce quelle possédait en France, au Duché, au Comté de Bourgogne.

Guillaume de Vergy se trouva alors, comte de Champlitte et Gruère, seigneur de Fonvent, Autrey, Montferrant et Flaigey, de Rigney, Montenot, Champvent, Montrichier, La Motte, etc. baron de Bourbon-Lancy.

Il fut chevalier de l'ordre de Savoie, sénéchal des deux Bourgognes, maréchal pour la Comté de Bourgogne, lieutenant du roi des Romains, des pays et duché de Gueldre et Zutphen. « Il eut le bonheur de voir en lui se réunir toutes les chatellenies et biens, armes pleines et entières des sires de Vergy (1). »

Aux obsèques merveilleuses de Philippe le Bon à Bruges (21 juin), Guillaume de Vergy tint le premier rang en la cérémonie. Olivier de la Marche a écrit qu'il portait le heaume et le timbre ducal; il était suivi de Charles de Châlon qui portait la bannière de Bourgogne (2).

Guillaume assista le duc Charles en ses voyages, guerres et armées. S'il ne fut pas à la bataille de Granson, il était à Morat contre les Suisses, en 1506 où, le vendredi 21 juin, il faisait le guet avec 200 lances (3).

Après la bataille de Nancy, où Charles-le-Téméraire trouva la mort, Guillaume, fidèle à Marie de Bourgogne, se jeta dans Arras, mais il fut pris et Louis XI le garda en dure prison, car il refusait de prêter au roi serment et hommage (4).

Louis XI finit par séduire Guillaume, qui se laissa gagner « dont il ne fut que sage, dit Philippe de Commines, car le roi lui rendit et restitua toutes ses terres, pour lesquelles même il avait querelles et il le fit possesseur de 10.000 livres de rentes et d'autres beaux Etats. » Il le nomma ensuite son chambellan, lui rendit le château de Vergy, ainsi que les terres qui étaient restées unies au duché de Bourgogne de-

(1). Ch. Theuriet. *Histoire de Vergy*. p. 91.
(2) id. id. p. 92.
(3). *Jean de Malines*, historiographe de la maison d'Autriche et de Bourgogne. — Duchesne.
(4). Ch. Theuriet. *Histoire de Vergy*. p. 94.

puis le mariage d'Alix de Vergy avec le duc Eudes III.

Louis XI lui donna, en outre, Saint-Dizier, Fontaine-Française, Apremont, Chevannes, Gastey et « comme Guillemette de Vergy s'était, à la mort du duc Charles, retirée avec Claude de Toulongeon, son mari, en la Comté de Bourgogne et suivait la fortune de Marie, fille du duc, le roi lui transporta tous ses biens sur les châtellenies d'Autrey, Champlitte, Port-sur-Saône, Chariey, Vaugrenant, Montenot et le sixième sur les salines de Salins et tous autres droits du seigneur et de dame de la Bastie, enfin celui de racheter Charmont (1) et Charmontel.

En 1485, Guillaume de Vergy se remaria avec Anne de Rochefort et lui donna, en douaire, Saint-Dizier ; mais, Louis XI mort, son successeur revendiqua Saint-Dizier comme domaine de la Couronne. Il le lui rendit bientôt.

Guillaume de Vergy demeura encore quelque temps au service du roi de France, « mais soit mécontentement de ce que le prince lui avait repris Saint-Dizier une deuxième fois pour le réunir au domaine royal, soit que Maximilien, roi des Romains, qui avait épousé Marie, comtesse de Bourgogne et de Flandre, lui eut fait de grandes promesses, il quitta le service des français après la mort de Charles et se retira en Comté sous l'obéissance de Maximilien, suivant ainsi la fortune de la fille des ducs de Bourgogne.

Louis XII, fâché, enleva à Guillaume le château de Vergy, supprima ses pensions, lui enleva la sénéchaussée de Bourgogne ; mais Maximilien, l'archiduc Philippe, son fils, comtes de Bourgogne, le firent maréchal de leur pays de Bourgogne (1499), chef et capitaine de leur armée, gardien du sceau,

(1) Ch. Theuriet. *Histoire de Vergy*, p. 95.

avec Jacques de Godran, président du Parlement de Dôle.

En 1499, Guillaume, malade, fit son testament en faveur de Claude de Vergy ; mais il guérit et, en 1501, on le voit accompagner l'Archiduc, qui se rendait en Espagne, traverser la France et, en 1501, figurer au traité de Blois en qualité d'ambassadeur. Il mourut en 1520 (1).

(1) Ch. Theuriet. *Hist^e de Vergy*, p. 99.

CHAPITRE III.

Montsaugeon pendant les guerres de religion.

La *Réforme* amena cette longue suite des guerres de religion, qui ensanglantèrent l'Europe et la France jusqu'à la proclamation de l'édit de Nantes (1598). Ces guerres civiles désolèrent chaque province, chaque cité, chaque village, chaque famille. Le royaume fut divisé, car, sous le prétexte religieux, reparurent les questions de droits à revendiquer, les haines personnelles à venger, les ambitions à satisfaire.

On voit alors l'aristocratie s'efforcer de reprendre ses droits ; les villes, leurs libertés et leur indépendance ; la royauté amoindrie, avilie, annihilée. Puis, les deux partis font entrer l'étranger dans le royaume : les Espagnols, les Anglais, les Allemands s'y comportent plutôt en ennemis qu'en alliés et oppriment la France.

Cependant notre pays n'avait pas des premiers accueilli la nouvelle religion ; les masses populaires étaient restées catholiques ; nos rois se disaient encore les fils ainés de l'Eglise ; depuis le concordat de 1516, ils disposaient en réalité des bénéfices ecclésiastiques ; aussi les Protestants avaient-ils, au début, deux ennemis : le peuple et le roi. François Ier poursuivit avec la dernière rigueur les doctrines nouvelles, témoin, le massacre des Vaudois (1545) et cependant il avait eu pour ami le poète Marot ; sa sœur, Marguerite, reine de Navarre et Renée, fille de Louis XII, duchesse de Savoie, professaient ouvertement la religion nouvelle ; Melanchthon, le plus lettré des disciples de Luther et des Suisses réformés, était dans ses relations.

La religion protestante fut considérée par les rois comme une ennemie de la royauté.

Sous Henri II, la persécution continue avec plus d'animosité. Les Guises, chefs du parti catholique, obtiennent du roi, contre les Réformés, de sanglants édits (1540, 1550, 1551). D'autre part, les deux princes de Bourbon, l'amiral de Coligny, d'Andelot son frère et d'autres gentilshommes partisans avoués du Calvinisme, amènent l'édit d'Ecouen (1559), qui *prononçait la peine de mort contre les hérétiques.*

Henri II laissait, de son mariage avec Catherine de Médicis, six enfants, qui jouèrent un rôle dans les guerres de religion : Elisabeth, qui épousa Philippe II, roi d'Espagne ; Claude, qui épousa le duc de Lorraine ; Marguerite, plus tard épouse de Henri IV ; François, époux de Marie Stuart ; Charles Maximilien, depuis Charles IX ; Henri-Alexandre, duc d'Anjou, roi de Pologne, qui fut Henri III ; François d'Alençon. Trois furent rois de France : François II (1559-1560) ; Charles IX (1560-1574) ; Henri III (1574-1589).

Quand François II monta sur le trône, la France était épuisée, déchirée par les discussions religieuses ; catholiques et protestants se montraient impatients d'engager la lutte. Trois maisons se disposaient à s'emparer du gouvernement : Catherine de Médicis, italienne, rusée, perfide, ambitieuse, entendait gouverner sous le nom de son fils ; mais devant elle se dressaient les redoutables familles des Guises et des Bourbons.

Les Guises, en la personne de Claude, avaient été

comblés de dignités par François Ier ; François de Guise, par ses talents militaires et ses victoires, avait gagné les faveurs de la Cour ; ses frères tenaient les plus hautes fonctions et les principaux bénéfices ecclésiastiques ; presque égaux de la famille royale, ils avaient fait épouser à François II, leur nièce, Marie Stuart (1559-1560).

La famille des Bourbons, rameau de la branche royale, ennemie des Guises, était représentée par Antoine de Bourbon, roi de Navarre et catholique, tandis que le prince de Condé devint le chef du parti protestant.

Antoine de Bourbon, époux de Jeanne d'Albret, nièce de François Ier par sa mère Marguerite de Valois, roi de Navarre, était faible et sans énergie. Louis de Condé, son frère était au contraire audacieux et remuant. Le cardinal de Bourbon, qui fut un fantôme de roi, n'était bon qu'à servir d'instrument aux partis, qui exploitèrent sa dignité tout en se moquant de sa nullité.

Sur les conseils de Marie Stuart, François II écarta du pouvoir les Bourbons pour confier anx Guises, ses oncles, la direction du gouvernement.

Condé et Coligny, mécontents de se voir évincés, voulurent renverser les Lorrains, complotèrent d'enlever le roi à Blois, organisèrent la *Conjuration d'Amboise* (1506), qui, découverte, donna lieu à des massacres ; Condé, l'âme invisible de cette conjuration, arrêté, une première fois et relâché faute de preuves, était condamné à mort quand François II, venant à mourir (3 Décembre 1506), Catherine de Médicis lui rendit la liberté. Marie Stuart, veuve de François II, quittait le *doux pays* de France pour régner en Ecosse et bientôt trouver la mort.

Quand Charles IX (1560-1574 succéda à François II

la régence fut confiée à Catherine de Médicis. Sa politique consista à ménager ou à tromper tous les partis. Les Guises, dont la puissance devenait inquiétante, se virent en face des Bourbons rentrés en faveur ; le roi de Navarre est nommé lieutenant-général du royaume, le connétable de Montmorency, écarté par François II, revient à la Cour, ainsi que l'amiral Coligny. Les Guises et les Bourbons semblent se réconcilier ; par l'édit d'Orléans (28 janvier 1561) des concessions sont faites aux Huguenots, qui ne se contentent plus de tolérance ; les catholiques s'indignent, la guerre civile ne tarde pas à se déclarer.

François de Guise à la tête des Catholiques forme avec Montmorency et le maréchal de Saint-André ce que les Protestants appelèrent le *Triumvirat.* Après le Colloque de Poissy (août 1561), où les questions religieuses furent discutées par les plus autorisés des savants, l'on se sépara plus irrités que jamais alors qu'on espérait une réconciliation. Les Calvinistes ne dissimulaient plus, tenaient publiquement leurs assemblées, tandis que, gagné par les Guises, le roi de Navarre abjurait le protestantisme.

Malgré l'édit de janvier 1562, édit de tolérance, la fermentation devint plus vive. Les Guises furent rappelés de Lorraine et d'Alsace où ils avaient passé l'hiver.

François de Joinville, avec une nombreuse escorte, s'arrêta à Wassy (1) (1er mars 1562) ; ses gens se prirent de querelle avec les calvinistes réunis dans une grange pour y célébrer leur prêche ; le duc de Guise fut accueilli à coups de pierres ; aussitôt les Huguenots furent assaillis ; 60

(1) Wassy (Haute-Marne).

personnes de tout âge et de tout sexe furent tuées ; 200 furent blessées.

Le *Massacre de Wassy* fut le signal de ces guerres, qui sous le manteau de la religion, servit de prétexte aux factions rivales des Guises et des Bourbons pour couvrir leurs passions ambitieuses. François de Guise, chef des catholiques et Coligny, chef des protestants, allaient en venir aux mains.

La guerre éclate de toutes parts ; Blaise de Montluc, chef des catholiques dans le Languedoc et la Guyenne ; le baron des Adrets, chef des protestants dans la Provence et le Dauphiné se livrent aux cruautés les plus atroces. Dans le nord, les catholiques ont recours à l'aide du roi d'Espagne, Philippe II ; les calvinistes à leurs coreligionnaires d'Allemagne et à Elisabeth, reine d'Angleterre.

Le 21 octobre 1562, Châteauvillain fut attaqué par les calvinistes, réunis aux *Reîtres allemands* (1). « M. de Gumay, chevalier de l'ordre du roi, avait été envoyé par le duc de Guise pour en assurer la défense ; mais, dès qu'il vit son poste sérieusement menacé, il l'abandonna lâchement, laissant Châteauvillain aux prises avec les allemands. Ces reîtres purent ainsi pénétrer sans coup férir dans une bourgade livrée à leurs déportements et s'y crurent tout permis. Ils escaladèrent les murs des couvents, profanèrent les lieux saints, violèrent les sépultures et emmenèrent prisonniers 300 habitants... Malgré les

(1) *Reîtres*, cavaliers allemands, qui, dans le principe avaient des valets de pied attachés à leur service individuel, les *lansquenets*, qui, par la suite, formèrent à part des bandes de mercenaires. Les Reîtres ne furent plus que de simples soldats pourvus d'un seul cheval et tenus de le panser eux-mêmes. Ramas d'aventuriers et de pillards le luthéranisme se les appropria, car presque tous appartenaient à la religion réformée ; cependant lors des dissensions religieuses, les catholiques surent aussi se servir de ces troupes, selon Montluc, habiles à se garder et courant aux armes avec une remarquable célérité.

soldats aux gages du prince de Condé et de l'amiral de Châtillon, qui propagent les doctrines protestantes, grâce à M. du Chatelet, gouverneur de Langres, Charles IX fait en cette ville restée royaliste, une entrée triomphale le 15 mai 1564 (1). »

Peu de temps après, le duc de Guise s'empare de Rouen, où le roi de Navarre est blessé mortellement; Condé, n'ayant pu entrer dans Paris, se retire sur Dreux, où il est fait prisonnier, ainsi que Montmorençy. Le maréchal de Saint-André fut tué (19 décembre 1562).

Du Triumvirat il ne restait plus que François de Guise. Catherine le nomma lieutenant-général du royaume et lui donna le gouvernement de la Champagne. En février 1563, le duc était assassiné devant Orléans par Poltrot de Méré.

Le siège d'Orléans levé par les catholiques, les protestants obtinrent, de Catherine de Médicis, le *traité d'Amboise*, qui leur donnait une liberté relative d'exercer leur culte (19 mars 1563).

Bientôt, relevant la tête, ils s'emparèrent de nombre de places fortes ; « il y eut, dit Tavannes, cinquante places prises » (2). Condé et Coligny à la tête d'une armée, entreprirent d'enlever le roi à Monceaux-en-Brie (1567) ; mais Charles IX et Catherine revinrent à Paris, escortés de 6000 suisses, pendant que Condé s'établissait à Saint-Denis avec 4000 soldats. A la bataille de Saint-Denis, gagnée par les Catholiques, le connétable de Montmorency perdit la vie (16 novembre 1567) ; Henri, duc d'Anjou, âgé de seize ans, le remplaça comme lieutenant général du royaume, sous la direction du maréchal de Tavannes. Les Cal-

(1) De Piépape. *Histoire militaire de Langres*. p. 117, 118.
(2) Anquetil. *Histre de France*. I. p. 247.

vinistes purent se retirer en Lorraine, et bientôt rentrèrent en France avec du renfort étranger.

Les confédérés revenus en Lorraine avaient recruté parmi les reîtres une petite armée, qu'on attendait avec la plus vive impatience. On apprend enfin que le prince Casimir approche. « Ce ne fut pour lors que chansons et gambades, » mais cruel embarras ! les reîtres ne venaient pas pour rien ; troupes mercenaires, elles comptaient toucher 100.000 écus et il n'y en avait pas 2000 en caisse (1).

Le prince de Condé parla d'honneur aux officiers ; les ministres invoquèrent le but sacré, la Religion ; et aussitôt on vit chacun « se dépouiller de ses bagues, chaines, joyaux et de tout ce qui pouvoit faire de l'argent ; la commune détresse faisoit qu'on s'exitoit les uns les autres... Jusqu'aux gougeats, chacun bailla et l'émulation fut si grande qu'à la fin on réputa à déshonneur d'avoir peu contribué ». Exemple, peut-être unique, d'une armée sans paye dont chaque soldat se prive de son nécessaire pour en soudoyer d'autres. « On recueillit euviron 90.000 livres dont les reîtres durent se contenter » (2).

Au mois de janvier 1568, cette armée, composée de 8.000 chevaux, de 20.000 lansquenets, sous la conduite du prince de Condé et sous les ordres de Jean Casimir, fils de l'électeur palatin, vint mettre le siège devant Chartres à dix-huit lieues de Paris, dans l'intention d'affamer la capitale.

Javernault (3) mentionne ainsi le passage des Reî-

(1) Voir : duc d'Aumale, *Hist^re des Princes de Condé* I. p. 322.

(2) Anquetil. *L'esprit de la Ligue*. I. p. 265.

(3) Javernault. *Mémoires*. p. 128.

tres dans le pays langrois : « En 1568, les religionnaires mécontents firent entrer en France les Reîtres par Casimir et S. M. envoya une armée au-devant d'eux et nostre pays fust remply de ces deux armées qui passèrent à la portée de nostre ville (Langres), celle de S. M. du côté du midy et celle de l'ennemy du côté de septentrion qui fust canonnée de nostre canon et leur cavalerie se myt en haye tenant une demie lieue du pays. »

Catherine de Médicis composa et signa la paix de Lonjumeau (23 mars 1568).

Il fallait payer les reîtres, mais les coffres du roi étaient vides ; on ne pouvait les payer que de promesses ; un instant on songea, à la cour, qu'il conviendrait de faire venir d'autres Allemands pour chasser les reîtres ; mais il y avait fort à craindre de voir ces étrangers piller chacun de son côté sans songer à se manger entre eux. On finit par leur donner quelque argent en leur faisant espérer qu'en route ils seraient désintéressés. Ils se payèrent sur le pays et sortirent du royaume chargés du butin qu'ils pillèrent partout et *notamment dans le Montsaugeonnais*.

La paix de Lonjumeau n'empêcha pas les Calvinistes d'être odieusement maltraités. Catherine essaya de s'assurer de la personne des chefs ; Condé et Coligny réussirent à s'enfermer dans la Rochelle, qui devint le centre du parti protestant.

Le 13 mars 1569, le duc d'Anjou et Tavannes, commandant l'armée royale, battaient les confédérés à Jarnac, où, couvert de blessures, Condé mourut en héros, assassiné par Montesquiou capitaine des gardes du duc d'Anjou.

Des reîtres arrivant de nouveau en France, sous la conduite du prince de Bavière, duc de Deux-

Ponts (1). Le duc d'Aumale, avec une armée, et, en présence du roi, l'attendait à Metz pour l'empêcher d'entrer en France.

Le duc de Deux-Ponts avait à traverser la France pour rejoindre l'amiral Coligny, qui avait su rallier le reste de ses troupes, reprendre l'offensive et venir battre l'armée catholique près de la *Roche Abeille*, dans le Limousin(2). (15 ou 25 juin 1569). Le duc de Deux-Ponts mourut de fièvre près de Limoges et fut remplacé par le général Volrand de Mansfeld, son lieutenant(3).

Après avoir fourragé le plat pays, puis nombre de villes et de bourgs, d'où on tira des contributions qui servirent à payer les allemands, l'amiral Coligny vint avec toutes ses forces se présenter devant Poitiers. A ce moment sa tête était mise à prix, ses biens étaient confisqués et ses châteaux rasés ; il fut exécuté en effigie. Après une belle défense de Poitiers, Coligny leva le siège, et le 3 octobre 1569 les armées se rencontrèrent à Montcontour. Les Huguenots perdirent 6000 hommes, ce qui n'empêcha pas Coligny de réparer ses pertes, de se jeter sur la Bourgogne, de battre à Arnay-le-Duc une armée catholique de 12.000 combattants et de marcher sur Paris (4).

Après la bataille de Montcontour les Allemands s'étaient retirés faute de solde. Les princes

(1). Comtes de Deux-Ponts (Bavière). Louis-le-Noir comte palatin, mort en 1489, prit le premier le titre de duc. La branche principale érigée en principauté s'éteignit au XVIIIe siècle après avoir fourni quatre électeurs palatins. La deuxième branche donna trois rois à la Suède.

(2) Village du Limousin (Haute Vienne).

(3) Mansfeld (P[ce] Ernest Cte de) né en 1517, général allemand, gouverneur des pays Bas.

(4) Anquetil, l'*Esprit de la Ligue*, p. 305, 323.

d'Italie et le roi d'Espagne avaient redemandé leurs soldats de sorte que le roi, outre quelques compagnies commandées par des gentilshommes volontaires, n'avait de troupes assurées que 4 à 5000 suisses et pas un sou dans les coffres pour les payer. Soit connivence de la part des gouverneurs, soit grande bravoure de la part des confédérés, la guerre se faisait à l'avantage de ceux-ci dans toutes les provinces. Plusieurs entreprises sur la Rochelle, tant par terre que par mer, n'avaient pas réussi, et, après bien des victoires remportées par le roi, les ennemis se trouvaient encore au milieu de la France.

Les confédérés n'étaient pas un moindre embarras « Ils avoient, à la vérité, une troupe *leste et gaillarde* mais aussi c'étoit leur dernière ressource. D'ailleurs moins d'argent encore que le roi. Plus ils approchoient du centre du royaume, plus ils amenoient d'Allemands au voisinage de leur pays ; et ces étrangers disoient tout haut qu'à première occasion favorable ils les quitteroient et rentreroient chez eux. Enfin victorieux et triomphants, ils n'avoient plus ni habits ni équipages ; ils étoient mal armés, harassés comme des gens qui avoient fait plus de 800 lieues depuis 6 mois et ils se voyoient encore menacés de plusieurs petits corps d'armées à travers lesquels il faudroit s'ouvrir le passage, s'ils vouloient ensuivre leur premier projet, de porter la guerre autour de Paris... (1) »

On avoit besoin de la paix et on la fit. Elle fut conclue à St-Germain-en-Laye, (le 2 août 1570), où était le roi. Cette paix était plus favorable aux réformés que s'ils eussent été vainqueurs. Les princes, l'amiral et les autres chefs reconduisirent jusqu'à Langres les allemands et les congédièrent, plus *gorgés*, dit de

(1) Anquetil *L'Esprit de la Ligue*. I. p. 323.

Thou, *de promesses que d'argent* (1). Ils revinrent ensuite à La Rochelle, où ils fixèrent leur demeure auprès de la reine de Navarre.

Après avoir établi la situation d'après l'histoire générale de la France, il n'est pas sans intérêt de rappeler comment, en ce qui concerne le pays langrois, Javernault, le chroniqueur *local*, rapporte les événements. Les mécontents avaient demandé le secours du duc Casimir, qui entrait en France, en même temps que l'armée royale venait dans nos contrées s'opposer à sa marche. Pris entre ces deux corps, Langres et le *Montsaugeonnais* eurent fort à souffrir. Heureusement « cette armée tira en Poitou, assiégea Poitiers, dans laquelle Nostre évesque (Charles d'Escars) se comporta vaillamment en ce siège. Belleforêst remarque que S. M. renvoya le dit Casimir avec sauf conduit qui fut cause qu'il repassa à son retour et la même année prit la route de nostre *Montsaugeonnais*, vint à Langres ; mais le malheur voulut que Casimir fit brusler le village de Marcilly, l'un des plus gros villages du Bassigny, *pour un coq* qu'on luy prit en ce lieu. En ce temps là le sieur Bouvot estoit bailly et Jean Valletier estoit procureur de la ville, et en 1569 ceux de la religion n'estant encore contents firent entrer de rechef les reitres sous la conduite de duc de Deux-Ponts.

Cette armée pilla derechef notre Bassigny. L'histoire porte que cette troupe arrivée, les ennemis cherchant l'occasion d'une bataille, on la donna à Montcontour où nos soldats langrois se trouvèrent sous le sieur de Vaudemont, sa cornette estant composée de plus

(1) Anquetil — *l'Esprit de la Ligue* — p. 327, 328.

de 40 de nostre pays entre autres le bailly Maignien (1), Bégat (2), Charmolus (3), Saiger, de Thon (4), Pioches, de Saint Beroïn (St Broingt) et d'autres qui y donnèrent des marques de leur courage. Nostre ville estant de tous costés entourée d'ennemys et manquant de canons le sieur Javernault fut trouver le roy Charles IX qui lui en octroya 6 pièces et comme le sieur de la Bourdaissière (5) ne luy en vouloit donner que de petites, il retourna vers M. le duc d'Alençon qui lui octroya deux canons, deux coulevrines et deux bastardes. Le dit Javernault, oncle paternel de l'auteur des mémoires, presta l'épaule au Roy pour signer sa requeste estant au camp (6). »

La paix de Saint-Germain-en-Laye (2 août 1570), *boiteuse et mal assise*, ne rassurait pas les Huguenots ; mais Catherine s'efforça d'endormir leur vigilance et proposa de cimenter à jamais la réconciliation par le mariage de Marguerite de Valois, sœur du roi, avec le prince de Béarn. On sait ce qui se préparait ou ce

(1) Maignien, avocat, né à Langres le 16 janvier 1543, bailli de cette ville, se distingua à la bataille de Montcontour ; député aux Etats de Blois (1584) il embrassa le parti de la Ligue 1588. (Carnandet. Annuaire du département de la Haute Marne.)

(2) Bégat. On voit un Bégat (Jean) président au Parlement de Bourgogne, jurisconsulte, né à Dijon en 1523, mort en cette ville le 19 juin 1572.

(3) Charmolus (de Charmolla), né à Langres, se distingua à Montcontour et à La Rochelle ; grièvement blessé en 1594 en repoussant un corps de Lorrains qui s'était avancé pour s'emparer de Langres. Il consacra une partie de sa fortune à doter des fondations en faveur des enfants pauvres, fit don à la ville de trois coupes en argent où maire et échevins buvaient les vins du cru à la nomination des maires (Carnandet. *Ibid.* p. 117).

(4) de Thon, issu de la famille du Chatelet, maison de Lorraine, descendant des ducs de Lorraine et de la maison d'Alsace. — Olori, fils de Pierre III de Deuilly et de Thons qui embrassa le protestantisme et fut tué au siège de la Charité en 1567. (Jolibois. *La Haute-Marne*, V° *Du Chatelet*).

(5) Bourdaissière (de la) — Jean Babou, seigneur de la Bourdaissière et de Thuisseau, baron de Sagonne, chevalier de l'ordre, mort en 1569, fut gouverneur du duc d'Alençon et, en 1567, maître général de l'artillerie. Famille du Berry éteinte en 1616.

(6) Javernault. — *Mémoires*, p. 122.

qui arriva. Le 4 juin 1572, Jeanne d'Albret était morte, empoisonnée disait-on ; néanmoins le 18 août, le mariage était pompeusement célébré ; le 22 août, l'amiral de Coligny revenant du Louvre et rentrant à sa demeure, recevait un coup d'arquebuse ; le 24 août avait lieu le *massacre de la Saint-Barthélemy.*

La quatrième guerre de religion est mémorable par le siège de la Rochelle, qui coûta la vie à plus de 20.000 catholiques (1573) et la vaillante résistance de la petite ville de Sancerre, qui se défendit pendant sept mois, admirable de courage, malgré des souffrances inouïes et la famine.

La paix de la Rochelle (1573) mit fin aux hostilités ; les réformés obtenaient pour un temps la liberté de conscience.

« Au mois d'avril 1573, quelque temps après la Saint-Barthelemy, les protestants du Bassigny prirent les armes pour venger leurs frères..... un parti surprit Choiseul (1), l'occupa, s'y installa, y fit son prêche, mais négligea de se garder. Secrètement averti de la circontance par des émissaires, le cardinal, duc de Lorraine, fit appel aux gens de Langres pour réduire cette poignée de factieux. Son lieutenant, M. de Barbezieux et M. de Lanques, de la maison de Choiseul, capitaine particulier de la ville de Langres, réunirent environ 5000 hommes et convoquèrent la noblesse du pays. Les Langrois leur fournirent de l'artillerie et des vivres. Le petit corps se forma à Rolampont, le 1er mai 1573 et se porta aussitôt par Nogent sur Choiseul. Sa diligence fut telle que les Huguenots se laissèrent surprendre à leur tour. Après une vive résistance, ils se barricadèrent dans

(1) Château de Choiseul, sur une motte isolée, comme Montsaugeon.

le château, qui fut cerné par une troupe d'arquebusiers ; une sortie appuyée du feu des remparts, échoua ; les assiégés tombèrent dans un parti de cavalerie ennemie, qui les décima et les obligea à se rendre. Ils capitulèrent sur la promesse d'avoir la vie sauve ; mais, en dépit de cette capitulation, ils furent tous saisis, pendus, ou égorgés, au nombre de 80 ! Le roi fit raser le château de Choiseul (1). »

La paix n'était qu'apparente, car au sein même des catholiques se formait un parti défavorable aux idées de tolérance, le parti des *mécontents*, d'ambitieux et aussi d'honnêtes gens. Organisé pour l'ordre et pour la paix, il ne devait triompher que sous Henri IV.

Charles IX mourut à Vincennes le 30 mai 1574.

Pendant le mois d'août suivant, les reîtres traversèrent le *Montsaugeonnais* (2).

Henri III s'échappa, pour ainsi dire, de Pologne et rentra en France par l'Autriche et l'Italie, s'attardant aux plaisirs, qui lui étaient offerts à Vienne, à Venise et à Turin, faisant à Lyon une entrée triomphale, ébloui et charmé par des fêtes royalement coûteuses.

A Lyon, une ambassade des princes réformés d'Allemagne l'attendait et intercédait en faveur de leurs coreligionnaires de France. Le roi les renvoya durement déclarant que les protestants devaient se convertir ou sortir du royaume ; puis de Lyon, où les plaisirs l'avaient retenu, on le voit se diriger sur Avignon, s'affilier à la confrérie des Flagellants ou *battus*, assister, revêtu du sac des pénitents, à une procession, qui causa la mort du cardinal.

Pendant ce temps, les politiques et les malcontents

(1) de Piépape. *Hist^r. milit^r. de Langres*, p. 119.

(2) P. de St Ferjeux. *Langres pendant la Ligue*, p. 19. — Aucun détail précis.

se concentraient ; ils avaient pris pour chef Henry de Montmorency, maréchal de Damville, zélé catholique. Au mois de janvier les politiques et les protestants se juraient, à Nîmes, fidélité et appui réciproques, *associés de l'une et de l'autre religion.* Protection aux églises réformées, qui avaient reconnu le prince de Condé pour chef suprême ; mise en liberté du duc d'Alençon et du roi de Navarre retenus prisonniers depuis la Saint-Barthélemy ; ni trêve, ni paix avec Henri III sans le consentement des religionnaires ; conseil mi-parti des deux religions pour l'impôt, l'administration, la levée et la discipline des troupes, telles étaient les bases de cette union des politiques et des protestants, qui créait un véritable Etat dans l'Etat.

Il se passa, en 1575, non loin de *Montsaugeon*, un fait mémorable où Fervaques, seigneur de Grancey, joua un rôle assez romanesque. Au mois de février, Henri III s'en allait se faire sacrer à Reims, en passant par le pays langrois ; on n'était pas sans inquiétude sur la sécurité de ce voyage et avec raison, ainsi qu'on va le voir.

Des conjurés attendaient son passage et complotaient sa mort. Une inimitié profonde existait entre le roi Henri III et son frère, le duc d'Alençon, mêlé à tous les complots contre la personne royale. Henri III le redoutait et prêtait volontiers l'oreille aux amis sincères et aux courtisans flatteurs, qui, par leurs insinuations, entretenaient le roi dans une crainte perpétuelle.

Pendant son voyage à Reims, écrit Anquetil, « Hautemer, seigneur de Fervaques, un de ces hommes que l'appât de la fortune mène au crime comme à la vertu vint le (le roi) trouver, déguisé en paysan, pour lui donner avis d'une conspiration, contre sa personne, dont le duc d'Alençon était le chef. Henri III, sans autre information, croyait ce dénonciateur sur parole ; mais la reine-mère, remarquant que Fervaques prétendait mettre son zèle à prix, conseilla d'aller bride en main et d'approfondir. Sur l'offre qu'il faisoit de prouver sa dénonciation par l'aveu même des complices, on lui donna un homme de confiance nommé Barat, chargé d'aller les entendre. Fervaques lui assigne rendez-vous dans un village près de Langres et le cache dans une vieille masure, en attendant que les conjurés soient rassemblés. Barat se présente à eux en pleine campagne et se dit envoyé du duc d'Alençon. Ils lui demandent des lettres de créance : « Je n'aurais garde, leur répond Barat, de me charger de lettres en pareilles circonstances. Comme il était présenté par Fervaques, les conjurés se contentèrent de cette défaite ; ils entrent alors en conversation et expliquent leur dessein ; ils ne se proposoient pas moins que de tuer le roi pour mettre le duc d'Alençon à sa place. A les entendre, il n'y avait rien de si facile, quand le monarque, après son sacre, iroit de Reims à Saint-Marcoul ; mais ils se plaignirent vivement du duc d'Alençon, dit alors Monsieur, par ce que depuis quinze jours qu'ils tenoient un agent auprès de lui, ils ne pouvoient avoir de nouvelles. Barat leur donna de bonnes espérances, les quitta et vint faire son rapport. « Muni de ces preuves, le roi vouloit qu'on fit le procés à son frère ; mais la reine-mère s'y opposa et travailla à le réconcilier. On manda Monsieur, il avoua qu'il avoit eu connaissance du complot ; mais il assura n'y avoir pas su jusqu'ou on vouloit le porter, et n'y avoir jamais donné son consentement. Catherine fit entendre au roi, son fils, que c'étoit moins un parti pris qu'une volonté passagère de quelques mécontens obscurs, qui prétendirent se rendre importans, elle assoupit l'affaire, mais il resta au Roi un vif ressentiment contre son frère et étoit toujours prêt à le soupconner » (1).

Ce fait n'empêcha pas le roi Henri III de faire, le 3 janvier 1575 (1576), une entrée triomphale à Langres, « d'où le sieur de Valetier et les conseillers du bailliage, le sieur Javernault, procureur de la ville, le trésorier garde des clefs, Chabut, allèrent le chercher jusqu'au milieu du chemin de Saint Geosmes.. » « Toute la cour visita la ville et les reliques des trois *Benedicite* (2) et de St Dizier. La reine voulut emporter des reliques de ce saint, qui lui furent accordées. Sa majesté tira de là en Lorraine et à Metz et de là à Rheims où il fut sacré, à laquelle cérémonie assista notre evesque comme pair » (3). Le cardinal de Bourbon, le duc de Mayenne, le marquis d'Elbeuf accompagnaient le roi, qui logea à l'évêché (4).

Henri III était à peine parti de Langres qu'un corps de reîtres, commandé par Mansfeld, passait près de cette ville pour joindre l'armée royale (5).

Si de Thon était gouverneur de Langres et fidèle à son roi, le duc de Guise était gouverneur de Champagne, défenseur de la foi catholique, par conséquent hostile au roi ; situation assurément délicate et difficile pour les Langrois.

Henri III épousa Louise de Lorraine, fit montre

(1) Anquetil. *L'esprit de la Ligue*. II,143.
(2) Sous ce nom, Javernault, (*Mémoires*, p.123), désigne *les trois enfants de la fournaise* dont les reliques avaient été apportées d'Antioche à Langres vers le IVe s. On avait pris l'habitude, à Langres d'appeler ces enfants *Benedicite* par ce que le cantique des trois enfants de la fournaise, que l'on recitait sur leur tombeau, à l'église de Saint Mammès commence par le mot *Benedicite*.
(3) Javernault, *Mémoires*, p 123.
(4) . Tabourot. *Histoire des saintes reliques et ancienneté de Langres* p. 551
(5). De St-Ferjeux, *Langres pendant la Ligue*.p. 22.

de bon catholique afin d'affaiblir l'influence des Guises, défenseurs de la foi, et quand les envoyés du prince de Condé, du maréchal de Damville et des deux religions vinrent à Paris soumettre au roi leurs requêtes impérieuses, Henri III se montra conciliant ; mais tout à coup, on apprit à la cour que le duc d'Alençon (1), frère du roi, s'était évadé de Paris (15 septembre) pour se joindre aux reîtres de Casimir et au roi de Navarre, quil s'était rendu à Dreux, ville de son apanage, et que, de là, il avait lancé un manifeste, où, tout en protestant de sa fidélité au roi, il se plaignait du gouvernement royal. Le duc d'Alençon révolté est aussitot reconnu par les confédérés comme leur chef.

Condé avait obtenu des secours des princes protestants d'Allemagne, et, déjà, Thoré (2), frère du duc de Montmorency (3) était prêt à entrer en France avec un corps de troupes destinées à frayer le chemin à l'armée de Casimir. La reine mère lui fit dire que s'il avançait elle lui enverrait la tête de son frère et de son beau-frère (4).

Il répondit : « Si la reine fait ce qu'elle dit elle n'a rien en France où je ne laisse les marques de ma vengeance ». La reine mère eut peur et fit délivrer les maréchaux qu'elle tenait prisonniers, ce qui n'empêcha pas Thoré d'entrer en France avec une

(1) Le duc d'Alençon (Hercule François) 5e fils de Henri II et de Catherine de Médicis (1554-1584), duc d'Anjou. s'était en 1574, mis à la tête des mécontents. Arrêté avec Henri de Navarre, il avait été mis en liberté par Henri III.

(2) Thoré (Guillaume de), frère de Henri de Damville, puis duc de Montmorency ; nom sous lequel il est connu. Il avait embrassé la religion protestante à Genève.

(3) Le duc de Montmorency, d'abord acharné contre les Huguenots, ce qui lui valut la dignité de maréchal de France (février 1567), forma ensuite avec eux et les *Politiques* une ligue contre la cour (1575), assurant aux protestants la liberté religieuse.

(4) Arthus de Cossé, maréchal de France, aussi d'intelligence avec les calvinistes et les Politiques fut arrêté (1574) et ne sortit de prison que l'année suivante.

petite armée de calvinistes, composée de 2000 reîtres, de 500 arquebusiers français qu'il amenait au secours de François, duc d'Anjou, son allié.

Le duc Henri de Guise, gouverneur de la Champagne, l'attaqua à Dormans, près d'Epernay et après avoir mis en déroute les réformés (10 octobre 1575) s'acharnant à leur poursuite, il reçut une balle d'arquebuse, qui lui fracassa la mâchoire et faillit lui coûter la vie. Comme son père, il put aussi s'appeler *le Balafré* (1).

Thoré ne put rejoindre le duc d'Alençon qu'avec quelques centaines d'hommes (2).

Catherine de Médicis consentit une trêve de sept mois à Champigny-en-Touraine (21 novembre 1575); mais le roi la viola bientôt. Thoré était suivi de l'armée du duc Casimir, à la tête de 15.000 reîtres allemands, de Suisses, de Vallons et de 5.000 Français (janvier 1576). Le Pailly fut brûlé, en haine du maréchal de Tavannes, qui le possédait.

D'après le P. Vignier : « Les huguenots et les catholiques mescontens que l'on appeloit les Politiques unis ensemble et faisans un party, mirent en peu de tems de grandes troupes sur pied, résolus, les uns de venger le massacre de Saint Barthelemy, fait en 1572, les autres leurs injures particulières et tous butans à profiter du trouble. M. le duc d'Alençon frère du roi, qui demandoit accroissement d'apanage et d'avoir plus de part qu'il n'en avoit au gouvernement estoit le chef de party avec le Prince de Condé, contre lequel s'en forma un autre qui fut appellé la Ligue Sainte.

(1) Javernault ne parle pas de ce combat ; cependant on connaît, à Aprey, un petit vallon appelé le *vallon du Balafré*. D'autres prétendent que là le duc de Guise aurait été blessé dans un duel. (P. de St Ferjeux. *Langres pendant la Ligue*, p. 26).

(2) Anquetil. *L'esprit de la Ligue*, II. 154.

« Ils firent entrer en Champagne sur la fin de janvier 1576 (1) le duc Casimir, luthérien, fils de Fréderic III, comte palatin et frère puisné de Louis, comte palatin, après leur père, une armée de 14 à 15.000 tant reîtres qu'avec 3 ou 4.000 françois révoltez lesquels ayant passé près des murailles de Langres tirèrent au *Montsaujonnois*, pillèrent en passant et bruslèrent le Pailly par la haine qu'ils portoient au mareschal de Tavanes, ruinèrent en leur marche environ 200 autres villages de ce qua[ez] (quartier) avant qu'estre arrivez à la veue de Dijon, profanèrent partout les églises et donnèrent jusques en Auvergne, d'où ils retournèrent du costé de la Bourgogne, passèrent à travers la Champagne et tirèrent en Picardie sans prendre aucune ville considérable (2). »

L'armée de Casimir se dirigea sur Dijon, qui capitula après deux assauts meurtriers. Cent cinquante habitants, d'après l'abbé Mathieu (3), 1500, d'après le P. Vignier, furent massacrés, les maisons pillées et incendiées. Pendant leur marche à travers la Bourgogne et la Champagne, ces allemands ruinèrent environ deux cents villages et profanèrent toutes les églises.

De Dijon ils se rendirent à l'armée du prince de Condé, ravageant Châtillon, (4) Laignes, Ancy-le-Franc.

(1) Au mois de janvier 1576, l'armée de Jean Casimir rentra en Champagne en vertu d'un traité qu'il avait conclu avec le prince de Condé. Il amenait aux protestants 15.000 reîtres, 1000 Suisses et 4.000 Français. Son armée se dirigea sur la Bourgogne et Guillaume de Tavannes alla occuper Chatillon-sur-Seine pour s'opposer à son passage (de Piépape. *Hist. militaire de Langres*) p. 121.

(2) P. Vignier. *Décade* II. 244.

(3) L'abbé Mathieu. *Les évêques de Langres*. p. 203.

(4) Châtillon était occupé par Guillaume de Tavannes, qui s'y était rendu pour s'opposer au passage de Casimir (de Piépape, *Hist[re] mil[re] de Langres*, p. 121).

Les mémoires du temps ont relaté ces cruautés : « Le mercredi 1 février 1576, le Roy receust nouvelles comme les reîtres, conduis par le prince de Condé, qui estoient aux environs de Dijon avoient branqueté la ville de deux cent mil francs et sauvé la Chartreuse pour douze mil et comme ils avoient rasé *Les Pailley* (le Pailly), maison belle et magnifique appartenant au seigneur de Tavanes (Guillaume de Saulx, deuxième nom, bailli et gouverneur de Dijon, lieutenant-général en Bourgogne). Et le mesme jour luy vinrent aultres nouvelles de Nuis (Nuits) ville de Bourgogne, sise assez près de Dijon, prise d'assault et saccagée par les alemans et françois de la suite du prince de Condé qui se prétendoit injurié et outragé d'eux pour avoir tué un sien gentilhomme qu'il leur avait envoyé. Desquels outrages et excès il eut sa raison tout le long car ceste pauvre ville fut mise à feu et à sang, beaucoup de pauvres femmes et filles violées et les autres mises toute nues hors la ville (1). »

Le 3 février 1576, le roi de Navarre s'échappait de Paris, révoquait son abjuration forcée, prenait le commandement des calvinistes, et commençait les hostilités dans l'Anjou et dans le Maine.

Condé et Jean Casimir ayant opéré leur jonction dans le Bourbonnais, les confédérés, au nombre de 30.000 h., ravagèrent tous les pays qu'ils occupèrent et ne cachaient pas leur intention de marcher sur Paris.

Désireuse de séparer les Politiques des Huguenots, Catherine subit la paix humiliante de *Beaulieu*, ou de *Monsieur*, qui donnait tous les avantages réclamés par les Politiques et les Protestants.

(1) de l'Estoile, *Mémoires*, I, 66 ; coll. Michaud et Poujoulat.

Le Duc d'Alençon obtenait, en augmentation d'apanage, le Berry, l'Anjou, la Touraine, une pension de 100.000 écus et le titre de duc d'Anjou ; le roi de Navarre, le gouvernement de la Guyenne ; le prince de Condé, celui de Picardie ; le prince Casimir, des terres et une pension de 700.000 livres en argent, dont il vint attendre le payement au pays langrois. « La plus grande difficulté, dit Mezeray, était de trouver l'argent qu'il fallait à Casimir, à qui on avoit donné pour quartier l'évêché de Langres où il vivoit à l'allemande en attendant son payement (1). »

On se figure aisément les exigences de ces troupes, qui, n'étant plus en hostilité, se ravitaillaient par le pillage du *Montsaugeonnais*. On ne les fournissait de vivres qu'au jour le jour, avec l'espoir d'en être bientôt délivré. Ainsi faisait-on à Longeau, près de Montsaugeon : «Pour le regard de la fourniture des vivres aux reistres et armée du duc Casimir à présent campé à Longeau, est d'advis qu'il ne fault fournir, en tout évenement que jour pour jour, pour éviter le séjour qu'ils pourroient faire couster à la ville et jusques à XL queues de vin en plus (2). »

La colère des catholiques après la paix de Beaulieu provoqua *la Ligue*, organisée par d'Humières en Picardie et par le président Hennequin à Paris et dont le chef fut l'ambitieux Henri de Guise. D'après le traité de Beaulieu, Condé devait prendre possession de la Picardie. Jacques d'Humières, gouverneur de Péronne, ardent catholique, devoué aux Guises, organisa des conférences secrètes, composées de ses parents, de ses alliés, de ses amis et des gentilshommes recrutés pour former une association

(1) Mezeray. *Mémoires*.

(2) *Délibération du conseil de ville*.- Langres 26 juillet 1576. - P. de St Ferjeux. *Langres pendant la Ligue*, 27. 28.

capable de résiter à l'établissement des Huguenots.

Cette première Ligue servit de modèle aux autres ligues particulières, qui se confondirent en une ligue générale, dont Paris fut le siège central et dont le but était de « maintenir les lois et la religion antique de la monarchie ». Au fond, Henri de Guise ne songeait qu'à expulser les Valois.

La ligue à peine constituée se montra activement, refusant à Condé l'entrée en son gouvernement de Picardie et à Henri de Navarre sa prise de possession de la Guyenne. Le mouvement catholique contre le roi s'accentuait de plus en plus ; Henri III, maîtrisant les chefs secrets de la Ligue, Guise, Mayenne et le duc de Nemours, comptait sur les Etats généraux pour réduire les concessions faites au parti protestant et ne voulait pas résister ouvertement aux désirs des catholiques. Les Guises se disant seuls héritiers légitimes de Charlemagne, seuls restés fidèles au Saint-Siège, disaient-ils, aspiraient au trône de France.

Aux Etats généraux de Blois (1576) d'où les protestants et les politiques furent exclus, Langres députa Antoine Bouvot, présidentde l'élection et Claude Médard, avocat du roi (1). L'évêque Charles d'Escars, en sa qualité de duc et pair, figure dans l'assemblée de Blois (2).

Les ligueurs exigèrent du roi qu'il ramenât tous ses sujets au catholicisme, et refusèrent de voter des subsides pour combattre les protestants. Henri III crut donner des gages de catholicisme et déconcerter l'ambition des Guises en signant la Ligue et en s'en déclarant le chef.

(1) *Délibérations du 7 octobre et du 14 octobre.*
(2) P. Vignier, *Manuscrit,* p. 523.— P. de St Ferjeux. *Langres, pendant la Ligue,* p. 36).

Les subsides refusés, le roi se trouvait impuissant. Les protestants commencent les hostilités en s'emparant de Périgueux, de Marmande, de la Réole (1576); le duc d'Anjou prend La-Charité et Issoire (1577) ; Mayenne s'empare de Tonnay-Charente, Marans et Brouage, etc. Le roi est obligé de signer l'édit de Bergerac (dit *Mon Édit*), qui était favorable aux réformés.

En 1579, un capitaine protestant, la Bretonnière, avait comploté de livrer la ville de Langres aux protestants ; découvert, il fut mis à mort ainsi que ses complices (1).

Tandis que Henri III, pour vaincre son impopularité et enchaîner à ses intérêts les chefs du parti politique, créait l'ordre du Saint-Esprit, Catherine ne craignait pas de brouiller les chefs protestants en dénonçant à Henri de Navarre la liaison de Marguerite avec le comte de Turenne. La guerre, dite *des Amoureux* (1579), qui mit la Fère aux mains de Condé, et Cahors en puissance de Henri de Navarre, se termina par le traité de Fleix (1580), qui ratifiait celui de Bergerac.

Le duc d'Anjou, frère du roi, étant mort à Château-Thierry (1584), Henri de Navarre devenait l'héritier présomptif de la couronne; mais il était hérétique. Philippe II n'admit que le cardinal de Bourbon comme lègitime héritier du trône. D'autre part, Henri de Guise, ambitieux, était désigné par la faveur populaire. En 1580 la guerre civile recommença et les troupes levées par le duc d'Anjou arrivèrent à Langres sous la conduite de Jean Balagny de Montluc.

Jean Balagny était fils naturel de Jean de Montluc,

(1) P. Vignier. *Manuscrit*, p. 523. — Javernault. *Mémoires*, p. 124. P. de St Ferjeux. *Langres pendant la Ligue*, p. 33.

prélat et diplomate, d'abord dominicain, puis aumônier de Marguerite de Navarre ; il devint évêque de Valence (1553) et, en 1572, fut chargé par Catherine de Médicis d'aller en Pologne pour y préparer l'élection du duc d'Anjou. Jean de Montluc était frère de Blaise de Montluc l'un des plus célèbres capitaines du XVIe siècle, maréchal de France, aussi fameux par ses exploits guerriers que par les cruautés sans nombre, qu'il a racontées avec autant de complaisance que ses hauts faits. — Jean de Montluc avait, bien qu'évêque, des mœurs très dissolues, car il eut, en 1545, un fils naturel, Jean de Montluc, seigneur de Balagny, que nous retrouvons à Langres en 1580.

Balagny embrassa le parti de la Ligue et se rallia (1594) à Henri IV, qui le nomma, malgré son incapacité et son peu de courage, maréchal de France et le reconnut souverain de Cambrai. Assiégé dans cette place (1594), il ne sut pas la défendre et, chassé par les habitants, il se réfugia dans la citadelle, où il fut bientôt obligé de capituler (9 octobre 1594). Sa femme, Renée de Clermont, mourut de chagrin et, six mois après, Balagny épousait Diane d'Estrées, sœur de la maîtresse de Henri IV.

Langres et le *Montsaugeonnais* eurent beaucoup à souffrir de la présence de Balagny et de ses troupes. « Elles commirent beaucoup de désordres dans les environs pendant que leur chef résidait à Langres. Les soldats, étant venus en trop grand nombre pour voir Balagny, donnèrent des craintes au maire Gentot, qui leur ordonna de sortir de la ville, *sous peine de la hart*, et fit prendre les armes aux Langrois (1). »

Le 7 février 1580, des lettres royales annonçaient que les protestants avaient le projet de s'emparer de

(1) Javernault. *Mémoires*, p 125.

la ville de Langres et de l'enlever à l'obéissance du roi (1).

Le duc d'Anjou étant mort (1584) et le roi Henri III se trouvant en guerre avec Philippe II, roi d'Espagne, Henri de Navarre devenant héritier de la couronne, Henri de Guise et Philippe II signent le traité de Joinville (2) (31 décembre 1584), contenant quatre articles d'une importance extrême : 1° Exclusion du roi de Navarre et de tout prince français au trône de Fance ; 2° reconnaissance du cardinal pour héritier si Henri III meurt sans enfant mâle ; 3° restitution à l'Espagne de Cambrai, seule place des Pays-Bas que le duc d'Anjou avait réunie à la France ; 4° engagement du roi d'Espagne de payer, par mois, 50.000 écus aux Ligueurs pour faire la guerre aux protestants. Le traité devait rester secret afin de ne point donner aux protestants un motif de prendre les armes (3). En même temps le pape Grégoire XIII déclarait le roi de Navarre et Condé incapables de succéder.

Si Henri III s'était un instant déclaré chef de la Ligue, ce n'avait été qu'une vaine manifestation, qui n'avait pas maîtrisé l'influence croissante des Guises ; unis à Philippe II, ils paralysaient les forces de Henri III.

Ni le roi de France, ni le duc d'Alençon n'avaient d'enfants ; la maison de Valois s'éteignant, la couronne revenait à la maison de Bourbon descendant de saint Louis par Robert de Clermont, son dernier fils. « Cette maison était représentée par le cardinal de Bourbon et par son neveu, Henri de Navarre, qui, étant le chef de la famille de Bourbon, devait être appelé à succéder aux Valois. Comme le roi de Navarre

(1) P. de St. Ferjeux. *Langres pendant la Ligue*. p. 33.
(2) Joinville, au département de la Haute-Marne.
(3) P. de St. Ferjeux. *Langres pendant la Ligue*, p. 38.

était protestant, les Guises imaginèrent de lui opposer le Cardinal de Bourbon, son oncle, qui n'étant point le représentant de la ligne directe n'avait aucun droit à la couronne. En agissant ainsi les Guises ne dévoilaient pas leur prétention au trône de France ; mais en faisant exclure par ce moyen l'héritier légitime, ils pensaient qu'après la mort du vieux cardinal, l'héritier légitime ayant été déclaré inhabile à monter sur le trône, ils seraient appelés à régner sur la France (1). »

Fortifiée par son alliance avec le roi d'Espagne et l'argent qu'il promettait, la Ligue se réorganisa. Elle créa à Paris le redoutable *comité des Seize*, et, pendant que Mayenne soulevait la Bourgogne, Guise soulevait la Champagne et Henri III signait avec les ligueurs le *traité de Nemours* (1585), qui défendait, sous peine de mort, toute autre religion que la religion catholique. Henri de Navarre, exclu du trône, était de nouveau excommunié par Sixte V ; il remporte à Coutras une victoire sur Joyeuse, favori de Henri III (oct. 1587), mais Guise est victorieux à Vimory (2), près de Montargis (28 octobre) et à Auneau (3), dans la Beauce (24 novembre) ; le prince de Condé meurt empoisonné par ses domestiques (1588).

Après la bataille d'Auneau (4) Guise vint au pays langrois, campa à Bannes et manifesta le désir d'en-

(1) P. de St Ferjeux. *Langres pendant la Ligue*. p. 37.

(2) Ne pas confondre Vimory en Gatinais avec Vignory, (Haute-Marne) où, en mars 1587, « Les reitres traversèrent le Bassigny et s'y arrêtèrent dix jours (*Mezeray*. in-4° p. 509). Le duc de Guise rencontra près de Vignory un de leurs détachements qu'il battit. L'abbaye d'Auberive fut pillée par eux et ils imposèrent une contribution de mille écus, à l'abbaye de Clairvaux, qui fut sauvée par une inondation subite de l'Aube. » — P. de St Ferjeux. *Langres pendant la Ligue*. p. 45.

(3) P de St. Ferjeux. *Langres pendant la Ligue*. p. 38.

(4) De Piépape. *Hist° mili° de Langres*, p. 125.

trer à Langres. Sous prétexte que la ville était affamée et pestiférée on ne lui permit d'y venir (13 janvier 1588) qu'avec un petit nombre d'hommes (1). Guise essaya vainement d'entraîner les langrois dans son parti, ils restèrent fidèles au roi.

« La ligue était devenue une affaire exclusivement politique, laissant de côté les questions religieuses. Une triple division se fit dans la nation.... : 1° les protestants, 2° les ligueurs, 3° le Roi entouré de ceux qui restaient fidèles à la royauté : les fonctionnaires, les politiques généralement opposés aux Guises et non affiliés à la Ligue ; les catholiques qui avaient signé la Ligue quand le roi s'en était déclaré le chef pour défendre la religion et qui s'étaient retirés en voyant les Guises combattre la royauté..... De ces derniers étaient les Langrois fidèles au roi ; obligés de se défendre contre les protestants et de résister aux Ligueurs dont les chefs étaient à Joinville c'est-à-dire à leur porte. Enfin dans l'intérieur même de leur ville ils avaient à lutter contre l'influence de l'évêque (qui habitait probablement son château de Mussy et non la ville) et contre le Chapitre en majorité dévoué à la ligue (2). »

Les *Seize*, pour soulever le peuple contre Henri III font, malgré le roi, entrer dans Paris le duc de Guise ; son triomphe à la *journée des Barricades*, oblige le roi à s'éloigner de la capitale (mai 1588) et à signer *l'édit d'union*, qui donne une autorité presque souveraine au chef de la Ligue.

(1) De Piépape. *Histoire militaire de Langres*. — Dès 1556, Langres fut livré à la peste et à la famine. L'évêque Charles d'Escars employa tous les moyens dont il pouvait disposer pour secourir les malheureux et les personnes riches de la ville firent aussi les plus grands sacrifices. (Javernault. Abrégé chronologique de l'histoire des Evêques de Langres, p. 20. — P. de Saint Ferjeux : *Langres pendant la Ligue*, p. 24.

(2) St Ferjeux. *Langres pendant la Ligue*, p. 89.

Il ne restait plus à Henri III que l'appel à la nation par les nouveaux *Etats de Blois*, où Guise fut assassiné (23 décembre 1588) par les *quarante cinq*. Le lendemain le cardinal de Guise était tué à coup de hallebarde. Catherine de Médicis meurt le 5 janvier 1589.

A la nouvelle de l'attentat de Blois, Paris se révolte ; on prononce la déchéance du roi ; le duc de Mayenne est proclamé chef de la Ligue avec le titre de lieutenant-général du royaume.

Enfin, Heni III se rapproche du roi de Navaıre et tous deux marchent sur Paris : mais Henri III est, le 1er août 1589, poignardé par le moine Jacques Clément et meurt désignant Henri IV pour son successeur.

« Le 31 juillet 1589, un violent combat eut lieu sous les murs même de la place (Langres). M. de Schomberg, allié du roi, était entré en France avec un petit corps de troupes protestantes (1500 lansquenets et 600 reitres) tous gens bien aguerris qu'il conduisait à Langres comme à une place de refuge. D'un autre côté, deux ligueurs, le duc de Nemours et le vicomte Jean de Tavannes, amenaient au gouverneur de Chaumont, pour le parti de l'Union, 7.000 suisses et 400 lances, sous le commandement d'un savoyard, le marquis de la Chambre. Ces dernières troupes à leur arrivée auprès de Langres, harcelèrent le parti de Schomberg, qui vint se loger dans la vallée de la Bonnelle au faubourg de Brevoines. Jean de Tavannes s'établit à Saint-Ciergues, la Chambre à Ormancey et leurs lieutenants, M. de Guyonvelle à Saint-Martin, M. de Melay à Humes (1).

Javernault raconte ainsi ces événements : « En

(1) de Piépape. *Hist. militaire de Langres*, p. 130.

cette mesme année le sieur de Schomberg amena quelques 1.500 lansquenets et 600 chevaux reitres, tous gens aguerris. Au mesme temps le duc de Nemours conduisait pour le party contraire 7.000 suisses et 400 chevaux pour la Ligue et 400 lances conduites par le marquis de la Chambre, de Savoye.

Le sieur Schomberg arriva en nostre ville et ses gens logés à Brevoines au bas de la ville là où ils demeurèrent jusqu'à tant que la furie des ennemis fusse passée ; ce duc de Nemours voulut enlever cette petite troupe assisté detous les ligueurs du pays comme les sieurs d'Ambonville, Guyonvelle, Clinchant et Espinars et vint charger le dit Schomberg la nuit qui avait posé sentinelle à pied et à cheval qui furent d'abord tués, le sieur de Barquerie, lieutenant du sieur de Grandprey et nos volontaires langrois, le sieur de Verrières bailly de Sens y eut un cheval tué. Les capitaines Mareschal, Durand fils, la Noüe, la Margelle et tous les autres combattirent vaillamment, la ville donna des charrettes au dit Schomberg et nos bourgeois gardèrent le bagage sous la muraille. L'attaque des ennemis fut fort chaude et encore mieux soutenue. Guyonvelle parlant allemand passa trois corps de garde et receust un coup d'arquebuse à la cuisse. Le gros de l'armée du duc de Nemours fut empesché d'entrer par les lansquenets posés en une advenue de Brevoines, nostre canon qui tirait sans cesse tua beaucoup des ennemis qui se retirèrent sans avoir rien gagné quoy que en plus grand nombre. Ceux de Chaumont croyaient que la troupe de Schomberg estoit défaicte et avoient amené des charrettes pour amener leur bagage qui ne servirent qu'à emporter leurs morts afin qu'on ne reconnut point leur perte et nostre victoire.

Nos gens ne dormaient ny jour ny nuit estoient

fort fatigués et là toujours en l'attente de l'ennemy. Le duc de Nemours voulait donner la bataille générale mais le marquis de la Chambre ne voulut combattre disant qu'il n'estoit venu qu'escorter les Suisses ainsi les sieurs de Schomberg et sa troupe furent délivrés du danger et se retirèrent vers le roy qui se servit de ces gens à la bataille d'Yvry qu'il gagna, où le dit Schomberg fut tué en combattant sous la Cornette du roy (1). »

Charles d'Escars était alors évêque de Langres.

Charles d'Escars ou des Cars, dont le nom latin a pour anagramme CAROLUS DESCARS, CLARUS SACERDOS, était fils de Jacques de Péruse, issu des anciens comtes de Toulouse, seigneur d'Escars, de Juliac et Sigure, et d'Anne de Jourdain de l'Isle. Il fut abbé de Gaillac, de Bège et de la Crête, puis évêque de Poitiers, où nous l'avons vu combattre vaillamment (2).

« Ce fut un illustre prélat qui gouverna sans bruit ses diocésains parmy les orages de l'hérésie et les malheureuses guerres... Il estoit grand et d'un port majestueux (3). »

Charles d'Escars fut fort aimé de tous ceux de son diocèse et considéré de son peuple, parce qu'il était paisible et bonace ; en sorte que les enfants courroient après son carrosse en signe de joye ; auxquels il donnoit sa bénédiction (4). »

(1) Javernault — *Mémoires*, p.134.
Voir la relation plus circonstanciée de M. le général de Piépape (*Histoire militaire de Langres*, p. 68, 69, 70.)
Voir la relation du combat de Schomberg par Lenoir, qui était aux archives de la ville de Langres et analysée dans le Précis de l'Histoire de Langres (p. 188 à 198), et qui place ce combat non en 1591 mais au 31 juillet 1589, ce qui s'accorde avec la délibération du conseil municipal du 31 juillet 1589.
(2) L'abbé Mathieu. *Les évêques de Langres*, p. 202.
(3) P. Vignier. *Décade II*, p. 242, 243.
(4) Tabourot. *Mémoires*, p. 550.

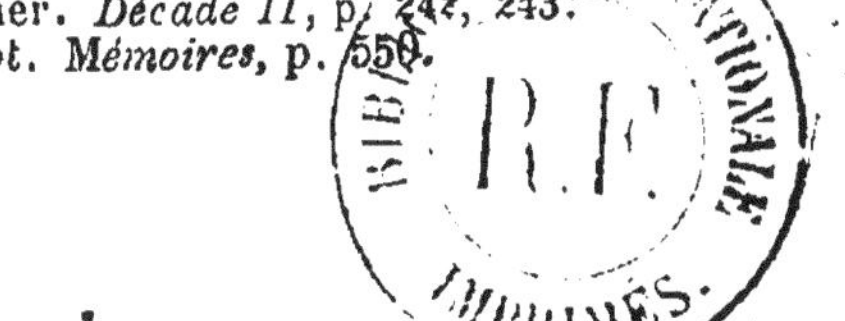

Ces jugements sont sujets à caution et il est à remarquer qu'aucun des historiens de Charles d'Escars ne parle de sa conduite pendant la Ligue.

Jusque-là, Montsaugeon était resté neutre ; l'évêque, bien que ligueur, n'avait pris aucune part active aux guerres civiles ; après l'assassinat de Henri III, il n'en fut pas de même. Il se déclara nettement contre Henri IV et abandonna aux Ligueurs son château de *Montsaugeon*. Ceux-ci s'y installèrent pour, de là, se livrer à des exactions.

Les vendanges, à *Montsaugeon*, comme aux environs, étaient la grande préoccupation de la contrée. Les vignobles de Prauthoy, Aubigny, Chatoillenot, Rivières, appartenaient à des Langrois et le maire, escorté des hallebardiers et des tambours de Langres venait, chaque année, publier le ban de vendange. La garnison du château de *Montsaugeon* mit obstacle aux récoltes et même s'empara de tous les vins des villages du Montsaugeonnais.

Le conseil de ville se fâcha, malgré le respect qu'il conservait pour son évêque rebelle et les chanoines, qui avaient suivi le parti de la Ligue. Par délibération de la Chambre de ville il fut, le 7 octobre 1579, proposé « comme l'on se doibt gouverner contre les actions de Monseigneur l'evesque de Langres, qui s'est déclaré du party des rebelles au roy... Surquoy a esté advisé que par authorité de justice l'on saisiroit les meubles qui sont en la maison de Monseigneur de Langres et que son aulmosnier seroit arresté prisonnier comme ligueur et pour desclarer où le dict seigneur de Langres a faict poser ses meubles, affin de rendre les vins pris par la dicte garnison (de Montsaugeon). Touttes fois qu'il en seroit encore délibéré plus amplement. »

Henri IV, ayant eu connaissance de la conduite de

Charles d'Escars, avait écrit au conseil de ville langrois : « Puisque l'evesque de Langres s'est desclaré, gardez vous de luy et pour le regard des places qu'il tient, vous donnerez avis a mon dict cousin (le maréchal d'Aumont) de ce qui se pourra pour les assurer pour mon service (1). »

L'évêque se soumit l'année suivante et rentra en grâce. « L'evesque de Langres m'ayant témoigné, par ses lettres et par celles de Broyon et aultres mes serviteurs, l'affection qu'il a à mon service, mesme m'ayant offert de recevoir garnison telle que je vouldray dans ma ville de Mussy (2) j'ay advisé de mettre en garnison en icelle la compagnie de gens d'armes du marquis de Mirebeau et donne la garde de la dicte ville au sieur d'Autricourt (3). J'ay accordé au dict evesque de Langres la main levée de ses biens et bénéfices qui avoient esté saisis dont je veulx qu'il jouisse sur l'assurance qu'il m'a donnée de sa fidèlité (4). »

Les Langrois craignaient la vengeance de l'évêque, Henri IV les rassura... « craignant que le dict evesque leur ayant esté cy devant ennemy leur voulut faire quelque mauvais office, assurez les que je les tiendray en ma protection contre tous ceulx qui vouldroient entreprendre quelque chose au contre, j'ay mandé au dict evesque qu'il vienne me trouver(5). »

Pendant cette occupation de *Montsaugeon*, Langres et les environs eurent fort à souffrir de la garnison

(1) P. de St Ferjeux — *Langres pendant la ligue*, p. 79.

(2) Mussy-l'évêque (Aube), résidence des prélats langrois qui y avaient un château-fort.

(3) *Autricourt*, non loin de Mussy — Le château, encore bien conservé appartient aux de Pardailhan.

(4) De Piépape. — *Histoire militaire de Langres*, p. 338.

(5) *Lettre de Henri* IV, 3 juillet 1590. - P. de St Ferjeux. *Langres pendant la Ligue*, p. 81.

de ce château (1588) et des villes appartenant à la Ligue. « Les habitants de Langres ont été tellement odieux aux villes et pays d'alentour, comme Chaumont, Nogent le roy, *Montsaujon*, Dijon, Clefmont, le pays de Lorraine et plusieurs autres voisins, pour avoir iceux habitant tenu le party du roy, pour l'obéissance qu'ils eurent à sa Majesté. qu'il y a si grande difficulté par les chemins que l'on a osé jusqu'à présent amener du grain et vin en la dite ville, comme il étoit accoustumés ; au contraire, ceux qui se sont mis en chemin pour y en amener ont esté pris emmenés et rançonnés, leurs charriots, charrettes et chevaux perdus et ravagés, de quoy font foy tous les ravagements qui ont esté faicts par ceux de Montsaujon et Nogent aux habitans de Langres, ce qui a donné occasion à une grande perte pour la dicte ville, telle que la plusparts qui auroient accoustumé de boire du vin ne boivent plus que de l'eau.. ...» (1).

Henri de Bourbon et de Navarre prend le titre de roi de France, Henri IV ; mais, autour de lui, s'agitaient les seigneurs catholiques décidés à ne pas le reconnaître et les gentilshommes protestants craignaient la conversion de leur chef. En effet, bientôt après (1589), Henri IV jurait *sur sa parole de roi*, de maintenir la religion catholique, apostolique et romaine, de se faire instruire dans cette religion, de garantir aux protestants la liberté de leur culte.

Le Parlement séant à Tours enregistra cet acte solennel, et les catholiques reconnurent Henri IV pour leur roi et prince naturel selon les lois fondamentales du royaume. Néanmoins nombre de seigneurs catholiques, d'Epernon, Vitry, ainsi que des seigneurs

(1) Migneret. *Precis de l'Histoire de Langres*, p. 190, d'après Letondeur.

protestants, La Trémouille, le duc de Thouars, abandonnèrent le roi, qui se dirigea au devant des secours d'Elisabeth et les rencontra à Dieppe.

La Ligue se renforça d'étrangers ; Mayenne, que sa sœur, l'impétueuse duchesse de Montpensier, pressait de monter sur le trône, manquait du génie nécessaire aux hommes de révolution. Il fit proclamer sous le nom de Charles X, le vieux cardinal de Bourbon, prisonnier du Béarnais et garda le gouvernement en qualité de lieutenant-général de l'Etat et couronne de France.

Laissant de côté l'histoire générale, revenons au pays langrois.

Langres avait à subir non seulement la peste, la famine et les exactions des pays voisins, mais encore à supporter le passage des troupes royales, qui ne s'y comportaient pas mieux que les ennemis.

En 1589, François de Luxembourg, duc de Piney, passa à Langres assisté du sieur de Blacy, escorté de cinquante cuirassiers. Le sieur de Luxembourg était envoyé en ambassade à Rome, par les catholiques royalistes. L'escorte du duc de Blacy l'accompagna jusqu'à Besançon et repassa par la ville de Langres. Il fallait faire les vendanges et la garnison de *Montsaugeon* s'y opposait. Blacy fut prié de prêter main forte : il y consentit moyennant la somme de quinze cents écus que la ville lui donna. Les Langrois levèrent cent arquebusiers à cheval, qui concoururent, avec les cuirassiers, à protéger la récolte des blés et des vins, contre les soldats ligueurs du château de Montsaugeon. Cette petite troupe disséminée dans les châteaux situés aux environs de Langres fit de fréquentes sorties contre les ennemis.

La ville emprunta 1.500 livres « avancées sous forme d'emprunt par les marchands débiteurs des habitants de Troyes et autres villes rebelles (1). »

Comme on le voit par les lettres de Henri IV à Jean Roussat, le roi encourageait de son mieux le dévouement des Langrois. Il annonce que « Vaugrenant s'en retournant en Bourgogne, et le roi voulant en peu de temps nettoyer les provinces de Champagne et Bourgoingne l'on soit prêt à l'aider... « mon cousin le maréchal d'Aumont doibt suivre dans peu de jours... (2). »

« Le maréchal d'Aumont, dit Javernault, vint derechef en notre ville se préparant pour attaquer la Bourgogne, mais comme le pays estoit merveilleusement travaillé de la garnison ennemie du *chasteau de Montsauljon*, il fut prié de l'assiéger ce qu'il refusa. Un chanoine en donna advis au sieur de Trestondan, (capitaine du château), les lettres furent surprises et le chanoine pris et interrogé on luy fit son procès. Le sieur de Tinteville (Dinteville) y assista. Ce traistre s'excusa sur ce que son dessein n'estoit que pour retirer son revenu du Montsauljonnois et pour se retirer de ce mauvais pas il accusa plusieurs honnestes gens d'estre complices de sa trahison, ce qui fist traisner longtems son procès, qui fust envoyé à Chaalons. La clémence du Roy le renvoya en luy pardonnant, ce qui fust estouffé et n'en parla pas davantage (3). »

A la fin de l'année 1589, le duc de Nevers (4) nommé gouverneur de Langres vint, avec une escorte de troupes royales, prendre possession de son gouverne-

(1) *Délibération du 10 octobre* 1589. — Javernault, *Mémoires*. p. 131.
(2) Lettre de Henri IV datée du camp de Gâté, 11 novembre 1589.
(3) Javernault. *Mémoires*, p. 12. — P. de Saint Ferjeux. *Langres pendant la Ligue* p. 87.
(4) Nevers (Louis Gonzague duc de) 1539-1595), gouverneur de Picardie (1587) puis de Champagne (1589) Après avoir servi la Ligue il s'attacha à Henri IV, près duquel il combattit à Ivry. Son fils Charles devint duc de Mantoue en 1627.

ment. Sur la sollicitation des Langrois, qui se joignirent à cette troupe, fournirent leurs canons, des munitions et des vivres, il fut décidé que le château de *Montsaugeon*, alors commandé par les capitaines La Poulière et La Magdelaine, serait assiégé. Ce château appartenait à l'évêque Charles d'Escars dont on ne pardonnait pas l'infidélité ; la garnison était devenue la terreur des environs. *Montsaugeon* fut pris au mois de janvier ou au commencement de février 1590 et l'on commença à le démanteler en août de la même année.

Langres avait dû emprunter pour payer les frais du siège ; conformément aux lettres du roi, il fut décidé qu'on prendrait jusqu'à concurrence de 4.000 écus sur les sommes dues par les marchands de Langres à ceux des villes rebelles (1).

Si, au mois de septembre 1590, le château de Montsaugeon était au pouvoir des Langrois, ils n'eurent pas le temps de le raser, car Rougemont (2) s'y jeta et commença à le fortifier de nouveau. Rougemont y était entré « par ce que le capitaine *Bichat* qui y commandait et avait promis de n'y recevoir que les serviteurs du roi y avait laissé entrer le capitaine La Fusillebière. Il s'était aussi emparé de blé et de vin appartenant à des habitants de Langres et s'était depuis la prise de Montsaugeon rendu coupable d'actes contraires au service du roi. Fait prisonnier par le sieur de la Houssière, Bichat fut amené à Langres, mis entre les mains du prévôt des maréchaux et le conseil de ville déclara qu'il serait mis en jugement (3).

(1) *Délibération* du 3 mars 1590.
(2) Rougemont devint la terreur du Montsaugeonnais. Plusieurs lettres de Henri IV à Jean Roussat montrent l'importance que le roi attachait à la conservation de Montsaugeon et le regret qu'il éprouva de sa perte. (de Piépape. *Histoire militaire de Langres*, p. 133).
(3) *Délibération* du 2 juin 1590.

Déjà, au mois de mars, on avait mandé le capitaine de Cusey d'amener à Langres le sieur Maulpin, procureur du roi, de Montsaugeon qui était dans le château lorsqu'il avait été pris (1).

Le vicomte Jean de Tavannes vint prendre *Montsaugeon.*

Jean de Saulx, vicomte de Tavannes, était fils puiné du maréchal Gaspard de Tavannes, dont il écrivit les mémoires. Très instruit, très expérimenté en l'art de la guerre, d'un caractère hardi, orgueilleux et dur, il fut le fléau de notre pays langrois. Bien qu'élevé dans la haine des Huguenots, l'ambition l'emporta sur les principes religieux et bientôt, infidèle au roi, à sa religion, il devint un des plus ardents partisans de la Ligue et s'attacha à la fortune de Mayenne, qui le nomma lieutenant de Bourgogne. « Le maréchal de Tavannes avait laissé deux fils ; tous deux avaient été membres des confréries du Saint Esprit, tous deux avaient juré de défendre leur religion et leur roi ; et on les vit pourtant un jour, dans le champ clos de la Province, donner le spectacle à la fois d'une lutte courtoise et acharnée, l'un comme chef des Ligueurs, armé contre son roi légitime, l'autre comme lieutenant de Henri IV... « Guillaume est doux, modeste porté aux mesures pacifiques... Jean est tout entier à la vie d'aventures ; c'est le chevalier errant à côté du soldat fidèle (2). »

Jean de Tavannes allait avoir à combattre Guillaume de Tavannes, son propre frère, qui servit sans faiblesse la cause du roi. Guillaume bien supérieur à Jean, comme homme de guerre, était décidé à lui tenir tête avec la plus grande énergie : « Si mon frère,

(1) P. de Saint Fergeux. *Langres pendant la Ligue.*
(2) Pingaud. *Les Saulx Tavannes*, p. 126.

le vicomte de Tavannes, écrivait-il au roi, vient par de çà à la guerre comme il en est le bruit, je la luy feray si ferme que mes malveillants n'auront point sujet de me blasmer. » Jean, dans ses Mémoires, dit de même : « Faisions chacun de nostre côté ce que gens de bien peuvent faire. Nous nous battions loyalement pour notre parti, non par inimitié, nous estant assistés en plusieurs traverses. Il ne se laissa pas de se trouver des méchants qui dirent que nous nous entendions, ce qui est faux (1). »

Le Vicomte de Tavannes apprenant que Rougemont commet des excès dans le Montsaugeonnais, que de concert avec le marquis de Mirebel et autres, il se fortifie à Montsaugeon, juge sans doute que le moment est favorable pour se rendre maître de la forteresse, précieuse aux Ligueurs, car elle assurera les communications avec Mayenne et isolera la ville de Langres fidèle au roi.

Jean de Tavannes lève aussitôt le siège qu'il tenait devant Verdun (Saône-et-Loire), s'empare en passant du château de Couchey-en-Montagne, y met une garnison à sa dévotion, assiège Thil-Chastel, où il loge et vient devant *Montsaugeon*, où Rougemont, sommé de se rendre, n'en tient compte qu'après avoir vu briller le canon dans la plaine d'Ysomes. Le baron de Lutz averti vint incontinent le dégager ; mais si Jean de Tavannes se retira un instant c'était pour bientôt reparaître avec du renfort.

Montsaugeon pris, le vicomte y laissa une garnison de 40 hommes et s'en retourna à Dijon laissant, comme capitaine, Trestondan (2), ardent ligueur, « grand gentilhomme mais non moins grand pillard (3). »

(1) *Journal de Breunot*, 11 avril 1593. t. I, 296. — Pingaud. *Les Saulx Tavannes*, p. 159.

(2) *Trestondan*, *Trotedan*, etc. Le nom est orthographié différemment suivant les auteurs.

(3) De Piépape. *Hist. milre de Langres*, p. 146.

Le vicomte de Tavannes avait pris *Montsaugeon*, non par la force mais par contribution. Cette prise de possession est ainsi racontée dans la *Correspondance de la mairie de Dijon* : « Sceu que Montsauljon a esté à M. le vicomte de Tavannes, pris à contribution avec Rougemont qui commandoit de le laisser sortir avec ses gens la vie sauve ce qui lui a esté accordé et a laissé icy M. de Troutedan avec quarante hommes pour la garde de la dicte place (1). A esté aussy pris Cusey ou commandoit Bury qui en est sorti. Lequel Bury et Rougemont sont les deux plus grands voleurs que la terre a porté et toutefois pour gagner du temps à cause que les dites vendanges pressoient d'estre faictes, la dicte vie sauve leur a esté ainsi accordée sinon falloit faire ronfler le canon (2) qui heust apporté de la retardation générale. »

.... Quoy que voyant le dit sieur vicomte se retira et prit Loyson, et mit garnison audict *Montsaugeon* M. de Trestondan : et y demeura le capitaine Bouchard avec 25 ou 30 soldats ; le reste du camp et les trois pièces d'artillerie, qui de longtemps avoient esté amenées tant à (de) Chalons, Mâcon, qu'aultres furent rendues et emmenées en seureté en la ville par M. le Vicomte (3). »

La question du labourage et de la vendange étaient de la plus grande importance. Afin d'éviter les entraves apportées par les garnisons aux travaux agricoles on concluait des trêves spéciales. En 1592, le comte de Châteauvillain, en 1593, le sieur de Mellay en

(1) Les assiégés ne méritaient guère cette faveur. « La cruauté des soidats étoit si grande qu'ils mettoient des fronteaux de corde et de fer aux bourgeois qu'ils faisoient prisonniers ; il arriva même qu'un villageois de Montsauljon estant mort ils ne voulurent donner son corps qu'en payant dix écus de rançon (Javernault. *Mémoires*, p. 13).

(2) *Journal de Pepin*. I 96

(3) *Correspondance de la mairie de Dijon*. N° 102 — *Livre de souvenance de Pépin*. p. 97.

avait signés (1). Henri IV en parle dans sa correspondance avec Jean Roussat. « Quant à *Montsaujon*, nous avons escript aux sieurs Dinterville et de Tavannes pour adviser s'il y aura moyen de le remettre sous nostre obéissance, à quoy vous tiendrez la main. Le comte de Chateauvillain nous a escript que la tresve qu'il a faicte n'est que pour la commodité des vendanges et pour la seureté du labourage (2). »

Maître de la place de *Montsaugeon*, Jean de Tavannes, essaya plusieurs fois d'entrer dans Langres par surprise : « Tantôt en une charette et autre fois en feignant qu'il étoit poursuivi tellement que luy cinquiesme avec son guidon se rendit tout armé peu avant l'ouverture des portes de la ville. Ses deux enfants y estoient aussy et la nourrice toute eschevelée ; ce seigneur demandait le couvert et l'entrée en notre ville, sur quoy M. de Tinteville assembla le conseil de l'advis duquel le vicomte fut esconduit, on luy prépara à disner à la porte, mais il n'y voulut pas manger mais dans une maison du faubourg (3). »

A cette époque (août 1590) la misère était extrême. « Toute relation avait cessé entre les villes ; le commerce n'existait plus ; les villages, brûlés pour la plupart, étaient inhabités ; leurs habitants traqués, rançonnés, quand ils n'étaient pas tués par les troupes des deux partis s'étaient réfugiés dans les places ; on ne cultivait plus les terres rapprochées de leur refuge. La famine était imminente. C'est alors que Tavannes qui nonobstant les succès de Sennecey était resté maître de la campagne proposa une trêve à son adversaire... Elle fut signée le 30 juillet et publiée le 15 août (4). »

(1) P. de St Ferjeux. *Langres pendant la Ligue*, p. 92.
(2) *Lettre de Henri IV*. St-Denis, 8 novembre 1592.
(3) Javernault. *Mémoires*. p. 131.
(4) *Correspondance de la mairie de Dijon*. II. p. XLVIII.

Les Lorrains essayèrent (1590) vainement de prendre Châteauvillain ; on fit une chanson sur cette « cacade » (1) ; mais Marac fut pris et Langres se trouva isolé, car toutes les villes étaient au pouvoir des Ligueurs, qui occupaient Chaumont, Coiffy, Montigny, Nogent, Montéclair, Mussy, *Montsaugeon*, Saulx-le-Duc, Saint-Seine, Dijon, Chauvirey, Guyonvelle, St-Loup, Dampierre, etc.

Peu de temps après, Marac et Saulx-le-Duc étaient repris par Guillaume de Tavannes et le seigneur de Dinteville, lieutenant-général de sa Majesté au gouvernement de Champagne, aidés par la comtesse de Fervaques, dame de Grancey, qui tenait pour le roi et par les Langrois.

« Guillaume de Tavannes se mit en rapport avec la ville de Langres pour en obtenir de l'artillerie et des soldats. Tout à coup il apprit que M. de Crecey, zêlé serviteur du roi, était assiégé dans son château de Crecey, près de Selongey, par 400 arquebusiers aux ordres de M. de Bussy. Quoique inférieur en nombre, Tavannes attaqua le parti de Bussy et après un long combat le força à déposer les armes, puis il marcha sur Is-sur-Tille ; mais fut bientôt obligé de se retirer devant les troupes royales, qui venaient renforcer ce bourg (2). »

Guillaume, voyant qu'il ne pourrait tenir la campagne avec ses seules ressources, se porta à la rencontre de 6.000 suisses, qu'il joignit à Fayl-Billot et qu'il conduisit à Langres, puis aux environs de Chaumont. Là, il livra un combat indécis à la cavalerie de Guyonvelle et alla ensuite faire son coup de main pour la délivrance de Châteauvillain, qui, comme on l'a dit plus haut, était assiégé par le duc de Nemours.

(1) Javernault *Mémoires*, p. 132.
(2) de Piépape — *Histoire militaire de Langres*, p. 33.

Le duc de Lorraine, Charles III, faisait à la frontière voisine des projets inquiétants pour le parti du roi.

« Le 20 mars 1591, Henri IV, étant au siège de Chartres, écrivit aux habitants de Châlons (1) pour les avertir du prompt secours qu'il se disposait à donner à sa province de Champagne et en particulier aux villes voisines de la vallée de la Marne. Il envoya en effet le maréchal d'Aumont occuper Langres et Châteauvillain avec des troupes suisses et bourguignonnes. Il écrivit en même temps à Jean Roussat pour l'engager à monter à cheval afin d'assister M. de Dinteville et le maréchal d'Aumont. Malgré cette sollicitude royale, Langres faillit peu après être victime d'une surprise (2). »

Le duc Charles de Lorraine, ayant des intelligences dans la place, tenta de s'emparer, par surprise, de la ville de Langres (1591). Il feignit d'emmener son armée vers Châtillon et Mussy et revint à deux lieues de Langres sans qu'on pût soupçonner ce retour. Une villageoise avertit le lieutenant Roussat, alors maire et garde des clefs de la ville ; on se mit sur ses gardes. Une brèche considérable existait en *Sous-murs* ; une partie des habitants y fut postée pendant que la jeunesse était enfermée au *Moulin à vent* ; mais les gens de guerre étaient hors de ville, croyant les Lorrains partis et occupés à fourrager jusqu'en Lorraine. La nuit venue, Charles de Lorraine s'approcha de la ville ; déjà le *pétard* était attaché à la muraille de la porte de *Longe porte*, quand un sieur de Biragne faisant sa ronde vers deux heures du matin, entendit le bruit des paysans qui fuyaient, en emmenant leur bétail et aperçut l'ennemi. Il tira un coup d'ar-

(1) Chalon-sur-Saône.
(2) de Piépape. *Hist^{re} militaire de Langres*, p. 133.

quebuse, qui avertit la ville ; le canon tira sur les Lorrains, qui s'enfuirent dans le plus grand désordre. Breschanteau, qui attacha le pétard, fut emmené par les Lorrains auxquels il conta « avoir vu une grande trouppe habillée de blanc conduite par un vieillard, qui luy donna ceste peur qui l'empècha de faire jouer le pétard ».

Tous les ans, en actions de grâce, se fait une procession solennelle le jour de St Bernard (20 août). Le pétard fut porté et gardé en la Chambre de ville. Les vers suivants furent composés en souvenir de cette fameuse journée :

L'an mil cinq cent nonante et un
La lune estant lors en son brun,
Langres faillit bien d'estre prise
Le jour et feste Sainct Bernard
Qu'on y appliqua le *Pétard*,
Mais Dieu rompit ceste entreprise (1).

Après cet échec, Charles III se retira à Rolampont, fit (6 avril 1592) le siège de Coiffy, gouverné par Erard de Livron, baron de Bourbonne ; pendant ce temps, le marquis du Pont, fils du prince Charles, avait rétabli l'armée. Avec 12 ou 13.000 hommes, Charles III, le marquis du Pont, MM. de Guyonvelle et de Damblize, incendient le château de M. de Sacquenay, royaliste, à Montigny-le-Roi, s'emparent du château-fort de Cusey, qui appartenait aux Dinteville (23 juillet 1590) et qui fut repris par les troupes royales, au mois d'août suivant ; du château de Marac, qu'en 1591 MM. de Dinteville et Guillaume prirent d'assaut, tandis que Jean de Tavannes prenait le château de *Montsaugeon* et en donnait la garde à M. de Trotedan. Tavannes prit ensuite Cusey. Les ligueurs, conduits par le marquis du Pont,

(1) Tabourot, *Mémoires*, 555-556. — Javernault, *Mémoires*, p. 133.

MM. de Guyonvelle et de Vaudemont et, soutenus par Jean de Tavannes, assiégèrent ensuite Châteauvillain (15 juin 1592), qui fut délivré par Guillaume de Tavannes et le duc de Nevers. Le 30 juin, M. de Vaudemont se retirait en Lorraine, pillant tout sur son passage.

Tavannes rentra à Dijon après ces succès.

Aux époques du labourage, de la moisson et des vendanges, la garnison de *Montsaugeon* était fort gênante. En 1592, le comte de Châteauvillain avait obtenu une trêve pour sauvegarder ces récoltes et les protéger ; les Langrois firent de même en 1593 (1).

Rougemont s'était montré pillard, voleur, cruel ; Tretondan, le nouveau gouverneur de Montsaugeon, fut pire encore et nous allons voir avec quelle ténacité il sut, presque, faire regretter celui qu'il remplaçait dans l'exécration générale ; on se plaignit au roi Henri IV, qui voyait avec peine la situation s'agraver dans le Montsaugeonnais.

Le roi mandait à Jean Roussat, le 12 avril 1593 : « Nous escrivons a nostre cousin le duc de Nemours qu'il pourvoie à l'entretennement de la cavalerie et gens de pied qui sont dans nostre ville de Langres, et que s'il juge qu'avec les forces de son gouvernement il puisse reprendre *Montsaugeon* et plusieurs aultres petits chasteaux qui travaillent les habitans de nostre dicte ville de Langres il l'effectue au plus tost (2). »

En même temps (18 mai 1593), les magistrats de Langres écrivaient à ceux de Dijon :

(1) P. de Saint-Fergeux. *Langres pendant la Ligue*. p. 92.
(2) *Correspondance politique* de Henri IV avec Jean Roussat. Lettre du 12 avril 1593, p. 97. — De Piépape. *Histoire militaire de Langres* p. 144. — P. de St Ferjeux. *Recherches historiques*, p. 376.

« Messieurs,

Nous envoyons exprès ce pourteur pour nous plaindre à vous de M. de Trestondain qui extend ses prinses sur tous sexes et toutes personnes, mesme jusqu'aux enfans, qui ne sont encore capables ny du droit ny de l'injure. Ung jeune enffant de ceste ville s'en allant en une ville pour estudier a été prins et est détenu prisonnier à *Montsauljon* et ne le veult laisser aller sans ransson... Le dict de Trestondain menace de depesseller et arracher nos vignes du Montsauljonnois. Nous vous prions de luy en escrire affin que n'ayons point subject le semblable que nous fera, celuy qui commencera a user de tel voys est digne de mort et doibt estre chastié par une mutuelle et réciproque poursuitte.

Ce XVIII° may 1593 de nostre ville de Langres.
Voz bons amys, serviteurs et voisins
Le maire et les eschevins J. Roussat,
Mourtel, P. Marina et Girault (1) ».

Les plaintes vont se succéder ; la garnison de *Montsaugeon* entravant la liberté du labourage, les Langrois portèrent de nouvelles réclamations aux magistrats de Dijon :

« Messieurs,

Nous sommes tombez d'accord avec M. le duc de Lorraine et les sieurs de Chaulmont pour le repos des laboureurs fondez en ce sur l'esdict du roy et ordonnance de Mgr de Mayenne, ce esdict est fondé sur la liberté du labourage par laboureurs faisans profession de l'agriculture ; cest accord est entretenu non seulement en ce quartier, mais par toute la France. Aussy n'est il raisonnable que les personnes de telles qualitez qui n'ont aulcunes passions en leurs âmes

(1) *Correspondance de la mairie de Dijon*, II. p. 467. — de Piépape. *Histoire militaire de Langres*, p. 342.

et qui apportent de la commodité pour la nourriture de l'homme soient tirez en ruyne avec ceulx qui s'y sont jà précipité. Ce neantmoins nous avons receu plaintes que des soldats de la garnison de Montsauljon en laquelle le sieur de Trestondan a tous commandement ont prinz ung laboureur, au lieu de Montlandon nommé Viard Michel et emmené ses chevaulx... nous incite sous prière de luy commander de mectre en liberté le dict Viard et restituer ce qui lui a esté pris, car si ceste rigueur se pratique sur les laboureurs de ces quartiers nous serons contrainets de convier ceulx des garnisons qui vous sont voisines d'user de mesme forme. Nous ne voudrions estre aulteurs de ce mal ; nous vous prions aussy de retrancher toutes ces occasions ; attendant sur ce vostre responce nous prions Dieu vous donner, Messieurs, en parfaite santé longue et heureuse vie.

J. Roussat, N. Courtel, Girault, Heudelot, Roux et Boulay (1). »

Henri IV et Mayenne avaient consenti une trêve générale (1593). Guillaume de Tavannes l'avait publiée dès le mois de juin ; mais Jean de Tavannes refusant de la reconnaître, les hostilités continuèrent dans le Montsaugeonnais. Jean de Tavannes n'ignorait pas la trêve, car il assistait, le 27 août, à l'audience du Parlement de Dijon, où elle fut présentée : « Le matin 27 (août 1593) nous sommes assemblés extraordinairement au Palais où M. le prince et M. le Vicomte se treuvent. La tresve est présentée par le Procureur général, la lecture en (est) faicte à l'instant en la salle du plaidoyer, et le mesme jour publiée par la ville de l'auctorité de la Cour (2). »

(1) *Correspondance de la mairie de Dijon*, II. p. 457, N° 557. — Langres, Mai. B. 25. IV. N° 142.
(2) *Journal de Breunot*. I. 365.

Jean de Tavannes n'en tenait compte : « L'on disoit hault et clair que M. le vicomte l'avoit receue, mais qu'il differoit la publication, qu'il n'eust du pays auparavant vingt mille livres pour licencier ses troupes (1). »

Il alla même, au mois de juillet, avec sa troupe au devant du duc de Nevers, le nouveau gouverneur qui venait à Langres, « avec son canon et ses gens de pied » pour assiéger certaines places du voisinage, entre autres le château de *Montsaugeon* « dont la présence fatigait les Langrois (2). »

Les Langrois avaient publié la trêve dès le 11 août ; mais, en présence de ce qui se passe, ils demandent à la mairie de Dijon, s'ils doivent la respecter :

« Messieurs,

Nous avons reçeu les articles de la tresve généralle laquelle doibt avoir lieu huit jours après qu'elle a esté accordée particulièrement ès pays de Brie, Champaigne et Bourgogne, de nostre part nous nous deslibérons à y satisfaire et à l'entretenir. Nous désirons fort d'estre advertys de vostre volonté si elle est conforme à la nostre, affin de nous disposer tous ensemble au bien du publique et donner quelque soulagement à ce pauvre peuple tant affligé. Nous ne voyons pas que le sieur de Trotedan, qui est à Montsauljon, en ayt la volonté, oultre ce qu'il se saisisse des grains des pauvres gens, les faict battre et mener en son chasteau ; il tient prisonnier le capitaine de Marac nommé Le Moyne avec le curé de Varennes contre la teneur de la tresve et bien qu'il n'aye le dict capitaine qu'en dépost du chevalier de Talmet, duquel il est prisonnier et non de luy : cependant il le menace de luy faire courir semblable fortune qu'à

(1) *Journal de Breunot*, I. 364

(2) Ibid. I. 352. 355.

ung traictre chanoine que nous tenons le procès, duquel l'on instruict pour bonnes et justes raisons. En cela ce n'est pas rompre la tresve, c'est restablir la justice et donner ordre à notre conservation. Nous vous prions d'en escrire au dict sieur de Trotedan, nous avons bien les moyens de recouvrer d'autres prisonniers et user de mesme cruauté ne désirans rien plus que de maintenir la tresve, ni donner ouverture à la rompre. Nous vous prions de faire le semblable de vostre part et le faire entendre au dit sieur de Trotedan, affin qu'il n'en advienne pire inconvénient, ce qui n'adviendra si l'on fait tort au dict capitaine Le Moyne, la liberté duquel nous vous prions et de celle du dict curé de Varennes, d'aussy bonne affection que humblement nous prions le créateur de vous donner à tous,

Messieurs,

Prospérité et longue vie.

De Langres ce XIIIe aoust 1593.

Vos très humbles serviteurs, voisins et meilleurs amys.

Les maire et échevins,

J. Roussat, N. Courlet, Girault, Valette, J. Daverneau et J. Gout.

A. Messieurs,

Messieurs les Vicomte mayeur et eschevins de la ville de Dijon. »

La Chambre de ville répondit, le 15 août, que si les habitants de Langres avaient à se plaindre de la garnison de *Montsaugeon*, ceux de Dijon n'avaient pas moins de griefs contre la garnison de Saulx-le-Duc, aux ordres de Madame de Fervaques et que s'ils voulaient s'interposer pour que cette dame cessât ses hostilités, eux s'emploieraient de même vis-à-vis du vicomte de Tavannes pour Montsaugeon (1).

Le 2 septembre 1593, le frère Genevois (2) était envoyé à Dijon de la part de M. de Dinteville et des magistrats de Langres pour demander la réduction des cottes « faictes par ceulx de Montsaugeon, Baissey et autres places occupées par ceulx de l'Union ».

« L'on parlait aussy et en a eu charge le frère Genevois, de faire eschange du chasteau de *Montsaugeon* et de Beze contre Saulz-le-Duc et en a porté la parole à M. le Vicomte (3) (J. de Tavannes) ». Non seulement cette proposition n'eut pas de suite, mais, le 3 septembre 1593, les garnisons de Montsaugeon, Bèze et Cusey faisaient des bourgeois prisonniers et enlevaient plus de 300 bêtes à cornes des villages de Grancey et de l'élection de Langres.

Le commandant de Montsaugeon persistant à ne tenir aucun compte de la trêve, les magistrats de Langres informent ceux de Dijon afin de les prévenir qu'ils sont résolus à user de représailles si M. de Trotedan continue ses vexations et le vicomte de Tavannes ses exactions sur les villages :

« Messieurs,

Nous sommes très joyeulx après tant d'afflictions et misère que la France a enduré pendant ces guerres civiles, signamment ce pauvre pays, Dieu nous a donné quelque peu de relâche pour respirer par le

(1) *Archives de la Côte d'Or*, orig. B. 461. *Correspondance de la* Mairie de Dijon, I. 488. n° 571.

(2) Une famille Le Genevois, (Mengin) a existé au XVI° siècle, Mengin le Genevois, gouverneur de Champagne, aurait eu parmi ses descendants Gabriel le Genevois, abbé de Mores, prieur de Condes, chanoine du chapitre de Langres. Député aux Etats de Blois en 1576, évêque de Noyon en 1589, il mourut en 1592. Le frère Genevois dont je cite le nom ne saurait donc être Gabriel ; *mais n'appartenait-il* pas à cette famille ? (Voir Jolibois, *La Haute-Marne*. V° Le Genevois.

(3) *Journal de Breunot*, I. 371. 372. 373.

moyen de la trêve accordée de part et d'aultre, l'entretennement de laquelle dépend plus des villes et communautés que de nul aultre à cause de l'intérest plus grand qu'ils y ont. Nous faisons de nostre part ce qui nous est possible à cest effect. Nous avons prié M. de Dinteville, escrire à Monseigneur le prince de Mayenne, Monsieur le viconte de Tavannes et à Messieurs de la Cour de Parlement, par la response desquelz et rapport de celuy qu'y avons envoyé ne trouvant assurance pour faire noz vendanges libres au Montsaulgeonnois où M. de Trotedany commande soulz mondict sieur le viscomte se veult rendre absolut et sans respect de supérieur qui est une contravention trop ouverte pour empescher le bénéfice de la tresve de troubler le bien et repos que chacun en doibt espérer. C'est pourquoy nous avons advisé de vous en advertir, parce que nous croyons que ce soit contre vostre volonté et que vous seriez marrys si telz turbateurs triomphoient pour leur profict de la ruyne des gens de bien. Le temps nous presse d'avoir résolution du faict ou failly, affin que si l'on nous veult faire tort, nous pourvoyons à nous deffendre, et s'il est besoin nous nous revanchions par la mesme voye qui aura esté préparée contre nous. L'agression ne viendra de nostre costé. Faictes s'il vous plait envers les ditz seigneurs qu'ilz y ordonnent ce qui est de raison et justice, mesme que le dict sieur Viscomte fasse entendre sa résolution à mondict sieur de Dinteville et qu'il pourvoye aux cottes immodérées et excessives qu'il envoye sans mandement d'officiers ès villages circonvoisins de ceste ville. Ce qu'il ne peust ny doibt faire, et s'il continue et ne revocque ses contraintes, on fera de mesme en voz quartiers à nostre grand regret. Il vault mieux de bonne heure remédier au mal qu'attendre l'yssue d'un effect misérable. L'espérance qu'avons que tiendrez bonne main à œuvre si louable et que vous en asseurrerez par ce porteur nous fera clore les présentes par nos humbles recommandations à vos graces priant Dieu, Messieurs, vous conserver en sa saincte et digne garde (1)... »

A la réception de cette lettre la Chambre commit MM. Bernard et Royhier, échevins, pour en faire des remontrances au vicomte de Tavannes et l'inviter à écrire à M. Trotedan de cesser les hostilités. Elle en informa les magistrats de Langres en protestant de sa volonté d'observer scrupuleusement les articles de la trêve (2).

Jean de Tavannes se décida enfin à publier la trêve, trêve impuissante à tenir en main des soldats avides de butin, peu soucieux de sentiment religieux et qui ne cherchaient qu'à suivre l'exemple de leurs chefs. Si Vaugrenant enlevait bêtes et gens des villages qui ne lui avaient pas donné exactement sa part des décimes, le vicomte de Tavannes n'avait-il pas laissé M. de Trotedan entraver les travaux des champs, fermé les yeux sur des arrestations arbitraires, supporté l'indiscipline la plus effrénée ?

Jean de Tavannes allait avoir à se mesurer avec un adversaire, qui, pour n'être qu'une femme, lui fit une guerre acharnée.

Madame de Fervaques avait eu, à Grancey et à Saulx-le-Duc, des vassaux pris, du bétail enlevé. Outre qu'elle tenait pour le roi, elle savait défendre énergiquement ses droits (3).

(1) *Correspondance de la mairie de Dijon*, n° 573, II, 491. original B. 461. 317.
(2) *Délibération* du 10 septembre (1593) *Ibid.* II, 492.
(3) *Journal de Pépin.* — *Journal de Breunot. Délibération* de la ville de Dijon n° 571 du Recueil.

Guillaume de Hautemer, seigneur de Fervaques, comte de Grancey, baron de Mauny (1538-1613) (1) après avoir servi la Ligue, se mit au service de Henri IV, qui le créa (1595) maréchal de France ; il était originaire de la Normandie, où il fut lieutenant-général. Sa mère, Anne de la Baume-Montrevel, lui avait laissé en héritage Châteauvillain, le comté de Grancey, les seigneuries de Selongey, Gemeaux, etc. « S'il s'était acpuis dans les combats une certaine renommée, en revanche celle qu'il avait dans cette cour détestable des Valois était loin d'être honorable ; égoïste, corrompu, sans scruplue sur les moyens d'accroître sa richesse l'intérêt personnel était devenu la seule règle de sa conduite... (2) »

La comtesse de Fervaques, née Renée de Marconnay, ne le cédait pas à son mari sur le chapitre de la convoitise, ainsi que le témoignent sa correspondance et les écrits de ses contemporains : « Ils nous montrent cette femme jusque-là habituée aux loisirs d'une cour où elle avait conservé les plus belles relations, privée de son mari qui suivait le roi, obligée par des circonstances impérieuses d'allier à la conduite d'un grand état de maison, le commandement de gens de guerres. Nous la voyons guerroyer contre des capitaines renommés, repousser des assauts, prendre, garder des places fortes, etc., et, à l'occasion ne point faiblir devant aucune des tristes nécessités de la guerre sans merci à laquelle elle prenait part (3). »

Des démêlés qui surgirent entre *Montsaugeon* et

(1) Voir page 81.
(2) *Correspondance de la mairie de Dijon* I. p. XXXII.
(3) Voir. *Livre de souvenance* de Pepin. — *Journal de Breunot. Registres de la mairie de Dijon.* — *Correspondance de la mairie de Dijon.* I. p. XXXV.

Grancey, c'est-à-dire entre Tavannes et Madame de Fervaqes, il résultait que, si Langres se plaignait de Trotedan, on lui répondait que, lui, avait à se plaindre de la comtesse, et que Langres devait s'interposer.

« Au mois de septembre 1593 de nouvelles plaintes arrivèrent si vives et la menace de représailles si vivement accentuées que cette fois la mairie de Dijon somma elle-même le vicomte d'arrêter son lieutenant et protesta aux Langrois sa volonté d'exécuter les articles de la trêve. Par malheur, elle n'avait pas compté avec la *Normande*, comme disait Breunot en parlant de Madame de Fervaques ; car celle-ci à qui les gens de Montsaugeon avaient enlevé des bestiaux en plusieurs de ses villages et qui reprochait à la garnison de Bèze d'avoir rançonné ses gens de Marey, ne voulait rien relâcher qu'après réparation du dommage (1). Sur de nouvelles instances « tout en déplorant que l'innocent pâtit pour le coupable » elle n'en démordait point sous prétexte que Tavannes et Trotedan s'étaient moqués d'elle et de ses réclamations (2) ; mais comme il avait oublié de rendre le dommage fait à Madame de Fervaques, celle-ci conserva les bestiaux et les gens « en jaquette ».

En 1593, 9 septembre, représentations de Madame de Fervaques sur les infractions à la trêve commises par les garnisons de Montsaugeon et de Bèze :

« Messieurs,

J'ay recongneu par celles qu'il vous a pleu m'escripre que vous aviez beaucoup d'affection à l'entretennement de la tresve et à ne vouloir point supporter ceulx qui la voudroient enfraindre et toutefois noz bonnes intentions n'ont point encore produit d'effect, car ceux de Bèze et de Montsauljon ne lais-

(1) *Correspondance de la mairie.* II, N° 574, du Recueil.
(2) *Ibid.* II, N° 576.

sent pas de tormenter le peuple. Quelle compassion est-ce en temps de tranquillité que ceulx de Montsauljon ont emmenez et par conséquent perdus de cinquante à soixante vaches d'Avot (1), emmenez tous les chevaulx de labeur de Foncegrive (2), qui leurz ont cousté beaucoup plus qu'ils ne vallent à rachepter et de plus vous recongnoitrez que ceulx de Bèze demandent encore à Foncegrive comme ils font à Marey (3) et par conséquent partout. Il me déplaist d'en tant importuner monseigneur le Prince, car je crois que son intention y est très bonne de dire que Montsauljon n'est pas du gouvernement de Bourgongne cela est vray, mais M. le vicomte de Tavannes qui y commande en gouvernement de Bourgogne commande aussi à Montsauljon. Messieurs, je m'en adresse à vous car vous y avez de l'interest, je ne scay si par cest effort l'on n'en pensoit promptement porter à la revanche pour entretenir toujours les confusions, mais je prendray loisir de m'en plaindre et d'en rechercher la justice partout comme je vous suplie selon la tresve et ce qui a esté ordonné sur icelle, faire restablir les vaches d'Avot, ou la valeur, l'argent déboursé à Bèze pour rachepter celles de Marey et l'argent pour rachepter les chevaux de Foncegrive et restablir le ravage de tous les besteail de Buxerotte et dispositions s'il plaist que tous ces désordres n'adviennent plus. Ce que Monsieur Berthault avoit esté arresté, n'estoit que pour ses considérations et que ce fust un moïen pour restablir ce qui avoit esté ravagé et touttefois au premier commandement de monsieur le Prince et de vostre prière, il a esté relacshé espé-

(1) Avot, canton de Grancey.
(2) Foncegrive, canton de Selongey.
(3) Marey-sur-Tille, canton de Selongey. Ces trois villages dépendaient de la terre de Grancey.

rant à la vérité que je recepvrois meilleure justice que je ne l'y ay encore trouvée, pour laquelle encore cette fois bien humblement je vous suplie, à quoy vous satisferez si vous désirez le repos du pays, saluant vos bonnes grâces, priant Dieu,

Messieurs,

Vous donner heureuse et longue vie.

A Grancey le IXe septembre 1593.

Voste humble et bonne voisine à vostre service

Renée de Marconnay.

Messieurs le vicomte maijeur et eschevins de la ville et commune de Dijon (1). »

Ces lettres, renvoyées par la mairie de Dijon à M. de Tavannes, lui parurent si convaincantes qu'il se détermina à faire observer la trêve par son lieutenant.

Le 27 septembre 1593, nouvelles plaintes sur les déportements de la garnison de *Montsaugeon.*

« Messieurs,

C'est à mon très grand regret le subject pour lequel vous m'escripvez, car je ne désire pas que l'innocent pâtisse pour le coupable. Vous scavez que j'ay faict tout ce que j'ay peu par les meilleures voyes, je me suis plaincte et suplié le plus humblement que j'ay peu, non seullement à vous mais à Monseigneur le prince du Mayne et beaucoup plus à M. le vicomte de Tavanes, par ce que je craignois d'importuner l'eage de mon dict seigneur le Prince et que le rang de Monsieur le vicomte tient en ceste province les debvoit convier à me faire justice, mais au lieu de cela il s'en est mocqué. Encore derniere-

(1) *Correspondance de la mairie* de Dijon. Grancey, 1593, 9 sept. Orig. B. 25, IV, n° 147.

(2) *Correspondance de la mairie* de Dijon; *Délibération* du 12 octobre 1593.

ment qu'il fut à Montsaujon, j'ay ouy dire que Monsieur de Trotedan luy representant ses lettres luy dict : Voila les lettres que nous m'escripviez alors. Ils se prindrent tous deux à rire, et dire que pauvres gens qui avoient perduz leur bestiail n'estoient pas trop gastez de perdre cela et de le bailler au sieur de Trotedan. Cela n'est pas beau et si ce n'est pas justice qui doibt estre observée entre les amys et les ennemys en paix en guerre et en tresves comment voulez vous que je face pour la recepvoir, car vous scavez combien de fois je vous ay suplié de m'en faire justice ou d'y meetre ordre, car, Messieurs, de dire que vous ne pouvez pas sans en vouloir tirer la souvenance à plus grande conséquence, Dieu m'en est tesmoing. Vous scavez que nous avons bien esprouvé ce que vous pouvez quand vous voulez au peu de temps que Monseigneur de Nevers a esté icy. Il a veu combien de sortes de villages se sont venuz plaindre du bestiail que ceulx de Montsauljon leur amenoient ce mesme jour, dont les uns furent rescours, et les chevaulx de ceulx qui les emmenoient pris, lesquelz depuis on a faict rendre pour de nostre costé n'enfraindre point la tresve, ce que l'on ne veult pas faire pourveu que l'on me fasse raison de ce qui a esté pris sur noz terres et sur la chastellenye de Saulx-le-duc oultre qui est imposé par Messieurs les Esleuz du pays. Croiez, je vous suplie que je désire la tranquilité aultant que personne sçauroit faire et de vous tesmoigner en ce que je pourray que je veulx demeurer,

Messieurs,

Vostre humble voisine à vous faire service,

Renée de Marconnay.

Aux maire et échevins de la ville de Dijon (1). »

A la réception de cette lettre le maire convoqua extraordinairement la Chambre de ville; lecture faite, elle fut trouvée en tels termes, qu'il fut décidé que copie en serait envoyée au prince de Mayenne et au Vicomte de Tavannes, afin de pourvoir et mettre ordre sur ce fait.

Le 1er octobre 1593, Saulx-le-Duc et Grancey ont grande envie de rompre la trêve, se fondant sur ce que M. le Vicomte permet des courses sur la Champagne. « Le peuple murmure. M. le maire et ceulx de la ville (Dijon) en escrivent à M. le Vicomte une lettre à cheval. M. de Trotedan passant en ceste ville debvoit estre retenu ce que dit hault et clair le peuple, jusqu'à ce qu'il eust faict réparer les courses qui ont esté faictes par ses gens sur ceulx du party contraire (2). »

A la même date « le 1er octobre frère Fleustelot estant allé voir ses vignes du cousté de St Nicolas, vers Champrenault fut emmené par ceulx de Saulx le duc ; faillit d'estre tué... L'on ne veult rendre le frère Fleustelot, si ceulx de Montsauljon ne rendent pas les vaches (3). »

« Le 9, nous avons nouvelles que ceulx de Saulx le duc ne lascheront les prisonniers que ceulx de Montsauljon n'aient rendues les vaches du villages d'Avot. Le frère Fleustelot en escript a M. le maire (4). »

Le Vicomte de Tavannes écrivit aux magistrats de Dijon (5 octobre 1593) en réponse aux plaintes de Madame de Fervaques :

(1) *Correspondance de la mairie de Dijon.* — Grancey. Orig. B. 461, n° 218.
(2. 3. .4) *Journal de Breunot* I, 382, 384, 385.

«Messieurs,

Il y a un an que ceulx de Langres pour avoir permission de faire leurs vendanges promirent et s'obligèrent de payer à Montsauljon certaine somme dont il reste à payer unze cents escus, lesquels ont esté remis à six cens ; ce qui est trés raisonnable et a faulte de ce faire l'on les y peult contraindre sans préjudicier à la tresve. Ce peuvent estre les raisons surquoy ceulx de Montsauljon se fondent qui ne doibvent altérer le repos de ceulx de Bourgogne, ni donner subject à Madame de Fervaques de souffrir ny permettre les ravages et pillages des siens ; mais ce n'est que sa coustume. Touttefois voulant préferer ce qui est de nostre contentement à touttes aultres considérations, j'escrye fort expressement au capitaine Fabien quicommande audit Montsaujon en l'absence du sieur deTrotondant de n'inquiéter ceulx dudict Langres, ny de les prendre prisonniers à ce qu'elle ne se puisse couvrir de ce prétexte. Je suis contrainct demeurer encore icy attendant nouvelles de Monseigneur et affin d'empescher de tout mon pouvoir qu'il n'y arrive quelque mouvement, bien que ceste ville aye juré de demeurer au party de l'Union soulz l'autorité de mon dict seigneur. A quoy ilz sont bien disposez. Cependant je vous prie voulloir toujours veiller à la conservation et à ce qui est nécessaire pour contenir toutes choses en bon ordre, selon vostre prudence accoustumée. Sur ce je me recommande très affectueusement à vos bonnes grâces, priant Dieu,

Messieurs,

Qu'il vous donne heureuse et longue vie.

A Lyon le Ve Octobre 1593.

Vostre plus affectueux et obéissant amy à vous servir

Le vicomte Tavanes.»

A Messieurs, messieurs les maire et eschevins de la ville de Dijon (1). »

Le capitaine ligueur de Montsaugeon ne tenant aucun compte des articles de la trêve, celui, royaliste, de Saulx-le-Duc, suivit son exemple de sorte que les magistrats de Langres et de Dijon, qui pâtissaient le plus de cet état de choses, s'en prirent aux commandants supérieurs de ces places et les sommèrent, chacun en son droit, de cesser les hostilités. Le vicomte de Tavannes était gouverneur de Montsaugeon, force lui fut de donner des ordres en conséquence à son subordonné, ordres que la ville appuya de ses lettres et dont elle informa la comtesse de Grancey et le vicomte de Tavannes. Mais la comtesse ayant exigé, avant de rendre les hommes et les chevaux pris par ses gens, que la garnison de Montsaugeon restituât les prisonniers qu'elle avait faits, le bétail qu'elle avait pris sur ses terres et rapportât les 1600 écus extorqués sans droit, la mairie, au retour du vicomte le mit en demeure de s'exécuter, ce qu'il promit, mais toujours sans en rien faire (3).

Résumons les événements, qui avaient provoqué ces démêlés et cette correspondance.

Madame de Fervaques, royaliste, se crut permis d'imposer des contributions de guerre aux gens de *Montsaugeon* ; sur leur refus, elle fit des prisonniers, que, sur l'ordre de l'évêque rentré en grâce, on allait conduire au supplice quand survint M. de Trotedan qui les délivra. De là une lutte incessante de représailles entre Montsaugeon et Grancey. Les Langrois demandèrent instamment à Tavannes de faire

(1) *Correspondance de la mairie de Dijon*. Orig. B. 461, n° 220.
(2) *Délibération* du 12 octobre 1593.
(3) *Délibération* du 19 octobre 1593.

cesser ces troubles, il se borna à promettre la sécurité pour le temps des vendanges.

La trêve arrivait à sa fin ; Henri IV, ayant abjuré (16 sept. 1595), il n'y avait plus de motif pour lui refuser obéissance et Mayenne était sommé de reconnaître le roi pour son légitime souverain et de pourvoir à la paix si longtemps désirée. Ce fut en vain, car M. de Bourbonne, qui occupait Coiffy pour le duc de Lorraine, n'avait pas désarmé ; Henri IV dut intervenir et écrire aux magistrats de Chaumont :

« Chers et bien amez, nous escrivons aussy au dict Sieur d'Inteville et à nostre très cher beau frère le duc de Lorraine, l'occasion que nous avons de nous plaindre des déportemens du Sieur de Bourbonne qui commande dedans Coiffy, lequel y retire et donne passage à nos ennemys et à toute sorte de voleurs ; et vous mandons si vous reconnoissés que le dict Sieur de Bourbonne continue à favoriser nos dicts ennemys, en advertir incontinent le dict Sieur d'Inteville, affin qu'il y pourvoye selon qu'il jugera appartenir au bien de nostre service. Donné à Paris le XVIe jour d'avril 1595. Signé Henri et de Neuteville (1).

Le maréchal de Retz, conduisant au roi 4000 suisses avec de la cavalerie française, vint se ravitailler sous les murs de Langres, au commencement de décembre 1593. Les Langrois avaient trop à cœur de reprendre *Montsaugeon* pour ne pas saisir l'occasion de la présence de ces troupes. Ils demandèrent à Retz, par l'entremise de M. de Dinteville, de réunir les troupes qu'il commandait aux soldats de Langres, qui s'offraient à aider au siège de Montsaugeon.

Voici comment Javernault raconte ces événements :

« Ceste même année (1594) le maréchal de Retz

(1) *Arch. de la ville de Chaumont.* — de Piépape, *Histoire militaire de Langres.* p. 345.

amena pour le Roy 4.000 suisses et quelque cavalerie françoise, nostre ville fournissoit les vivres et les munitions à ces Suisses, qui se debvoient rafraichir en nostre pays. Cela donna l'occasion à nos maire et eschevins de dire à M. de Tinteville de par M. de Retz d'assiéger Montsauljon, cela fust mis en délibération avec ledict sieur de Tinteville, Grandprey et nostre evesque Charles d'Escars. Le peuple ne demandoit pas mieux car ceste place avoit détruit tout le pays. Cela fut conclu, ledict sieur mareschal de Retz fut prié de rester et de séjourner encore 10 ou 12 jours nos gens se promettant d'enlever ceste place en peu de jours, ce que ce seigneur accorda, et aussitôt par une diligence incroyable du sieur Milleton maire et de ses collègues, nostre canon et toutes les munitions marchèrent conduits par 300 langrois tant à pied qu'à cheval, accompagnées de toutes sortes d'ouvriers nécessaires au service du canon, qui fut poincté aussitôt qu'il arriva et tira la nuit mesme, les gens du mareschal ayant déjà investy le chasteau. Mais comme l'on s'aperçut que le canon ne feroit pas grand effort à cause que les murailles estoient toutes terrassées, l'on se mit à miner ceste place, chacun fit son debvoir et l'armée fut fort contente. Mais je ne sçay quel malheur voulut que ce siège fut desbouché, le mareschal disant que ce siège seroit trop long. Il y eust dispute avec nostre evesque et le sieur de Tinteville ; enfin M. de Retz fit entendre qu'on le mandoit. Noz députés l'ayant prié de séjourner encore quelques jours, il le refusa et viroit déjà que son avant-garde deslogeoit et qu'on faisoit mine d'emmener nostre canon, mais le grenetier Javernault le fit marcher toute la nuict avec une telle diligence que le lendemain matin il arriva à la ville. Le bailly de Sens, qui avoit esté reçu à Langres en son estat, l'avoit donné en garde aux Suisses, ainsi il fust besoin de grande diligence pour retirer nostre canon de leurs main comme le sieur Javernault le fist. Cela fist une grande despense inutile, tous chacuns marrys de se voir encore exposé aux coups de noz ennemys qui de ceste place empeschoient noz bourgeois de faire leurs vins qu'avec une grande escorte de cavalerie ce qui faisoit beaucoup de peine et des frais immenses » (1).

Le Conseil de Langres envoya l'un de ses membres près du roi pour l'informer de ce qui avait été fait au siège de Montsaugeon et demanda la confirmation des privilèges accordés à la ville de Langres (2).

Le récit de Javernault peut être complété par le Journal de Breunot :

« Le mesme jour (10 janvier 1594) on a nouvelles asseurées que les troupes du duc de Bouillon et de Bironauroient assiégé le chastel de Montsauljon. Il est à croire qu'ils viennent au devant des Suisses pour les recevoir et que passant ceux de Langres ont prié de leur oster ceste épine de la main si proche du corps de leur ville (3). »

« Nouvelles (26 janvier 1594) que le chasteau est assiégé et que ceulx du dehors y ont placé quatre pièces tirées de la ville de Langres sur une platte forme faicte et dressée au lieu ou estoit l'église et trois aultres du costé du moulin à vent. L'on tient qu'il y a plus de 2.000 paysans tant de Rivières que d'aultres villages circonvoisins, qui font rage pour les forcer et avoir pour les extorsions qu'ils en ont souffertes, mesme qu'ils avoient demandé la première poincte où l'on iroit à l'assaut (4). »

(1) Javernault. *Mémoires*. p. 136.
(2) P. de Saint Ferjeux. *Langres pendant la Ligue* p. 97.
(3) *Journal de Breunot*, II. p. 10.
(4) *Journal de Breunot*. II. 19.

« L'on a nouvelles (29 janvier), que l'on n'avoit encore battu à Montsaujon ains que l'on travailloit à la sappe et à la mine (1). »

« Le dernier jour de ce mois (30 janvier) on a nouvelles asseurées que le siège de Montsaujon estoit levé (2) ».

« Les habitants du faubourg des Auges et des lieux environnant la ville furent requis pour servir de pionniers en attendant qu'on en put lever d'aultres et on décida que pour subvenir aux dépenses que le siège exigeroit, on lèveroit un impôt sur les habitants les plus riches de la ville sauf à adviser plus tard au moyen de le rembourser (3). »

La brusque intervention du vicomte de Tavannes, qui venait d'être nommé par Mayenne lieutenant-général en Bourgogne, avait contribué aussi à la levée du siège.

Breunot a dit en parlant des troupes qui vinrent avec le vicomte de Tavannes faire lever le siège de Montsaugeon : « Le marquis de Treffort avec ses troupes de Savoye estoient aultant lestes, bien armés et bien montés avec des hommes non enfans ains notables et aultant recepvables que faire se peut, M. M. les barons de Thianges, de la Clayette, M. le prince, le vicomte de Tavanes et aultres seigneurs bien en ordre (4). »

Ces troupes pillèrent et incendièrent les villages du Montsaugeonnais, en présence du vicomte de Tavannes, au grand scandale des échevins qui écri-

(1) *Journal de Breunot,* II. p. 21.
(2) Ibid. II. p 22
(3) *Délibérations* des 13, 21 janvier et 7 février 1594.
(4) *Journal de Breunot.* I. 117. — De Piépape. *Histoire militaire de Langres.*

virent de nouveau à la mairie de Dijon pour s'en plaindre (1) :

« Les magistrats de Langres à ceux de Dijon.

Messieurs,

Nous avons faict plainctes plusieurs des déportements du sieur de Trotendan et des soldats de la garnison deMontsauljon. Les paroisses de ce pays sont branquetées et cottizées en deniers et munitions excessivement. Vous nous avez assuré du passé que ceste garnison seroit réduite à ung certain nombre et couché en l'estat des garnisons de vostre part en Champaigne. Neantmoins cela n'a sorty aucun effect ; du moings qui à nostre congnoissance et ne laisse le dit sieur de Trotedan de prendre des laboureurs pour le payement de ses cottes. Ceste qualité de laboureur les doibt rendre exemptz de prise et comme suyvant ce qui a esté traisté pour le bien publicq entre le Roy et M. de Mayenne. Bref on pratique sur les ditz laboureurs toute sorte de barbarie audit Montsaujon auquel lieu sont encore de présent trente ou quarante laboureurs prisonniers qu'il force à payer rançon. Nous vous représentons ceque dessus pour la dernière fois, afin qu'il vous plaise d'y donner ordre comme vous avez le pouvoir et aucthorité de ce faire, car si ladite garnison continue d'user de telles voyes, nous serons exemptz du blasme si les garnisons qui sont voisines particquent le semblable sur les villages d'alentour de vostre ville, lesquels nous prierons de s'y emploïer ce qui adviendroit avec beaucoup de regret. Nous en avons escript audit sieur de Trotedan pour le tirer à raison mais il faict peu d'estat des nostres se disant souverain de la place, l'espérance que nous avons pour le bien et soulagement de l'un et de l'aultre des pays vous y apporterez

(1) De Piépape. *Hist[re] mil[re] de Langres*, p. 149. 150.

par voz prudences le remède convenable que nous fera finyr ceste, priant Dieu,

Messieurs, de vous donner en parfaite santé longue et heureuse vie,

A Langres le XIVe febvrier 1594, voz bons voisins et affectionnez serviteurs et amys.

Le maire et les eschevins de Langres (1). »

La mairie de Dijon leur répondit s'excusant sur ce qu'elle n'avait aucun pouvoir sur cette garnison (2).

Le 6 avril 1594, l'on vit arriver M. de Tretondan, avec sa compagnie, en la ville de Dijon ; il venait, disait-on, pour demander à M. le Prince de le laisser à Montsaugeon, où le vicomte de Tavannes voulait mettre à sa place le capitaine Bernard (3).

Le fameux Rougemont fut pris à Lux (13 avril 1594) «mené nud jusqu'à Is sur Tille par ceulx de la garnison de Saulx le Duc, son allemand poignardé et luy mené à ce que l'on dit à Langres. Il est en mauvais chemin ; son frère aîné y est couru pour l'assister et secourir (4). »

« Nouvelles (24 avril 1594) que M. de Rougemont n'as esté mené à Langres et qu'il n'est poinct sorti de Grancey, que Madame de Fervaques a promis de luy sauver la vie, mesmes que M. de Nevers estant à Langres le lui avoit envoyé demander, mais qu'elle avoit faict response qu'il n'estoit pas audict Grancey (5). »

« Ceulx de Saulx le Duc font la course emmenant des chevaux et quelques vignerons. C'est une grande misère que les vexations que l'on baille de tous costés au pauvre peuple qui est presque réduit au désespoir (6) (7 mai 1594). »

(1) Paris. 1594.11 fév. orig. B. 461 n° 2:3. n° 581. p 107.
(2) *Délibération* du 18 février 1594.
(3) *Journal de Breunot*. II. 79.
(4) *Journal de Breunot* II. 86.
(5. 6). *Ibid* II. 101. 117. 156.

« L'on tient que le treiziesme de ce mois (1594, 13 juin) M. de Rougemont après avoir esté longtems prisonnier de Mme de Fervaques, a esté exécuté en la ville de Langres ; Dieu console sa pauvre mère ! »

Trotedan, avec sa garnison de Montsaugeon, continue ses ravages. « La ville de Langres avait envoyé des troupes pour s'opposer à ces incursions. Les habitants, convoqués avec le conseil de ville décidèrent que l'on continuerait à entretenir des troupes *à la Chassagne* et aux environs de Montsaugeon et que pour payer ces soldats on établirait une cotisation sur les habitants de Langres qui n'avaient pas contribué aux frais du siège de Montsaujeon et sur les villages tributaires de ce château qui seraient taxés à cinq ou six écus au lieu de quinze ou vingt livres qu'ils devaient (1). »

« Le mesme jour (26 juillet 1594) nos gens scavoir M. le Prince, M. le Vicomte retournent. L'on dit qu'ils ont tout perdu où ils ont passé, qu'ils ont bruslé les villages de Rivières les Fosses, de Prauthoy et de Vaux, pillé les églises, violé et tué et faict tous les actes d'inhumanité que l'on pourroit excogiter n'ayant trouvé aucune résistance. Il n'y fault pas grande vaillance pour faire tout cela (2). »

« L'on dit que c'est M. le Vicomte qui a fait brusler les susdits villages de Vaux et de Rivières-les-Fosses et que M. de Thenissey l'a exécuté avec ses gens. L'on tient que M. de Thianges, voyant le feu ès susdicts villages esquel il avoit quelque part alla trouver M. le Prince, luy demanda s'il avoit commandé que l'on mit le feu, luy ayant respondu que non et ne scavoit ce que c'estoit, il seroit accouru audit feu et y

(1) *Délibération* du 21 juin 1594. — P. de St. Ferjeux. *Langres pendant la Ligue*, p. 99.
(2) *Journal de Breunot*. II. 229.

ayant encore treuvé des soldats qui achevoient de brusler, il en auroit blessé plusieurs à coups d'espée. M. le marquis de Treffort dit hault et clair que c'est mal faict, que ce n'est pas la façon de laquelle il faut faire la guerre, que si c'estoit un de sa troupe qu'il le feroit pendre hault et court. »

« L on tient qu'entre les cruautez exercées, douze à quinze filles et femmes du village s'estant réfugiées en une maison, les soldats y estans entrés, après les avoir forcées, ilz en auroient tué six à sang froid, mis après le feu en la maison où elles estoient et icelles faict bruslé en grand martyre (1). »

« On aura peine à croire qu'il (Tavannes) avait donné, peu de mois avant, l'exemple de ces fureurs en faisant sans égard pour les intérets de la Ligue et sous prétexte de rançons qui devaient lui estre payées, incendier les villages de Prauthoy, Vaux, Rivières les Fosses, Pommard, piller ou démolir les églises, violer et brusler à la fois des femmes et des filles réunies dans un mesme lieu ; assassiner les habitants et commettre des profanations dont les protestants eux-mêmes auraient rougi. (On lit dans la Chronique de Breunot où se trouvent confirmés plusieurs de ces actes. qu'il avait fait brûler dans un village le saint Ciboire renfermant les hosties consacrées ; à quoi Courtepée ajoute à l'article *Meursault* que le même fit piller l'église de Plombières (*lez Dijon*). Henri, fils du duc de Mayenne, chargé des pouvoirs de son père, jeune prince fort décrié, n'avait point été étranger à ces exécutions qui avaient fait détester son nom et celui du vicomte de Tavannes (2). »

Le 29 juillet 1594 la ville de Langres députa à la

(1) *Journal de Breunot*. II 230.
(2) de la Guisine, *Le Parlement de Bourgogne*, II, 225.

Romaine (Romagne ?) le bailly Maignien avec les avocats Legouz et Plusbel et leur donna tout pouvoir pour traiter avec le sieur de Trotedan de la reddition du château de Montsaugeon et de sa démolition (1).»

La conférence eut lieu à *Montsaugeon* et Trotedan fit des demandes si excessives qu'elles ne purent être acceptées. Le conseil de Langres écrivit alors au vicomte de Tavannes, au nom duquel le château était commandé, pour lui demander à quelles conditions il consentirait à rendre cette place. On écrivit aussi aux membres du Conseil de la ville de Dijon pour se plaindre des «boute feux et des autres indignitez et inhumanitez commises au Montsaujonnois par les gens de guerre venuz de leurs pays sous la charge et conduite de ceuls qui se disoient leurs gouverneurs. »

Le conseil décide encore qu'on lèverait des troupes pour faire cesser les courses et les exactions commises par la garnison de *Montsaugeon* et qu'il sera fait un emprunt en attendant qu'on puisse lever l'impôt. On s'adresse au roi, au duc de Nevers, à l'évêque de Langres ; on écrit aussi au comte de Champlitte, gouverneur du comté de Bourgogne, pour se plaindre de ce que les soldats du comté et le marquis de Treffort sont venus secourir la garnison, contrairement au traité de neutralité (2).

Non seulement toutes ces réclamations restèrent sans effet, mais les soldats de la garnison redoublèrent de violence ; on ne voyait partout que meurtre, viol, incendie, pillage et des actes de la cruauté la plus grande. La ville de Langres était dépourvue d'argent, de soldats et de chefs militaires pour s'opposer

(1) *Délibération* du 26 Juillet 1594.

(2) Délibération du 1 aout 1594 — P. Saint Ferjeux. *Langres pendant la Ligue*. P 99

à tous les désastres qui répandaient la terreur dans les campagnes. La compagnie du comte de Grandprey, qui devait être de 100 chevaux légers, n'en avait que 20 ou 25 et le régiment du sieur de St Chéron, au lieu de 200 hommes de pied, n'en comptait que 30. Ils avaient été dévalisés et désarmés lorsqu'ils avaient tenté de s'opposer au ravitaillement de la place de Montsaugeon.

Dans cette déplorable situation, le conseil de Langres décide qu'on prendra de l'argent « en toutes les bourses que l'on en pourra recouvrer » afin de payer des soldats pour empêcher les ravages de la garnison et on décide aussi que le commandement des soldats (sera donné) au sieur de la Bargerie et aux sieurs d'Aix et de Vaugrenant (1).

Mais, en même temps que l'on s'efforçait de repousser par les armes les soldats de la garnison de Montsaugeon, le conseil cherchait à traiter de la reddition de ce château avec le vicomte de Tavannes et sa mère, la maréchale de Tavannes.

Les membres du conseil étaient décidés à payer le prix demandé pour la reddition de Montsaugeon ; mais comment trouver de l'argent dans l'état de détresse et de ruine où l'on était ? Le sieur d'Esnoms, membre du conseil, offrit de donner ses meubles et son argenterie pour contribuer au rachat de la place et on proposa d'imposer les 50 ou 60 habitants les plus riches pour se procurer les fonds nécessaires (2).

Le 4 novembre 1594, les magistrats de Chaummont se joignirent aux Langrois pour réclamer qu'on fit des représentations au prince de Mayenne et au vi-

(1) Délibération du 10 août 1594. P. de St Ferjeux. *Langres pendant la Ligue*, p. 100.
(2) *Délibération* du 9 oct. 1594,

comte de Tavannes. Ces magistrats écrivaient à ceux de Dijon :

« Messieurs,

Nous envoyons lettres exprès à Monseigneur le prince du Maine et à M. le vicomte de Tavane pour le faict des plaintes que nous recevons à toute heure de Messieurs de Langres et des pauvres laboureurs des villages voisins et proches de Montsaujon pour les grandes munitions et impositions extraordinaires que ceulx de la garnison dudit Montsaujon lèvent sur les dicts villages ; chose de tout contraire comme vous scavez trop mieulx juger à ce qui est porté par les articles de la tresve généralle, laquelle deffend toutes telles munitions et impositions. Et d'aultant que nous sommes assurez que désirez aultant que nous le repos et soulagement du peuple, nous vous prions de joindre voz prières avec les nostres envers Monseigneur le Prince pour mettre quelque bon remède à ces désordres. Lesquels continuant et vous et nous n'en pouvons recevoir que du blasme. Et affin que cela n'arrive nous vous supplions humblement y apporter tout ce que vous pourrez de vostre part et moyenner s'il vous plaist que l'ordre que doibt estre en chacune province soit gardé par ceulx qui y tiennent garnison pour nostre sainct party. L'assurance que nous avons de voz bonnes volontez nous donne espérance que vous y ferez ce qui dépendra de vous et de rechef vous en prions humblement vous presentant nos bien affectionnéez recommandations avec prière que nous faisons a Dieu qu'il vous maintienne,

Messieurs,

En très longue et heureuse vie.

A Chaumont ce IVe novembre 1594.

Vos bons serviteurs, bons voisins et amys
Les agent et eschevins de Chaumont,

A messieurs, messieurs les vicomte maïeur et eschevins de Dijon(1). »

Cette requête des gens de Chaumont venait appuyer celle que les échevins de Langres avaient adressée à Dijon le 3 aout 1594 précédent :

« Messieurs,

« Nous n'eussions jamais pensé que M. le vicomte de Tavannes eut été député de vostre part pour brusler les villages du Montsaujonnois, saccager, forcer et violer femmes et filles sans respect. Toutes ces cruaultés se sont executées sur personnes innocentes qui ne doibvent pas souffrir pour d'aultres (2).

« Si ceste délibération s'est prise entre vous pour nous fascher et apporter de l'incommodité, ce feu et sa suitte ne la faict, mais nous a seulement induicts à commisération pour exercer les œuvres charitables sur eulx. Vous pourrez estre spectateurs de la plus grande injure si la cruaulté et barbarie avoit lieu parmy ceulx du party du Roy. Le capitaine Trotedan dict avoir commandement du sieur vicomte de continuer le feu et de prendre les païsans. Il a ja commencé de ce faire et en faict Mazarin pour les traicter a l'espagnolle ; il y en a six qui sont ja morts aux cachots. Les païsans de noz quartiers se peuvent traicter de mesme façon, et il n'y a poinct encore esté commancé. Si ceulx de ces quartiers se sont baricadez, la crualté du dit Trotedan et de ses soldatz les ont ad-

(1) *Chaumont* 1594. 4 novembre, orig. B. 461. N°. 221 n°.578 p. 501
(2) *Journal de Breunot*. II, 229.

menez là pour rachepter leurs vies et leurs moyens. Ce n'est pas pour exterminer la noblesse ny pour desnier a l'obeissance qu'ils doibvent au Roy qui est le pretexte que l'on a pris pour les ditz faire prendre, mais seulement pour eulx mectre sur la déffensive et empescher les exactions que l'on faisoit journellement sur eux. Et croirez, Messieurs, s'il vous plaist, que si ne donnez ordre de faire rétablir le dommage qui a esté faict comme la raison le veult, il sera très difficile de contenir ces desesperez, comme nous avons faict jusqu'à présent. Le canon et munitions de guerre qui ont estez tirez de vostre ville pour ce subject les faict juger que vous êstes aulteurs de tout leur mal. Toute fois soubz l'espérance que leur avons donnée que donnerez ordre de leur faire restituer le dommage qu'ils ont souffert ils se sont contenus et serions très merry de veoir la suitte qui en reussira si vous n'y prévoiez, chose qui sera toujours à nostre grand regret pour avoir usé envers vous de tous lez bons offices qu'il nous a esté possible. Et attendant sur ce vostre réponse, nous prions Dieu,

Messieurs,

Vous donner en santé heureuse vie.

A Langres ce IIIe aoust 1594.

Vos bon voisins et serviables amys

Les maire et Eschevins de Langres, Feuilleton, J. Goux, Deguinant, A. Noirot, Richard (1). »

La chambre décida qu'il serait répondu à cette depêche, mais le registre municipal est muet à ce sujet.

(1) *Archives de la Côte D'or*. Reg. B, 204, 1080. — *Correspondance de la mairie de Dijon*, n° 591, II, 523 orig B 461, n° 233. — de Piépape, *Histoire militaire de Langres*, p. 345.

Le 15 août 1594, on reçut « nouvelles que Madame la maréchalle de Tavanes estoit à Arc-sur-Tille ; que la composition du chasteau de *Montsaujon* avoit esté faicte entre M. le Vicomte et ceulx de Langres à neuf mil trois cens escus et qu'il estoit retenu et arresté que le dict chasteau seroit démoli (1). »

« La maréchale de Tavannes s'était retirée, depuis la mort de son mari, au château du Pailly, qu'elle continua d'embellir et dont elle bâtit la chapelle. Si Brantôme au fond de son château du Périgord consignait alors sur le papier de médisantes anecdotes sur elle, en Bourgogne on avait surtout pu apprécier pendant les guerres de la Ligue son esprit délié et son activité juvénile en faveur des intérêts de sa maison. Fidèle au roi comme son fils aîné, elle s'était prononcée dans ce sens autant qu'une femme pouvait le faire ; nous en avons pour preuve, entre autres, certaine lettre adressée au ligueur Fervaques, son parent, où l'indignation la rend presque éloquente (2). «Elle était si savante et savait si à fond l'Ecriture sainte qu'elle eut la gloire de convertir un fameux rabbin qu'elle convainquit dans une dispute réglée(3).» Elle s'entremit en même temps, comme nous l'avons vu, pour prévenir les incartades et les coups de tête de son second fils. Elle ne mourut qu'en 1611, à 96 ans, après avoir vu en son entier un des siècles les mieux remplis de nos annales ; elle allait naître à la mort de Louis XII et elle vivait encore à l'avènement de Louis XIV ! (4) »

On relate (5 octobre 1594) les « Lettres de Mme la mareschalle à M. de Mauris de persuader à M. le vi-

(1) *Journal de Breunot*. II. 314.
(2) *Lettre du 10 février 1589*. Correspondance de la mairie de Dijon. II, p. 159.
(3) *Mercure galant*. Oct. 1702.
(4) Pingaud. *Les Saulx-Tavannes*, p. 172.

comte son fils, qu'il tienne la composition par elle faicte avec ceulx de Langres pour le chasteau de Montsaujon, aultrement qu'on n'oseroit se trouver au Pailly et n'y seroit asseurée (1). M. le vicomte a envoyé pour cela à M. du Maine son laquais expres et pris résolution que si M. du Maine luy mande et le treuve bon, il le fera, sinon il n'en fera rien (2). »

« En mesme tems M. le Vicomte a response de M. du Maine pour Montsaujon, à ce qu'il faict entendre et non des prisonniers, remet la susdicte composition a sa discrétion mais luy mande qu'il veut avoir la moitié de l'argent. M. le Vicomte n'en est trop aise ; il se plainct aussy que M. le Prince commance à s'émanciper et ne le veult plus croire (3). »

Mayenne, le 23 janvier 1595, envoie aux magistrats de Dijon, l'ordre de livrer un canon et des munitions pour la défense du château de *Montsaugeon* :

Messieurs,

Je vous prie faire délivrer promptement au sieur Trotedan, gouverneur de Montsaujon, une bastarde de coulevryne ou deux moyennes avec cent balles de leur calibre pour servir à la conservation dudict Montsaujon que les ennemys font estat d'assiéger.

Faict à Dijon le XXIIIe janvier 1595.

Charles de Lorraine (4).

(1) La maréchale de Tavannes « ne se trouvait guère en sûreté dans sa demeure et craignait sans cesse de devenir l'otage de l'un ou de l'autre parti, ses fils figurant dans chacun des camps opposés. Après de longues hésitations, Jean de Tavannes n'osa pas accepter, sans avoir consulté Mayenne, qui agréa un accommodement mais à la condition, d'avoir pour lui-même la moitié de la somme qui serait stipulée. *Journal de Breunot*. 8 Octobre 1594, II. p. 349. — de Piépape. *Histoire mititaire de Langres*, p. 152.

(2) *Journal de Breunot*. II, p. 345.

(3) *Ibid*. II, p. 349.

(4) *Correspondance de la mairie de Dijon*. II. 337. — *Archives de la Côte d'Or*, orig. B, 454. n° 135.

« Les Langrois avaient cherché en vain à racheter le chateau de Montsaugeon dont on demandait 7000 écus comptant et 50 écus payables à termes et en donnant des otages. Les délégués du chapitre de Langres, dont les membres avaient enfin quitté le parti de la ligue, vinrent annoncer au Conseil que le chapitre comprenant toute l'importance de Montsaugeon avait cherché partout à se procurer de l'argent pour contribuer à son rachat sans pouvoir en trouver, mais qu'il était disposé à engager les propriétés de l'église pour garantir les emprunts que l'on pourrait faire. Il fallut renoncer à la capitulation de Montsaugeon et comme le roi lui avait commandé l'acquisition de cette place, on lui fit connaître l'impossibilité où l'on était de se conformer à son désir (1).

« Le roi (3janvier 1595) songea à en faire le siège, il demanda même pour cela deux canons à la ville de Chalons :

Le roy Henry IV aux maire et èchevins de Chaalons :

De par le Roy,

Chers et bien amés, ayant résolu de faire attaquer le fort de Montsaujon en intention de le réduire en nostre obéissance, nous avons par mesure spéciale délibéré d'y emploïer deux canons de ceulx qui sont en nostre ville de Chaalons et de donner la charge de cet esploit au sieur de Dinteville, assisté des forces que les sieurs d'Ossonville et de Tremblecourt ont assemblés, à ces causes nous prions et néantmoins mandons que vous aïez à faire mectre incontinent ès

(1) Délibération du 22 mai 1595. — P. de St Ferjeux. *Langres pendant la Ligue.* p. 100. 101.

mains dudict sieur de Dinteville les dicts deux canons avec les balles et poudres qu'ils vous ordonneront sans y user d'aulcun retardement ou difficulté. Et nous donnerons ordre aussytost que l'occasion dudict Montsaujon sera passée que les dicts deux canons seront conduits et rendus en nostre dicte ville, et nous vous sçavons très bon gré du service que vous nous aurez faict en cest occasion qui ne retournera pas moins à vostre utilité qu'à nostre contentement. Donné à Paris le 3e jour de janvier 1595.

Henry.

Nos chers et bien amés les maire et eschevins manans et habitans de nostre ville de Chaalons (1). »

Henri IV renonça ensuite à faire le siège de Montsaugeon. « Sa Majesté, dit le chroniqueur, oyant noz plainctes respondit qu'un siège cousteroit trop si l'on s'amusoit devant », et l'on se tourna du côté du vicomte de Tavannes pour obtenir l'éloignement de Trotedan qui se servait de Montsaugeon comme d'un repaire. Les Langrois offraient pour cela une somme importante. Des conférences furent ouvertes mais Trotedan se montra intraitable. Il se disait « Souverain » de sa place et n'écoutait aucune remontrance (2).

1595. 15 février, « Nouvelles asseurées que M. de Trotedan, capitaine au château de Montsaujon, en une sortie auroit esté tué. Il a faict avant qu'estre salarié assez de maux à la ville de Langres et aux villages autour de sa place (3). »

17 février. — « Portion de la compagnie de feu M.

(1) *Archives municipales* de Châlon-sur-Saône.
(2) *Correspondance de la mairie de Dijon*. Orig. B.
(3) *Correspondance de la mairie de Dijon*. Orig. C 461, N° 223 — *Journal de Breunot*. II p. 469.

de Trestondan estant venue en ceste ville (Dijon) pour communiquer à M. le vicomte, s'en retourne à Montsaujon (1). »

6 mars. Le mesme jour M. le Vicomte faict approcher de la ville (Dijon) portion des garnisons de son party tant de Montsaujon, Monbard que aultres. L'on disoit qu'il vouloit les conduire près de M. du Maine. Toutefois il sort, va faire voyage à Montsaujon ; les uns disoient que c'estoit pour composer de la place avec ceulx de Langres ; aultres, ce qui est plus vraisemblable, pour s'asseurer davantage de la place ; y faict peu de séjour, par ce qu'il est de retour le huictième du dict mois, ayant passé à la Romaigne (2).

1595. 30 mars. Henri IV écrit de Paris à Jean Roussat :

« Paris 30 mars 1595.

Monsieur Roussat..... je partiray d'icy dedans huict jours et prendray le chemin de Bourgogne. Veillez toujours aussy où vous estes pour le bien de mon service et mandez s'il est vray que Montsaujon ayt composé..... (3) »

Le roi écrit encore le 12 avril 1595 :

« Henri IV aux maire et eschevins de Langres :

De par le Roy,

Chers et bien amés, nous avons beaucoup de regret que le baron d'Aussonville ne commance avec ses troupes par la réduction de Montsaujon en nostre obeissance par la volonté que nous avons de vous

(1) *Journal de Breunot*. II. p. 456.
(2) *Ibidem*.
(3) *Correspondance politique et militaire*. — de Piepape. — *Hist. milit. de Langres*, p. 349, N° XXXIV.

veoir dellivrez de l'incommodité que tous nos subjets en reçoivent. Ce que nous espérons effectuer dans peu de temps, soit par les forces conduittes par le dict baron de Daussonville ou par nostre armée laquelle nous ferons bien tost approcher du dict Montsaujon ou nous pourrons aussy nous acheminer et faisons estat estant sur les lieux de pourveoir à tout ce qui sera pour le soulagement de nostre ville de Langres et repos de tous nos bons subjets.

Donné à Paris, ce XIIe jour d'apvril 1595,

Henry (1). »

Pendant l'été de 1595, nouvelles tentatives des Langrois contre Montsaujon. Apprenant la présence du roi à Dijon (2), ils songèrent à s'adresser directement à lui.

« Sa majesté séjournoit à Dijon, on crut que c'estoit le temps pour retirer le chasteau de Montsaujon, on députa le lieutenant Roussat et le grenetier Javernault pour suplier sa Majesté d'avoir pitié du peuple de Langres et d'assiéger ceste place qui la ruynoit. Sa Majesté oyant noz plainctes respondit qu'un siège cousteroit trop, si l'on s'amusoit devant (3) et ainsi on composa avec le dict vicomte à 13 mil escus qui furent payés sur une constitution de rentes sur le sieur de Comunes (?) et l'aultre partie fust levée sur 2 cens bourgeois entre lesquels le Sr Javernault ne fust pas oublié (4). »

Enfin, après sa soumission à Henri IV Jean de Ta-

(1) *Archives municipales de Langres* — de Piépape. *Histoire militaire de Langres*, p. 349, n° XXXV.
(2) *Lettre de Henri IV* à Jean Roussat. Pièce justificative n° XXVII. *Idem.*
(3) Voir page 143.
(4) Javernault. *Mémoires* p. 138.

vannes rendit Montsaugeon à contribution moyennant 13.000 écus (1).

« La plus grande partie de la France était rentrée sous l'autorité de Henri IV et plusieurs villes de Bourgogne étaient encore au pouvoir des Ligueurs ainsi que le château de *Montsaugeon*. Biron, nommé par Henri IV, gouverneur de Bourgogne, obtint la capitulation d'Autun et de Dijon. Auxonne avait aussi ouvert ses portes. Le château de Talant, où s'était réfugié le vicomte de Tavannes pour la Ligue et le château de Montsaugeon, qui était aussi soumis au vicomte de Tavannes étaient seuls au pouvoir des Ligueurs avec le château de Dijon. Le connétable de Castille, qui se trouvait en Franche-Comté à la frontière de France, se disposait à entrer en France pour venir au secours des Ligueurs, lorsque Henri IV arriva à Dijon ainsi qu'il vient d'être dit (2). Il en partit le lendemain et bientôt se livrait le combat de Fontaine-Française, rencontre périlleuse, dans laquelle le roi s'exposant témérairement courut de grands risques ; aussi écrivit-il à sa sœur : « Peu s'en est fallu que vous n'ayez été mon héritière ! Il en eut tout l'avantage. Les ennemis contents de cet essai en passèrent plus avant (3). »

A la bataille de Fontaine-Française « sa majesté fut presque blessée et engagée, il fut garanty de cinq coups de lances par un soldat langrois qui en receut deux au bras et à la cuisse. Sa majesté ayant veu ce soldat qui avoit si bien faict le voulut avoir à sa suitte, mais quoyque vaillant il n'estoit pas propre

(1) de Piépape. *Histoire militaire de Langres*, p. 152.
(2) P. de St Ferjeux. *Langres pendant la Ligue*, p. 102.
(3) Parmi cette vaillante phalange langroise se trouvaient les frères *Garneries*, surnommés l'un *la mort* et l'autre *l'amour* qui se battirent comme des lions. Ils furent aussi remarqués par le roi et lui demandèrent pour récompense, l'honneur de porter l'épée toute leur vie. De Piépape. *Hist. milre. de Langres* p. 151.

pour suivre la cour et se contenta de demander qu'on lui fist panser ses playes. Il estoit de la famille des de Guidons qui a fort bien faict pendant ces troubles (1). Notre trouppe langroise y fit merveille et y gagna une cornette sur les Espagnols et noz gens la portèrent à leur retour de Langres comme en triomphe (2). »

Suivant lettres patentes le roi ordonna que la rançon de plusieurs langrois, qui avaient été faits prisonniers, serait payée par la ville de Chaumont, qui, attachée au parti de la Ligue, n'avait point été ruinée comme la ville de Langres (17 juin 1595).

Au mois de décembre il fallait payer plus de 12.000 écus dùs pour l'achat du château de Montsaugeon et on ne pouvait le faire. Le Conseil de la ville de Langres décida qu'on supplierait le sieur de la Romagne de suspendre les poursuites et que dans le cas où il n'y consentirait pas il faudrait employer les moyens de rigueur pour forcer ceux qui n'avaient pas payé à le faire (3).

Il fut décidé que la forteresse serait rasée (4).

Le grenetier Javernault, se chargea de l'exécution, en sapant les murs avec un grand bélier de bois à la mode des Romains :

« Cette place fust rendue à composition d'estre rasée et le grenetier fust commis à sa démolition. Nos ouvriers trouvèrent l'invention de la ruiner en peu de temps, sappant la muraille, l'appuyant sur des pilliers de bois et puis avec un grand *bélier* de bois à la mode des anciens Romains on la faisoit tomber

(1) Lamargelle, natif de Rolampont. mss. *Tabourot.*
(2) Javernault *Mémoires* p. 138.
(3) *Délibérations du 7 décembre 1595.* — P. de St-Ferjeux. *Langres pendant la Ligue* p. 104.
(4) Javernault, *Mémoires*, p. 138,139.

à l'instant. Aultrement elle ne vouloit pas tomber tant ce chasteau étoit bien bâty. La démolition de ceste place apporta bien du contentement à noz bourgeois qu'elle avoit tant incommodez. Mais c'est chose digne d'admiration... noz bourgeois n'ont touché aucuns deniers de noz rois (1). »

L'artillerie et les munitions de Montsaujon furent transportées à Langres. Du château il ne reste plus, bien que l'enceinte en soit encore visible, que la *poterne*, qui s'ouvre sur la principale rue du village.

Le château de Montsaugeon démoli, la paix faite, les évêques continuèrent à exercer leurs droits dans le comté de Montsaugeon jusqu'en 1793, époque à laquelle les biens du seigneur furent vendus à l'exception de la partie supérieure du monticule, dont la commune demeura propriétaire et qui porte encore le nom de *château*.

Les curés, eux aussi, voulurent réclamer : « Les curés voyant leurs bénéfices fort diminués intentèrent procez pour leur portion congrue, ce dont il y en eust plus de 50 pardevant l'official qui prenoit connoissance de ce faict, jusqu'à ce qu'il en fust faist reforme par un appel comme d'abus. Quant aux curés du montsaujonnois quoiqu'ils fussent possesseurs d'un plus grand revenu que la portion congrue ils ne laissèrent pas d'intenter procez contre les particuliers affin de règler les dixmes qui sont à la volonté du montsaujonnois qui en sont en possession plus que immémoriale, les habitans de Thil-Chatel, de Vaux et d'Aubigny en ont tiltre particulier, ils ne doivent laisser qu'une gerbe sur le champ pour la disme du curé, ils le payent aussy à volonté, mesme ceulx de St Michel ont ce privilège avec ceste con-

(1) Javernault, *Mémoires*, p. 140.

dition que le curé du lieu faict une *tartre* de la largeur d'une grande roue de charriot et la doit distribuer à ceulx auxquels il demande la dixme à volonté, en telle sorte qu'il en doibt donner un plus grand morceau à ceulx qui font plus de terres et de vignes ; comme on voulust retrancher ceste condition comme inepte et ridicule le curé a esté condamné à l'entretenir, d'aultant qu'il s'en trouve tiltre de plus de 200 ans et mesme que des particuliers vendant et acheptant des vignes, c'estoit à ceste condition. Et quant aux aultres ils ont estés déboutés de la réduction du dixme attendu la possession immémoriale, l'usance des contrats exhibés vérifiant et maintenant le droit des communautez. »

Aprés l'abjuration de Henri IV, la plupart des villes avaient ouvert leurs portes aux troupes royales ; malgré Mayenne, le roi entrait dans Paris et, le 16 septembre 1595, le pape Clément VIII lui envoyait l'absolution ; Mayenne était obligé de faire sa soumission ; mais Philippe II, demeurant le zélé protecteur de la Ligue, ayant envahi la Champagne et menaçant la Bourgogne, nous avons vu qu'il fut battu à Fontaine-Française et contraint au déclin de sa vie à conclure la paix de Vervins (mai 1598).

Un mois avant la conclusion de la paix, Henri IV pour opérer une entière réconciliation entre les partis, avait signé, à Nantes, l'édit célèbre, qui fermait la désastreuse période des guerres de religion (13 Avril 1598). « Il ne faut plus, disait Henri IV, faire de distinction de Catholiques et de Huguenots, il faut que tous soient bons français. »

Notre contrée avait eu à supporter non seulement les guerres, mais encore la peste et la famine. En 1596, « les pauvres mangeoient les herbes et les racines des champs. On vit de pauvres étrangers mourir le pain blanc à la main estant trop exténués par une longue faim. On trouva dans les *Rooles* qu'il n'estoit demeuré que le tiers du monde dans les paroisses et villages. La terre ne fust presque point labourée, tout le monde en estoit presque reduict à une mesme extrémité et necessité. Mesme il y eust procez contre des pauvres qui avoient mangé des racines de navettes dont ils furent renvoyés. Le bichet de blé valoit 5 livres (1) ».

(1) Javernault, *Mémoires*, p. 139.

CHAPITRE IV

Montsaugeon sous Louis XIII.

La révolte des princes (1616) et la guerre civile ramenèrent les armées sur le territoire langrois. — A la mort de Henri IV, le Parlement avait confié la régence à Marie de Médicis, qui favorisa et combla d'honneurs le florentin Concini, abandonna la politique du roi, renvoya Sully (1611) et négocia le double mariage d'Elisabeth avec le fils de Philippe III d'Espagne et celui de Louis XIII avec Anne d'Autriche,

Le peuple désirait la paix, la noblesse mécontente ne voulait pas désarmer. « Le temps des rois est passé, disait-elle, celui des grands est venu, il nous nous faut bien faire valoir (1). »

Il n'est plus question d'idées chevaleresques ou religieuses ; c'est de l'argent, ce sont des places qu'il faut : « Chaque seigneur voulait un train de maison fastueux, des gentilshommes ,des pages ; on portait des habits qui valaient 14.000 écus (2). » Ces ambitions furent la cause des troubles, qui, si longtemps, agitèrent la France.

Condé, se met à la tête du mouvement ; pour « se faire mieux acheter » il proteste contre la régence donnée à Marie de Médicis, groupe autour de lui les

(1) Sully. *Mémoires* t. VIII, p. 326.

(2) Bassompierre, *Mémoires* (I. 187)

Mécontents et provoque la *premiere révolte* des Grands, terminée par le *traité de Sainte-Menehoud* si fructueux pour Condé, Mayenne, Vendôme, Nevers, etc., par la réunion impuissante des *Etats généraux de Paris.*

Les Grands font mine de s'opposer au mariage du roi, et obligent la reine à se faire accompagner par une véritable armée afin de gagner en sûreté les Pyrénées, tandis qu'elle était suivie et menacée par les troupes de Condé, qui, au mois de mai 1616, obtint le *traité de Loudun* coûtant 6 millions au trésor et trop favorable aux partisans.

Dans l'intervalle, en septembre 1615, Condé avait appris que deux seigneurs de notre contrée, Guyonvelle et Clinchamp, levaient des compagnies jusque dans le Luxembourg, il chargea Henri de Choiseul, baron de la Ferté et seigneur de Pressigny, de maintenir l'ordre et, le 31 octobre, ce seigneur écrivait à Chabut de Percey (le Pautel) : « Nous, Henri de Choiseul, capitaine de cent chevau-légers et mestre de camp de 200 carabins pour le *service du roi*, avons ordonné à Richard de Chabut, sire de Percey de faire levée de 50 carabins pour le service du roi. Donné en notre garnison de Pressigny (31 octobre) (1). »

Bientôt cependant, Condé allait donner d'autres ordres aux Mécontents, et une *deuxième révolte* des princes allait encore ensanglanter le Bassigny. « La mesme année (1616), écrit Javernault, les sieurs de Tavannes et de Clinchamp s'estant logés avec des troupes au prieuré de Varennes, à Bize et le sieur de... à Grosse Sauve (2)... courant le pays pour les

(1) *Arch. de Langres.* — Briffaud et Mulson. — *Histoire de la vallée de l'Amance.*

(2) A Grosse-Sauve se trouvait dès le temps de Charlemagne, une maison hospitalière restaurée et dotée au XIIe siècle par l'évêque et les seigneurs à l'époques des croisades. Plus tard l'hôpital fut sup-

mécontents, les maire et échevins de Langres les en chassèrent ayant faict armer les villageois de la montagne, stylés aux armes avec quelques cavaliers du baron de Rochefort défirent le party de Clinchant (1) et de Corcelestes qui furent pris et menés à Chastillon et de là nostre milice avec nostre canon tira à Precigny d'où ils chassèrent les Sieurs de Guyonvelle (2), de Choiseul (3), et de Persey. Ce dernier fut obligé de rendre son château de Persey, à une lieue et demie de Langres dont les fortifications furent démolies et luy prisonnier (4). »

Richelieu entra au ministère des affaires en 1616. Une *troisième révolte* commençait lorsque Condé fut arrêté par Themines. De Luynes, avec l'assentiment du roi, dit-on, fit tuer Concini par Vitry sur le pont dormant du Louvre ; Marie de Médicis fut exilée à Blois et Richelieu à Avignon (1617).

primé et le prieuré de Grosse-Sauve fut créé sous le nom de Saint Nicolas. L'évêque Zamet qui venait d'appeler les Jésuites à Langres leur donna ce prieuré qui, en 1624, fut réuni au séminaire. — (Jolibois). — *La Haute-Marne* — V° *Grosse-Sauve*.

(1) Clinchamp, dit le baron de Clinchamp, d'une famille lorraine, était un homme cruel et de mauvaise foi. En 1636 étant venu « à la tête de cent cavaliers pour piller le village (de Varennes), le prieuré restant fermé malgré les sommations, le baron promit de respecter la vie des personnes qui s'y trouvaient et de ne rien brûler si l'on ouvrait ; le portier qui faisait alors fonction de capitaine et qui connaissait la mauvaise foi de son ennemi, ne voulait entendre à aucun arrangement ; mais supplié par les habitants qui redoutaient l'incendie, il mit bas les armes. Malgré la foi jurée, Clinchamp le fit pendre au premier arbre sans même lui donner le temps de se confesser. » (Jolibois — *La Haute-Marne* V° *Varennes*).

(2) Guyonvelle était seigneur de Guyonvelle et de Bonnecourt, seigneuries réunies (1463) par Jacques d'Anglure. Philippe d'Anglure, généralement connu sous le nom de Guyonvelle, ruiné par les guerres, dut vendre ses terres et s'allia, pour les reconquérir par la force, aux Mécontents. Il avait épousé Jeanne de Fouchier, qui fut enterrée à Guyonvelle (canton de la Ferté-sur-Amance). Sa tombe remarquable a été gravée et décrite par M. Ch. Royer (Bulletin de la société historique de Langres, tome IV, p. 339 — *Notice* par M. A. Bonvallet, président de la société des Antiquaires de l'ouest t. II p. 325).

(3) Choiseul, canton de Clefmont. On voit sur le sommet de la montage quelques traces de l'ancien château.

(4) Javernault. *Mémoires*, p. 142.

Nos contrées ressentirent gravement les effets de cette troisième révolte.

Les partisans commandés par Clinchamp et Tavannes ravagèrent la Champagne ; les paysans de la montagne aidés par les Langrois et quelque cavalerie royale les battirent à Bize où Courcelotte, le cousin du sire de Tavannes fut fait prisonnier et conduit à Châtillon.

Les seigneurs de notre contrée s'étaient alliés pour profiter des troubles, les uns afin de satisfaire leurs propres mécontements, les autres pour essayer de restaurer leurs fortunes ruinées.

Ainsi qu'on l'a vu, Guyonvelle, Choiseul et Chabut (seigneur de Percey-le-Pautel) refusèrent de se soumettre. Choiseul se retrancha dans son château de Pressigny, où Aurillot, Guyonvelle et Chabut allèrent le rejoindre.

« Indignés d'une telle révolte et d'un tel pillage les maire et eschevins de Langres avertirent le roi, qui leur ordonna de faire prendre les armes aux paysans de la montagne. Une partie de ceux-ci, soutenus par quelques cavaliers du baron de Rochefort, attaquèrent et prirent près de Bize les sieurs de Clinchant et de Courcelotte que l'on conduisit à Châtillon. En même temps les autres se joignant à des soldats de la garnison de Nogent et de Montigny se placèrent sous les ordres du baron de Francières gouverneur de Langres et marchèrent sur Pressigny avec de l'artillerie (1) (2).

(1) Voir Javernault — Mémoires, p. 142.

(2) Pressigny. (canton de Fayes-Billot a appartenu aux d'Achey, de Trestondan et de Ray. Au commencement du XVIe siècle, Anne de Ray l'apporta en dot à Antoine de Choiseul-Lanques. Ce seigneur étant mort en 1549 son fils cadet, François de Choiseul, hérita de Pressigny et d'autres seigneuries qu'il trensmit à son fils Philippe à sa mort (1582). Cette branche de la maison de Choiseul ne fut pas heureuse : François qui avait embrassé le protestantisme fut en butte

Mais, informés, de cette expédition dirigée contre eux, Choiseul, Guyonvelle évacuèrent la place et s'enfuirent. Le téméraire Aurillot (1) résolut de se défendre. Il fut cerné, se retira dans une maison particulière et se barricada dans la chambre. On enfonça les portes et les barricades cédèrent. Alors le chef de bande, ne voulant pas se rendre au lieutenant de Pontis, fit appeler M. de Francières et lui remit son épée. Emmené à Langres, il y fut reçu par les huées de la foule ; on tira même sur lui un coup de mousquet. Cependant les nobles le réclamèrent. Pour échapper à leurs instances le commandant le fit conduire à Chaumont, le livra à la justice, qui le condamna à avoir la tête tranchée ; Aurillot appela de la sentence et fut pour cela dirigé sous escorte vers Paris. Le jugement ayant été confirmé on l'exposa en place de Grève avec l'écriteau « Pour brulements et incendies » puis on lui trancha la tête (2).

à toutes sortes de persécutions et Philippe qui prit le parti des rebelles pendant la minorité de Louis XIII fut obligé de mettre ses domaines en vente. Philippe était avec les seigneurs dont les bandes ravagèrent le Bassigny et contre lesquels on arma les paysans de la montagne. Quand on eut fait prissonnier le baron de Courcelotte. et le sire de Clinchamp près de Bize on alla l'attaquer dans son château de Pessigny où il s'était réfugié avec Guyonvelle et Chabut de Percey ; mais il prit la fuite et le château ne fut pas rasé. Le commandant de l'expédition était le baron de Francières. (On voit Claude de Choiseul marquis de Francières connu sous le nom de maréchal de Choiseul né à Langres le 1er janv. 1632. mort le 15 mars, 1711 — ce gouverneur de Langres, était aussi un Choiseul.

(1) « Aurillot, famille noble originaire de Bar-sur-Seine et qui dès le XIVe siècle a possédé des seigneuries dans le Bassigny, notamment celle d'Essey les Eaux... Guyonvelle qui par suite du mauvais état de ses affaires avait vu sa terre de Bonnecour passer entre les mains de M. de Bollogne crut le moment favorable pour y rentrer, surtout que Bollogne venait d'être appelé à la cour. Le château de Bonnecour qui n'était défendu que par quelques hommes d'armes fut pris sans grande difficulté. Cependant tous les batiments de la basse cour furent incendiés, le fermier, sa femme et ses enfants périrent dans les flammes.

(2) Briffaut et Mulson. *Histe de la vallée de l'Amance*, p. 73.

Pontis (1) était le lieutenant de M. de Bollogne à Nogent. Informé de cet attentat, il s'empressa de faire monter à cheval tous les hommes qu'il avait à sa disposition et courut déloger les rebelles. Les gens d'Aurillot tenaient plus au butin qu'ils avaient fait qu'au château lui-même, mais l'attaque fut si prompte qu'ils durent abandonner même leur proie.

« Cette petite armée tint la campagne avec avantage et fit rentrer sous l'obéissance du roi les châteaux occupés par l'ennemi (2). »

« Ceux de Guyonvelle, Pressigny, Choiseul et Percey furent assiégés et pris ; cette dernière place fut démolie et le seigneur (Chabut) (3) fut longtemps prisonnier à Langres » puis conduit à Paris (4).

La guerre de trente ans commençait ; malgré le traité de neutralité la guerre allait encore inquiéter notre pays.

Le comte de Mansfeld demanda en 1622 au duc de Lorraine de le laisser passer avec 1.000 hommes de pied et 15.000 chevaux (5), ce dont le Rhingrave avisa

(1) Pontis, famille de Provence. A cette famille appartenait Louis de Pontis né en 1583, au château de Pontis (Basses Alpes), mort, le 14 juin 1670, à Paris. Après avoir servi un assez grand nombre d'années, il se retira à Port-Royal. On a, sous son nom, des *Mémoires* fort intéressants, dont il a fourni les matériaux à du Fossé et qui, publiés en 1672, 2 vol. in 12, ont été réimprimés un grand nombre de fois et entre autres dans les *Collections de Mémoires*.

Thomas Pierre, Sgr du Fossé, écrivain janséniste, né le 6 août 1634 à Rouen, mort, le 4 nov. 1698, à Paris. — (*Mémoires pour servir à l'histoire de Port-Royal* 1736).

(2) Migneret. *Précis de l'Histoire de Langres*, p. 206.

(3) Chabut. — d'une famille langroise qui a exercé dans la ville de hautes fonctions et possédé 99 et quelques fiefs dans le Montsaugeonnais. Le premier est *Pierre*, seigneur en partie de Coublanc, d'Isomes et de Rivières-le-Bois, procureur général de Langres en 1524. — *Guillaume* seigneur de Rivière, Percey le Pautel et fut bailli de la ville. — *Prudent*, son fils, qui était procureur général des habitants en 1569, puis lieutenant à la garde des clefs et trésorier de France, fit construire et dota en 1589 la chapelle Ste Marguerite en l'église St Martin de Langres. — (Jolibois — *La Haute-Marne*, Vº *Chabut*).

(4) *Idem*.

(5) Voir *Relation véritable de ce qui s'est passé à la frontière de Champagne à la venue de l'armée étrangère, conduite par le baron de Mansfeld* (Archives de Langres, 698).

les magistrats de Langres (1). M. de Loménie demandait au gouverneur de porter des troupes sur Recey pour s'opposer à l'invasion, M. de Francières gouverneur de Langres (2), l'évêque de Langres seigneur de Montsaugeon s'efforçaient d'écarter l'orage et de faire dériver les lansquenets que le roi envoyait à Lyon. Grâce à ces efforts et à ceux de M. Balancey (3), Montsaugeon ne fut pas inquiété.

En 1631, la pauvreté est si grande que Mgr Zamet, évêque de Langres, offre son argenterie estimée plus de 2.000 écus ; le chapitre contribue en donnant 41 livres par semaine, outre du blé ; la ville paye 300 frs d'argent (4). En 1634, le Mothe est assiégé et pris ; l'année suivante Coiffy, Montaigney et Montéclair, le château de Cusez, rasés, Chatvillon, Lamarche démantelés sur l'ordre du roi (5).

L'année suivante (1635 1er nov.) « la peste commença le jour de la Toussaint en la rue St Gengon (à Langres) chez la vesve d'un sergent au bailliage de Langres appelé François Thibaut, où il mourut 4 personnes en 13 jours, et cette peste que nous appelons la grande peste a duré jusqu'au 15e du mois de novembre de l'année 1637 (6). Approchant la fin de ceste année la dicte peste s'augmenta et donna occasion à plusieurs de se retirer hors de la ville de Langres et se logier aux villages circonvoisins et aux villes prochaines comme Chastillon-sur-Seine, Mussy-l'Evesque, Bar-sur-Seine, Chateauvillain, Arc et aultres (7). »

Le baron de Clinchampt brûle, pour le duc Charles,

(1) de Piépape. *Histoire militaire de Langres*, p. 164. 351. — *Archives de Langres* L. 698.
(2) *Ibid.* p. 164, 351.
(3) *Lettre du duc de Nevers* au maire de Langres 9 sept. 1629. *Archives municipales de Langres*, liasse 66.
(4) Macheret, I, 38. 39. (5) Ibidem 30. (6) Ibidem 41. (7) Ibidem 42.

Montigny-le-Roi et Fresnoy, passe au fil de l'épée tout ceux qui ne pouvaient payer rançon, et met le feu à Varennes. Ses cruautés furent inouïes (1).

Montsaugeon allait être bientôt le témoin intéressé de bien d'autres malheurs, l'invasion de Gallas.

Il a été parlé de la première période de la guerre de trente ans, dite période *palatine*, au sujet de l'invasion de Mansfeld au Bassigny. Il convient d'y ajouter quelques lignes pour montrer le rôle de Mansfeld pendant la seconde période, dite *période danoise*, où s'illustrèrent Tilly (2) et Albert de Wallenstein (3). La période *suédoise* nous intéresse aussi, car on y voit naître le commencement de l'importance de Gallas, qui va jouer un si grand rôle pendant la quatrième période, dite *française*.

En 1629, Gustave-Adolphe « cette majesté de neige qui devait fondre en avançant dans le midi » défit Tilly et Wallenstein ; mais bientôt au passage du Lech, Tilly est tué et Gustave-Adolphe meurt à la bataille de Lutzen. Walleinstein grisé par la victoire et aveuglé par l'ambition suborne son armée pour la mettre au service de l'ennemi ; dénoncé à Ferdinand II, il est mis au ban de l'empire et assassiné.

Le 15 février 1634, Gallas, général resté fidèle, lance un ordre du jour par lequel sa majesté fait pardon et grâce aux rebelles, pourvu qu'ils n'obéissent pas à d'autres qu'aux siens.

Richelieu voulait donner à la France ses limites naturelles : le Rhin, les Alpes et les Pyrénées. La

(1) Macheret, I. 42. 43.

(2) Voir le passage de la trilogie de Schiller, (Wallenstein), et la peinture d'une armée à cette époque, dramatique et théâtrale, mais frappante représentation des mœurs guerrières du temps.

(3) Jean Tserklaes, comte de Tilly, d'abord jèsuite, commanda les troupes de Maximilien de Bavière, chef de la Ligue catholique : généralissime après la chute de Wallenstein ; surnommé par Gustave-Adolphe : le *vieux caporal*, né en 1559, mort en 1632.

conquête de la Lorraine fut terminée en 1635, malgré les efforts de Charles IV, duc de Lorraine, qui avait certainement de grandes qualités, le coup d'œil, la décision, un esprit fertile en expédients et un peuple passionnément dévoué, mais pas de ressources suffisantes pour lutter. Richelieu, habile politique, laissa d'abord ses ennemis se combattre et s'épuiser, sut attendre le moment favorable pour prendre part à la mêlée des peuples et combattre sa véritable ennemie, l'Autriche.

En 1635, Bernard de Saxe-Weymar, formé à l'école de Gustave-Adolphe, se trouvait, dans l'Alsace, en lutte avec Gallas ; le cardinal de la Valette vint à son secours, mais Gallas le força « à trousser bagage », dit le journal de Bassompierre, vint se joindre au duc de Lorraine et se prépara à envahir la Bourgogne.

Le 23 mai 1635, la France déclarait la guerre à l'Espagne ; c'était le début de la quatrième période de la guerre de trente ans : *la période française.*

Le 8 juillet 1522, avait été signé à Saint-Jean-de-Losne, qui, en 1636, va s'illustrer par une résistance fameuse, un *traité de neutralité* portant en substance que le duché et la Comté de Bourgogne resteraient neutres s'il survenait une guerre entre les souverains. En vain le Parlement de Dijon avait il député à celui de Dôle pour faire revivre et valoir ce traité de paix. Au fond, personne ne voulait et ne rêvait que conquêtes ou revanches. Du reste, ce traité n'était-il pas violé depuis longtemps ; ne l'avait on pas renouvelé le 12 septembre 1610 pour neuf ans ? Les Comtois n'avaient-ils pas conservé leurs vieux régiments d'infanterie du roi catholique ? n'avaient-ils pas levé des troupes et fortifié leurs places dès 1632, formé des magasins de réserve à Salins, Gray, Dôle, réuni une armée de dix mille hommes sous les ordres du marquis de Conflans ? La Comté n'était-elle pas prête à fondre sur nous au premier jour favorable ? « L'Autriche en envahissant la Bourgogne était venue au secours du duc de Lorraine, auquel Louis XIII avait déclaré la guerre pour le punir de ses menées dans la révolte de Gaston ; telle fut la cause de cette campagne... (1) »

Henri II de Bourbon, troisième prince de Condé, dit Monsieur le Prince, gouverneur de Bourgogne, père du grand Condé, reçut l'ordre d'envahir la Comté et d'assiéger la ville de Dôle, qu'il investit le 28 mai 1636.

« Ensuite de la déclaration cy-dessus la guerre fut ouverte au Comté de Bourgogne. Le roy fit lieutenant général de son armée le prince de Condé pour entrer dans le pays ayant avec luy M. de la Meilleraye, le colonel Gassion, le marquis de Coaslin, de Villeroy et Tavanne (Turenne ?) : le comte de Rantzau, allemand, avec 10.000 hommes de pied et 2.000 chevaux, qui ne trouvèrent à leur arrivée aucune résistance de considération ; ils s'emparèrent de qq. chasteaux et places qui se rendirent sans vouloir attendre le canon (2). »

Dôle était avec Saverne la première préoccupation de Louis XIII. Le prince de Condé, échoua piteusement devant la ville de Dôle, perdu, dit Macheret, par « sa lascheté et son extrême avarice » (3).

Condé reçut du roi l'ordre de décamper (14 août 1636) ; il était temps car un détachement considérable envoyé par Gallas, ayant rallié le marquis de Conflans, arrivait à marches forcées sous la conduite du duc de

(1) de la Cuisine. *Le Parlement de Bourgogne*. I, p 42.
(2) Macheret. *Mémoires*. I. p. 44.
(3) *Ibid*. I. p. 45.

Lorraine. Après le siège de Dôle Condé emmena ses troupes à Paris menacé par l'invasion de Picardie (1). Le subjet de la levée de ce siège (Dôle) fust l'arrivée du sieur duc Charles (2). »

(1) M. le duc d'Aumale. — *Histoire des princes de Condé*. III. 558.
(2) Machcret. *Mémoires*. I. 48.

CHAPITRE V

Gallas.

Charles IV, duc de Lorraine (5 avril 1604 - 18 septembre 1675) frère du duc Henri II et fils de François, comte de Vaudémont et de Christine de Salm, prince turbulent et chevaleresque était toutefois un véritable capitaine redouté de ses adversaires et ennemi irréconciliable de Louis XIII et de la France.

« Le duc Charles lequel se sentant espaulé par la grande armée qui passait à Brissack vint avec un très grand nombre de cavallerie pensant couper chemin à la retraite de nostre armée, ou luy faire qq. effort, mais il n'y fust pas à temps, lequel duc ayant attendu tout le gros de l'armée tant allemands que Croates firent plus de 45.000 hommes effectifs bons et généreux soldats sans y comprendre la menuaille ou lie de l'armée composée de quantité de volontaires, filles de guerre, laquais, pourvoyeurs et aultres de tel genre qui faisoient encore plus de 30.000 bouches le tout sous la conduite des sieurs généraux suivants ; scavoir : le comte Mathieu Gallasse, le duc Charles de Lorraine, le général Fourcasse, le seigneur de Ville-sur-Illon, le baron de Mercy et le major Lamboy, tous sous l'auctorité du Roy catholique pour la défense du Comté et pour soustenir la querelle dudict Charles. Ceste armée faisoit trembler les provinces de Champagne et de Bourgogne. Mais la vigilance de sa Majesté très chrestienne avec la prudence de son conseil luy fist veoir son sercueil l'année mesme de sa naissance. (Le comte Gallasse, général des allemands, Forcas général des Croates sous le roy de Hongrie et Mercy sous le cardinal infant et Lamboy maïor de toute la dicte armée), car sa Majesté très chrestienne ordonna trois corps d'armée pour faire la première armée du seigneur Cardinal de Lavalette composée de 20.000 hommes ; celle du grand duc Bernard de Weymard appellée l'armée Suédoise, composée de 15.000 hommes ; et celle du seigneur de Vaubécourt composée de 6.000 hommes laquelle dernière estoit placée à Rolampont afin d'attendre si l'armée espagnolle s'approcheroit de Langres ou de qq. aultre place frontière pendant que celles des susdicts seigneurs Cardinal et Weymard empescheroit de former un siège au dehors. Touttes lesquelles armées ont grandement ruinez ce pays (1). »

Ce document important, émané d'un historien local, et contemporain des faits, demande une étude spéciale et nous servira de thème pour détailler les péripéties de l'invasion du Bassigny.

Pendant le siège de Dôle (août 1636) La Valette et Weymar avaient le devoir d'empêcher Gallas de venir porter secours; ils s'emparèrent de Saverne au grand contentement du roi; mais ils laissèrent passer le duc de Lorraine, qui de Saint-Mihiel vint opérer sa jonction avec Lamboy, lieutenant de Gallas et entra en Franche-Comté.

En vain le duc de Lorraine conseilla-t-il aux Dôlois de renouveler la neutralité ; après un court séjour à Besançon, Charles revint au Bassigny qu'il ravagea :

(1) Macheret. *Mémoires*. I. 48. 49.

« ravageant tout le pays, égorgeant hommes et femmes comme ; par exemple à Saint-Seine-sur-Vingeanne (1). »

Après la levée du siège de Dôle Condé reçut l'ordre d'envoyer ses troupes au roi, avec Lambert et la Meilleraie. Il ne lui restait plus que « quelques gentilshommes montés ; un régiment de cavalerie et deux d'infanterie » (2) avec lesquels il va protéger la frontière, de Châlon-sur-Saône à Bellegarde (Seurre), pendant que le duc Charles s'établit entre Gray et Dôle, attendant sa jonction avec Gallas, qui, après avoir traversé le Rhin à Brisach, arrivait, à la fin d'août, avec une armée que l'on disait formidable.

M. le Prince se sentant sérieusement menacé, écrit au cardinal de la Valette (3) pour le prier de lui venir en aide : « Nous avons été si malheureux qu'il a fallu lever le siège de Dôle et les besoins du Roy tels, qu'il a fallu lui envoyer presque toute mon armée.

Le duc Charles est ici qui brule tout et je ne puis pas tenir la campagne et me contente de garder les villes, encore la lâcheté du peuple lui en fait attraper tous les jours de petites. J'ai dépêché vers le Roy pour le supplier très humblement de vous commander de venir au moins et M. le duc de Weimar avec votre armée pour quinze jours seulement ; car en ce temps-là je puis reprendre tout ce que les ennemis ont occupé, et entrer dans le Comté vers Saint-Amour, et piller toute cette con-

(1) Declumes. Ms. Fleury. p. 686. L'abbé J. Thomas, la Belle défense de St-Jean-de Losne p. 21.
(2) Vicomte de Noailles. — *Le Cardinal de la Valette* p. 287.
(3) M. le Vicomte de Noailles a publié récemment (1906) un ouvrage très documenté : *Le Cardinal de la Valette*, Paris, Perrin et Cie.

trée-là et faire retirer le duc Charles ou le combattre et les pluies arrivant, la Saône n'étant plus guéable, garantir cette province et empêcher les ennemis d'y hiverner. Si le Roy vous le commande je vous supplie d'user de diligence et de venir ou M. de Weimar droit entre Langres et Dijon, à Fontaine-Française, où je vous irai joindre avec ce qui me reste de troupes... (1) »

Par ordre du roi, la Valette et Weimar devront venir aider M. le Prince à reprendre Verdun-sur-Doubs et repousser le duc Charles, en passant par Langres et Saint-Jean-de-Losne.

Dès le 8 juillet (2) le roi avait enjoint au cardinal d'accourir pour s'opposer aux efforts des ennemis. Mais la Valette et Veimar ne purent quitter l'Alsace avant la fin d'Août. Gouverneur de Metz, le cardinal y avait à « régler quelques affaires », et, à Lunéville, assurer « les vivres devenus rares » : « Il n'est plus possible de subsister, écrit-il à M. de Noyers ; on fond extraordinairement. »

A Lunéville, Richelieu écrit à la Valette : « Son Eminence désire que vous assembliez vos troupes tant de cavalerie que d'infanterie pour marcher droit aux ennemis, soit par la Franche-Comté, si Galasse n'y est point encore et que vous vous estimiez assez fort pour combattre ceux qui y sont, ou bien par Langres et la Bourgogne, mettant la rivière entre vous et les ennemis, jusqu'à ce que, étant joints à M. le Prince, vous soyez en état de les aller attaquer en quelque part qu'ils soient, ou du moins les arrêter (3). »

(1) Ve de Noailles. — *Le cardinal de la Valette*, p. 288. — Bibl. nat. f. fr. 6847-55 Henri de Bourbon à la Valette : Dijon, 25 août 1636.
(2) Ve. de Noailles. — *Le cardinal de la Valette*, p. 285. — Bibl. Nat. Coll. Dupuy. V. 573-154. La Valette à de Noyers.
(3) Ve de Noailles. — *Le cardinal de la Valette*. — Bibl. nat. coll. Dupuy. V. 573-151. De Noyers à la Valette ; Paris 28 août 1636.

Guiche (1) rapportait de la cour les ordres qu'il devait transmettre : « La Valette est libre d'agir à sa guise, mais Sa Majesté estime qu'il devrait, ainsi que Weimar, entrer en Franche-Comté et combattre le duc Charles si Gallas ne l'a pas encore rejoint, en se dirigeant « droit à Verdun sur le Doux, proche de la Saône », bourg non fortifié, mais facile à défendre dont les ennemis se sont emparés » (2) ; on recommande spécialement « d'empescher les sacrilèges et autres impiétez qui attirent la malédiction de Dieu sur les armées.... »

Condé n'a plus que 1.000 chevaux et 3.000 hommes de pied, Richelieu lui prescrit de « lever cinq ou six régiments et autant de compagnies de cavalerie qu'il pourra en Bourgogne et en Bresse, soit 3.000 fantassins et 500 cavaliers environ. Il opérera sur son crédit » quitte à être plus tard remboursé (3).

Du reste la Valette devra recevoir en route des renforts amenés à Langres par le comte de Nettancourt-Vaubecourt et le marquis de Sourdis fournira des armes aux troupes du cardinal, ce qu'il négligea de faire (4).

La Valette quitte Luneville pour gagner la Bourgogne (31 août 1636) Weimar malgré son dépit de s'éloigner de l'Alsace obéit aux ordres du roi. On laisse ainsi l'Alsace et la Lorraine exposées à l'armée de Gallas, Weimar reste en arrière « ayant peine à se hâter ». Il s'attarde à faire le siège de Rambervillers

(1) Guiche (Antoine de Grammont, comte de) ; plus tard maréchal de Guiche et duc de Grammont.

(2) Bibl. nat. coll. Dupuy, V. 573-153 ; le roi à la Valette ; Paris, 23 août 1636.

(3) Ve de Noailles. *Le Cardinal de la Valette.* — Bibl. nat. ffr. 6647-49. Richelieu à la Valette ; Paris, 23 août 1636, et *Histoire des Princes de Condé* (par le duc d'Aumale) t. III, p. 563. Richelieu à M. le Prince ; Paris 23 août 1636.

(4) Ve de Noailles. *Le cardinal de la Valette*, p. 291.

qu'il prend et saccage, n'oubliant pas toutefois « ce que la Reine suivant sa piété et bonté incomparables, lui avait enchargé à son départ touchant l'honneur des Dames et religieuses », qui reconnaissantes de sa protection « lui envoient des confitures sur son refus d'accepter la vaisselle d'argent et le baudrier doré dont elles lui avaient aussi fait présent (1). »

Gallas n'avait pu arriver à temps pour secourir Dôle ; mais, deux jours après la levée du siège, le 16 août, Lamboy, Forkartz et Clinchant mettant à profit la retraite de Condé, envahissaient la Bresse chalonnaise, incendiaient Chaussin et Cuiseaux ; le 17, ils commettaient à la foire de Ciel les plus grandes atrocités ; le 18, ils prenaient la ville de Verdun-sur-le Doubs ; Condé, impuissant à les combattre, car il avait reçu l'ordre d'envoyer la plus grande partie de son armée en Picardie, les harcelait de son mieux quand les allemands, par ordre, se retirèrent auprès de Gallas qui se dirigeait vers Gray.

Gallas avait franchi le Rhin à Brissach et attendait à Mulhouse les renforts et munitions qu'on lui devait envoyer. Le 30 août, il quitta Mulhouse et « déboucha dans la seconde semaine de septembre sur les frontières de la Franche Comté, de la Champagne et de la Bourgogne, où il joignit les troupes qu'il avait rappelées de Dôle et de Verdun (2). »

Il n'entrait pas dans les vues de Gallas d'engager une guerre contre la France ; il laissait Charles IV s'aventurer et ne voulait pas s'installer en Franche-Comté, ruinée et sans défenseurs.

Après s'être réunis et concertés à Coiffy (7 septem-

(1) Vᵉ de Noailles. *Le cardinal de la Valette* p. 291. — Aff. étr. Lorraine. V, 29-437.
(2) Daclames. *Ibid.* p. 687. *L'abbé J. Thomas.* Ibid p. 25.

bre), La Valette et Weimar vinrent à Langres où devait se tenir un grand conseil de guerre.

Ce conseil de guerre fut ainsi composé :

1° *Henri II de Bourbon, prince de Condé*, premier prince du sang, pair et grand-maître de France, né le 1er septembre 1588, mort le 26 décembre 1646 ; fut mêlé à toutes les intrigues qui agitèrent la cour pendant la régence de Marie de Médicis ; puis s'acharna contre les Huguenots. Courtisan soumis à Richelieu, cupide et général peu capable, il n'eut qu'une gloire, celle d'être le père du *Grand-Condé*.

2° *Le cardinal de la Valette*.

Louis de Nogaret d'Epernon, cardinal de la Valette.

Issu d'une noble famille de Toulouse, son père, Jean-Louis de Nogaret, duc d'Epernon, fut un des « mignons » préférés de Henri III. Ce duc laissa trois enfants de son mariage avec Marguerite de Foix, comtesse de Candale :

1° Henri de Nogaret de Foix de la Valette, duc de Candale (1591-1637).

2° Bernard de Nogaret, marquis et duc de la Valette puis duc d'Epernon, (1592-1661), époux de Gabrielle Angélique de Bourbon, fille légitimée de Henri IV et de la marquise de Verneuil, sa maîtresse après la mort de Gabrielle d'Estrées (1599). Bernard de Nogaret fut accusé d'avoir empoisonné cette première femme (1627) ; il se remaria à une nièce de Richelieu, Marie de Cambout.

3° Louis de Nogaret, cardinal de la Valette, né à Angoulème le 8 février 1593 ; mort à Rivoli, près de Turin, le 28 septembre 1639.

Louis, cadet de la famille, destiné à la carrière ecclésiastique fit d'excellentes études chez les Jésuites de la Flèche ; mais ses succès mondains indiquaient son peu de vocation pour les ordres sacrés ; aussi ne fut-il jamais ordonné, ce qui ne l'empêcha pas d'être nommé, en 1614, à l'archevêché de Toulouse, et cardinal à 28 ans, le 11 janvier 1621.

Il faut se reporter à l'époque pour expliquer cette situation, qui, alors était peu anormale. L'évêque avait deux pouvoirs; celui de l'*ordre* et celui de juridiction. Pour le premier, c'est-à-dire pour conférer les sacrements inhérents à son caractère sacré, Rome lui adjoignit un administrateur, Philippe Cospean, évêque d'Aire, puis Jean de Rudèle, vicaire général. Il ne se fit pas sacrer, et ne fut installé que par procuration.

Pour le second, le cardinal administrait ses riches prébendes et jouissait de ses immenses revenus.

Avide, mais charitable et serviable, il avait beaucoup d'amis. Homme de lettres, il était fort apprécié à l'hôtel de Rambouillet dont il était un assidu. Ses succès mondains furent même scandaleux, si l'on en croit l'histoire, et si l'on songe à la belle Charlotte de Montmorency, princesse de Condé, «dont il passait pour n'être pas mal accueilli (1). »

Cet état de chose n'est pas unique dans l'histoire, qui nous montre un certain nombre d'évêques, simplement tonsurés ; des enfants pourvus de grands évêchés et de fructueux bénéfices : exemples : le marquis de Cœuvres, évêque de Noyon, qui se démit et devint maréchal de France ; François de Lorraine, coadjuteur à l'âge de six ans, évêque de Toul à 14 ans, puis deux années après cardinal (1627) ; Joseph Clément de Bavière évêque de Ratisbonne et qui, bien que n'étant pas prêtre, réunit sous sa juridiction cinq évêchés différents.

(1). Elle inspira à Henri IV une si vive passion, que le prince de Condé dut l'emmener hors de France.

On sait que les membres du clergé ne pouvaient combattre *propria manu* ; mais, comme tous les barons, ils devaient amener leurs milices au roi ; ils les dirigeaient, souvent avec succès, tel que le cardinal de Richelieu au siège de la Rochelle.

Voilà l'homme que Louis XIII mettait à la tête d'une de ses armées. Il avait alors 42 ans.

Après avoir servi la reine Marie de Médicis et contribué à son enlèvement du château de Blois, où elle était prisonnière, la Valette rendit de signalés services au cardinal de Richelieu dont il fut l'ami et surtout le zélé courtisan.

3° *Weymar*, Bernard, duc de Saxe-Weymar, fils du duc Jean, fut l'un des plus grands capitaines de son temps. Il fit la guerre avec distinction sous les ordres du grand Gustave, et, après la mort de ce prince tué à la bataille de Lutzen, fut l'un des généraux qui prirent le commandement de l'armée Suédoise. Sa réputation et la liberté qu'il donnait à ses soldats de vivre à discrétion sur les pays ennemis, lui formèrent une armée. Il entra au service de la France par un traité passé à Saint-Germain, le 26 octobre 1635 et s'engagea à entretenir 18.000 hommes moyennant une somme de 4.000.000. Ces troupes, que l'on appelait Suédoises, quoiqu'elles fussent entièrement composées d'allemands, firent autant de ravages en France que les ennemis en auraient pu faire.

« Weymar avait, dit Monglat, un grand cœur et une ambition démesurée. C'était un chef expérimenté, plus rusé que Gallas. » Il avait quelques parties d'un grand capitaine, trafiquant de ses troupes comme un simple partisan. Tous les ans il fallait passer avec lui un nouveau traité. Il avait d'ailleurs ses visées particulières et ne voulait pas être employé trop loin de l'Allemagne, où il espérait se ménager, grâce à son épée, quelque établissement souverain (1). »

4° *Turenne*. (Henri de la Tour d'Auvergne, vicomte de), maréchal de France, né à Sedan, le 11 septembre 1611, tué à Salzbach, le 27 juillet 1676. Voir ses *Mémoires*).

5° *Vaubécourt*. — Jean de Nettancourt, seigneur de Vaubécourt, baron d'Orne et de Choiseul, conseiller du roi en ses conseils d'Etat et privé, maréchal de ses camps et armées, gouverneur de Châlons, né le 27 juillet 1603, mort à Paris le 11 mars 1678 âgé de 75 ans, enterré dans l'église de Saint-Louis-en-l'Isle, fils de Jean de Nettancourt aussi seigneur de Vaubécourt et d'Ursule d'Haussonville, lequel de Catherine de Savigny, sa femme, a eu Nicolas de Nettancourt, baron du dit Haussonville, marié à Charlotte de Vergeur, comte de Saint-Souplet, bailly et sénéchal de Vermandois et de Jeanne de Fleurigny (2).

6° *Rantzeau* ou Ransau. —(Josias comte de), maréchal de France, né le 18 octobre 1609 dans le Holstein, mort à Paris le 4 septembre 1650. Il entra au service de la France en 1635 et devint lieutenant-général en 1644, maréchal de France, l'année suivante, il abjura la même année la religion réformée. Arrêté sur des soupçons de trahison, le 27 février 1649, il fut mis en liberté le 22 janvier 1650. Il avait perdu un œil au siège de Dôle (1636), une jambe et une main au siège d'Arras (1650) ; il reçut 60 blessures sur les champs de bataille ; on écrivit sur ses hauts faits :

(1) Montglat, *Mémoires*, p. 31. — Voir dans la *Revue de France*. M. de Parieu. — cf. Cheruel, *Histoire de France pendant la minorité de Louis XIV*. I. p. 52. — Cte d'Haussonville. *Réunion de la Lorraine*. II, 38. — De Piépape. *Histoire militaire de Langres*. p. 183. 184.

(2) Dr Bouchard. *Le Journal de Macheret*. I. 266.

Il dispersa partout ses membres et sa gloire ;
Tout abattu qu'il fût, il demeura vainqueur,
Son sang fut en cent lieux le prix de la victoire
Et Mars ne lui laissa rien d'entier que le cœur (1).

7° *Le maréchal de la Force.* — La Force (Jacques Nompar de Caumont, duc de), né vers 1559, mort en 1652, n'échappa au massacre de la Saint-Barthèlemy, dont le père fut victime, qu'en se jetant au nombre des morts. Il fut un des compagnons les plus dévoués de Henri IV. Sous Louis XIII il se rangea d'abord parmi les Mécontents, mais il ne tarda pas à revenir au parti du roi, obtint sa grâce et le bâton de maréchal. C'est lui qui, le premier, fit usage des bombes en France au siège de la Mothe en 1634. Sa terre de la Force, en Périgord, fut érigée en duché-pairie en 1637. Il se tira fort mécontent de Mazarin et se déclara en 1652, l'année même de sa mort, pour le prince de Condé (2).

Revenons au Conseil de Langres.

Le prince de Condé, qui devait présider le Conseil de guerre, le 7 septembre, se fit attendre. Weymar se promenant avec ses officiers dans le palais épiscopal disait : « Le retard que nous éprouvons coûte au roi mon maître plus de cent mille écus par jour ».

« L'an présent 1636 le Dimanche 7 septembre Mgr le cardinal de la Valette arriva à Langres et print son logis en la maison du sieur grenetier d'Hemery iadis domestique de cette illustre maison et famille et le lendemain jour de la Nativité Nostre-Dame il alla à la grand'messe en l'esglise cathédrale prenant place proche du siège de Mgr de Langres... Le seigneur Vicomte de Turenne estoit logé chez le sieur E. Petit... Le dict jour de feste N.-D. qui fust le lundy 8

(1) Dr Bouchard. — *Journal de Macheret*. II. 289.
(2) *Ibid.* II. p. 238.

septembre arriva audict Langres Mgr le grand Duc Bernard de Saxe et print logis chez le sieur Heudelot controlleur (est à noter que le seigneur estoit de la religion luthérienne et le maistre du logis de la religion calviniste). Ce seigneur estoit comme nous l'avons dict cy dessus général de l'armée Suédoise en France (1). »

M. le prince arriva dans la soirée du 8 septembre, et le lendemain, 9 septembre 1636, dès l'arrivée du prince de Condé, le conseil de guerre étant réuni au palais épiscopal, les lettres patentes du roi furent ouvertes. « Le cardinal et le duc (Weimar) estoient d'advis de prendre leurs postes à Champlitte, Coublanc, Bussières, le Fays-Billot, Poinson et Precigny, mais le retard du prince fut cause que les ennemis les prévinrent par la diligence de Mercy et Forcasse, nos gens furent contraints de prendre le quartier du roy aux Coiffy, la Ferté-sur-Amance, Bourbonne et aultres villages circonvoisins, conduits par le duc de Weymar et le cardinal prit son quartier au Montsaugeonnois (2). »

Condé, aussitôt après la levée du conseil de guerre, reprit, par Grancey, la route de Dijon accompagné de 200 chevaux (3). Humilié par ses insuccès au siège de Dôle, le Prince ne voulait se résoudre à se placer sous les ordres d'un autre. Gouverneur de la province, premier prince du sang, cette situation le choquait et il ne pouvait se résigner.

« Le roi trancha le différend en décidant que chacun resterait indépendant : « Mon cousin le duc de Weymar, disait-il à Condé, n'a esté commandé de personne

(1) Macheret. *Journal*. I, 51, 52.
(2) Macheret. *Journal*.
(3) Ve de Noailles. — *La Valette* « Alors souffrant, Condé dut aller aux eaux de Mailly-en-Auxerrois » p 292.

depuis qu'il est en France ». M. le prince y mit toute la bonne grâce possible : « Pour les commandements, écrivit-il à La Villette, j'obéirai aux ordres du Roi, mes troupes seront demain au soir, 17 septembre, à Fontaine-Française. Elles y recevront vos ordres. Vous et M. de Weymar serez obéis comme dans votre propre logis (1). »

Condé invoquait aussi la pénurie d'hommes et d'argent où il se trouvait : il ne lui restait plus pour résister aux flots de l'invasion que « mille chevaux et quatre mille hommes de pied » (2). Richelieu, il est vrai, lui écrivait, le 23 août : « Ce que vous avez à faire maintenant est de lever cinq ou six régiments nouveaux en Bourgogne et en Bresse sur vostre crédit et autant de cavalerie que vous pourrez. » Il ajoutait cette phrase où perce un véritable ahurissement : « Toutes les provinces s'aydent à l'envie, à ceste occasion, et il est bien raisonnable que celle où vous estes contribue à se secourir elle-même. » Tout cela semblait fort bon ; encore fallait-il avoir le temps d'enroler et d'armer ces recrues et l'ennemi était aux portes de la Bourgogne (3).

Le prince de Condé « se sentait découragé, et ne pouvait plus faire face aux besoins de l'armée n'ayant comme il l'écrivait piteusement à l'évêque de Mende, « ni blé, ni argent, ni chevaux. » « Je ne puis pourvoir à l'armée de La Valette et Weymar. Je n'ay ni blé, ni argent, ni chevaux, J'ay acheté du blé pour 8 ou 10 jours à Bellegarde (Seurre). Je vous supplie, continuez voz soins pour ceste armée. » Triste situation pour un général en chef à l'ouverture d'une

(1) L'abbé J. Thomas. *La belle défense de St-Jean-de-Losne*, p. 29. — Le Vassor, p. 410, t. VIII. — Ve de Noailles. *La Valette*, p. 292.
(2) Duc d'Aumale. *Histoire des Princes de Condé*, p. 553, 559.
(3) L'abbé J. Thomas. *La belle défense...* p. 29.

campagne, surtout lorsqu'il n'a pas dans les ressources de son intelligence de qu'oy y faire face (1).

Pendant qu'on délibérait à Langres, Charles IV et Gallas avaient pris position l'un à Scey-sur-Saône (14 septembre) et l'autre à Purgerot (2).

De même que nous avons établi l'état major du cardinal La Valette à Langres, de même il convient de mettre en présence celui de l'armée ennemie.

I. *Charles IV*, duc de Lorraine, né le 6 avril 1604, mort le 18 septembre à Larlback près de Birkinfelds. Frère du duc Henri II et fils de François, comte de Vaudemont, il prit possession de la Lorraine après l'abdication de son père (26 novembre 1624). Ce fut un prince turbulent et chevaleresque, qui s'était montré fort habile manœuvrier, ainsi qu'il l'avait montré à la bataille de Nordlinguen, et qui donna des inquiétudes à notre armée.

II. *Gallas*, Gallasse, Galas.

On se représente généralement encore aujoud'hui, Gallas comme un Mandrin, ou un Cartouche, une sorte de Fra-Diavolo légendaire, un brigand, un capitaine d'aventure. Il faut en rabattre et rétablir historiquement la vérité.

Le comte Mathieu, général autrichien, né à Trente en 1589, mort à Vienne en 1647, a laissé dans nos contrées les plus tristes souvenirs ; on retrouve encore dans plusieurs villages les noms de *pré Gala*, *champ Gala ;* la terreur qu'il inspirait était telle qu'on avait ajouté aux litanies des saints : *A Gala libera nos, Domine* (3).

Après avoir été page du baron de Bauffremont, chambellan du duc de Lorraine, il fut simple soldat

(1) De Piépape. *Histoire militaire de Langres* p 191.
(2) Purgerot, canton de Combeaufontaine (Haute-Saône).
(3). *Journal de Macherel*. II. 289.

et passa par tous les grades jusqu'à celui de général. Il servit en Italie, en Allemagne, dans les Pays-Bas et parvint à y gagner l'affection de l'empereur Ferdinand II, qui le fit entrer dans son conseil particulier et lui donna le commandement de ses armées en remplacement du célèbre Wallenstein ; il fut plus tard disgracié par l'empereur, après avoir été battu près de Magdebourg, puis rentra en grâce et mourut, peu après, à Vienne, en 1647.

III. *Forkatz*, Fourcasse, Forkas, général à la solde du roi de Hongrie, général des Croates(1).

IV. *Colloredo* (Jérôme) entra au service dès sa tendre jeunesse et s'avança par degrés jusqu'au grade de colonel après la bataille de Lutzen il fut nommé wachmester général et commanda en Bohême une armée contre les Saxons, qui le battirent le 3 mai 1634. Cet échec lui attira la disgrace de l'empereur Ferdinant II, qui le fit enfermer dans le château d'Œdembourg. Lorsqu'il eut recouvré sa liberté, il fit sous Gallas une expédition en Bourgogne et fut pris par les Français qui le relâchèrent peu de temps après.

Ayant marché ensuite avec un corps de cavalerie au secours de St-Omer, que les français assiégeaient, il dégagea cette place ; mais il fut tué d'un coup de pistolet en 1638. (Michaud, *Biographie universelle*).

V. *Lamboy* (le major Guillaume de). Feld-maréchal d'une famille des plus illustres et des plus nobles du pays de Liège. Sa belle conduite devant Brissack lui valut de la part de l'empereur le bâton de maréchal. Il reçut deux blessures à la bataille de Lens où il commandait une partie des troupes espagnoles (1).

VI. *Isolani* (Jean-Louis-Hector, comte d'). Général au service de l'empereur à l'époque de la guerre de

(1). Bouchard. *Journal de Macheret* II. 290.- Macheret. I. 48. 49.

Trente Ans, né en 1586, descendait d'une famille noble de l'île de Chypre, et comme son père prit du service en Autriche. En 1602, il fut fait prisonnier par les Turcs ; mais il parvint à s'échapper et obtint, bientôt après, le commandement d'un régiment de Croates. Au commencement de la guerre de Trente Ans, il combattit d'abord contre le comte de Mansfeld et servit ensuite sous les ordres de Savelli en Poméranie. Promu au grade de général, il fut battu en 1631, à Sihbach, et en 1631, à Lutzen. Grand-maître de l'artillerie, il obtint, en 1634, le commandement supérieur des Croates, et, lors du partage des domaines de Wallenstein, il obtint, en récompense de sa trahison envers ce grand homme, les seigneuries d'Aticha et de Friedenstein avec le titre de comte. Plus tard, il combattit à Norlingen, *en Bourgogne* en 1637, en Hesse en 1638, en Poméranie en 1639, sur le Haut-Rhin, contre le comte Bernard de Weimar et le maréchal de Guébriant, et mourut, en 1640, à Vienne.

VII. *Piccolomini*. Octave, d'Aragon, duc d'Amalphi, prince de l'Empire, né à Sienne le 11 novembre 1599, mort à Vienne le 10 août 1656, servit d'abord en Italie puis en Allemagne, figura vaillamment à la bataille de Lutzen (1634), à Nordlingue, en Souabe, en Franconie, fut placé à la tête des troupes espagnoles dans les Pays-Bas. Rappelé en Allemagne (1648) avec le titre de feld-maréchal, il arrêta un instant les Suédois. A la suite d'une mission au Congrès de Nuremberg, il fut créé prince de l'Empire et reçut le duché d'Amalphi.

VIII. *Mercy* (François, baron de). Grand Général du XVIIe siécle, né à Longwy en Lorraine, d'abord au service de l'électeur de Bavière, puis se signala dans les guerres contre les Français, battit le général Rantzau (1643) ; après des épreuves diverses, il mourut de ses blessures le lendemain de la bataille de Nordlingue (1645).

Quelles étaient les troupes en présence ? l'armée de Gallas, et, l'armée royale.

1° *Armée de Gallas.* Il est difficile de savoir au juste à quel chiffre s'élevait l'armée ainsi réunie dans la vallée de la Haute-Saône. L'épouvante générale la portait à un chiffre fabuleux et les ravages qu'elle a laissés sur son passage la font comparer à un torrent dévastateur. Les documents contemporains les plus sûrs sont d'une extrême divergence. Le testament politique de Richelieu donne seulement 30.000 hommes. En 1638, le duc d'Anguien alors gouverneur de Bourgogne écrivait que Saint-Jean-de-Losne avait été assiégé « par une armée de 40.000 combattants (1). » La relation manuscrite du siège de Mirebeau porte le chiffre 50.000. Charles Faivret disait à Semur en plein parlement quelques mois après le siège que l'armée impériale montait à 60.000 hommes. Declumes, qui travaillait sur des mémoires originaux et la pierre commémorative de Saint-Jean de Losne élèvent le nombre à 80.000. (2).

La première évaluation est à coup sûr au dessous de la réalité, parce que Gallas avait déjà l'année précédente un effectif plus considérable (3), et qu'il s'était procuré pour son expédition de Bourgogne de nombreux renforts, notamment les Croates et les Comtois. La dernière évaluation tient peut-être compte de la multitude innombrable de valets et de pillards qui suivaient l'armée. Philibert Delamarre dit 260.000 ; mais il y a probablement une faute dans l'impression

(1) Duc d'Aumale. *Histoire des princes de Condé.* III.589.
(2) Declumes. *Mémoires.* p. 776. 808.
(3) *Le Vastor*, dit 32.000.

de cet ouvrage. Il est probable qu'on ne se tromperait pas en prenant la moyenne des deux nombres intermédiaires, c'est-à-dire en portant le chiffre à 50.000. C'est le chiffre adopté par un acte d'assemblée de l'Hôtel de ville de Saint-Jean-de-Losne, le 31 octobre 1647 (1).

Suivant Macheret : « Lequel duc (Charles) ayant attendu tout le gros de l'armée tant Allemands que Croates firent plus de 45.000 effectifs, bons et généreux soldatz sans y comprendre la menuaille, etc...(2)».

On lit ailleurs : Gallas après s'être présenté devant la capitale du duché de Bourgogne, avec une armée de 45.000 hommes plus 30.000 de gens de suite, volontaires, laquais, pourvoyeurs, femmes, filles, etc... se rapprocha de Langres.

D'autre part : « L'armée impériale comptait 53 régiments de cavalerie, 29 régiments d'infanterie, 12 canons de 24, 21 canons de 12 et de 8 (3), 60 pièces de régiment, 12 mortiers et 3.000 chevaux ou bœufs propres au service de l'artillerie (3).

« Une redoutable invasion germanique allait inonder une partie de la France. Gallas franchit le Rhin à Brissack, quitta Mulhouse le 30, et traça sa route à la tête des Impériaux par Montbéliard, l'Isle-sur-le-Doubs et Villers-Sexel. Il alla passer la Saône à Conflandrey. Avec lui il amenait les généraux Colloredo, Mansfeld, Mercy, Isolani chef des Croates, et une multitude de volontaires. Son armée était une horde de 30.000 hommes tant infanterie que cavalerie et troupes légères. Elle avait un train d'artillerie for-

(1) *Archives de la ville* (non classées). — L'abbé Thomas. *La belle défense de St Jean de Losne* p. 25.

(2) Macheret. *Mémoires* I. 48.

(3) Voir la composition de l'armée de Gallas, dans M. F. des Roberts, Campagnes de Charles IV. p. 295 à la note. — De Piépape. *Histoire militaire de Langres*, p. 187, 191, 192.

midable, 80 pièces de canon, des munitions de toutes espèces ; d'immenses bagages, 18.000 chevaux, 14.000 chars, des tentes rangées par rues dans les camps, une multitude de vivandiers, 8.000 femmes instruites au maniement des armes. Cette incursion était la revanche des Comtois contre la France. »

L'armée royale. — Dix mille fantassins et deux mille cavaliers entrèrent en campagne, sous l'autorité du prince de Condé, gouverneur du Duché, avec de la Meilleraye, de Gassion, les marquis de Coasiln, de Villeroy et le comte de Rantzau.

« Sa Majesté très chrestienne ordonna trois corps d'armée pour faire teste à la subdicte ; sçavoir la première armée au seigneur cardinal de La Valette composée de 20.000 hommes ; celle du grand duc Bernard de Weymar, appelée l'armée suédoise, composée de 15.000 hommes ; et celle du seigneur de Vaubécourt composée de 6.000 hommes, laquelle dernière estoit placée à Rolampont affin d'attendre si l'armée espagnole s'approcheroit de Langres ou Chaulmont, ou de qq. aultre place frontière pendant que celle des subsdicts seigneurs cardinal et Weymard empescheroient de former un siège au dehors (1).

On décida, mais trop tard, de s'établir à Coublanc, Bussières, etc. ; le temps perdu à attendre le prince de Condé à Langres, avait permis aux alliés d'occuper ces places.

Gauchey du Magny, capitaine de Jussey, ayant enlevé un poste français, le cardinal envoya contre lui le vicomte de Turennes, son mestre de camp, alors agé de vingt-quatre ans, avec 400 chevaux, 400 hommes de pied et 3 canons. Turenne prit Jussey et Cemboing et les saccagea ; Rantzau fut obligé de

(1) Cl. Macheret. *Journal*, I. p. 48, 49,

venir le soutenir, car Gallas, de son quartier général de Purgerot, avait envoyé son sergent de bataille Lamboy avec de la cavalerie. Turenne dut abandonner la partie.

De son coté, Weymar (15 septembre 1636) avait mis le siège devant Champlitte, mais l'arrivée de Gallas l'obligea à se replier sur Langres (16 sept.) pour, de là, occuper bientôt Bourbonne, Coiffy, La Ferté et les villages environnants.

La Valette cantonna ses troupes à *Montsaugeon*, qui par sa position était un poste d'observation précieux ; le quartier général du roi s'y installa ainsi : à Montsaugeon, le quartier du roi, les vivres, l'artillerie, Normandie et Rambures ;

à Aubigny : Nettancourt, Rebé, du Repaire Brassac ;

à Vaux : Hepburne, la Bloquerie, lePerche, Batilly,

à Prauthoy, la cavalerie française, les Carabins ;

à Chatoillenot : le régiment de M. le Brennier ;

à Isomes : le régiment de Turenne, les chevaux de charroi ; le quartier d'Isomes fut laissé ensuite au duc de Weymar.

Le comte de Vaubécour avec ses régiments « fort bien vêtus, dit La Valette, mais mauvais soldats » sur lesquels on compait peu, demeurèrent à Rolampon.

Rantzau s'installa à Prangey (1).

La contrée était terrifiée ; nombre d'habitants se cachèrent dans les bois ; d'autres voulurent résister et se barricadèrent. « Coublanc, Bussières et Fayl Billot s'estoient roidies et retranchées » ; mais l'ennemi tuant et brûlant tout en eut vite raison. (14 septembre 1636).

(1) *Ordre du jour du 16 septembre 1636.*

Lamboy, posté à Jussey, se livrait à des incursions acharnées ; le 7 septembre il s'empara par surprise du château de Pressigny. « C'était un château-fort fermé de murailles, entouré de larges fossés à fond de cave, remplis d'eau, d'une largeur de 70 pieds environ, avec ponts-levis, tours flanquées et sarbacanes lequel en temps de guerre doibt estre gardé par tous les habitants du bourg et paroisse de Pressigny (1). »

Avec Forkatz, campé à Poinson et fort de 2000 Croates et aidé de Clinchant qui commandait un escadron lorrain, Lamboy ravagea le pays, s'avança jusqu'aux portes de Langres et près de *Montsaugeon*, où il fut battu par La Valette ainsi qu'on le verra plus loin.

Gallas, dont le quartier général était établi à Champlitte, occupait la contrée de Jussey à Gray et de l'Amance à la Vingeanne rançonnant pour faire vivre ses troupes tout le territoire (17 septembre 1636) mais rien n'égale les horreurs du siège de Hortes.

« Le mardi 23 septembre 1636, certains croates se présentèrent à Hortes, non loin de l'église de St Didier ; ils furent chassés par les habitants. Trois heures après douze cavaliers apparurent au dessus de la rue de la Barre. On les repoussa également ; cependant on eut la courtoisie de leur porter quelques bouteilles de vin hors du village. Le lendemain ils revinrent à côté de Rosoy, au nombre de 400 et prirent au lieu dit *Entre deux veivres* 1500 bêtes à cornes et 3.000 moutons. Le village était barricadé et gardé ; ils essayèrent d'en forcer l'entrée. Les paysans résistèrent bravement pendant quelque temps ; mais enfin craignant d'être faits prisonniers ou de voir leurs maisons

(1) Clément Macheret, 2e fascicule, p. 53.

incendiées, ils promirent de donner rançon, de ne rien réclamer de leur bétail, de mettre bas les armes et de s'absenter, afin de laisser aux soldats libre entrée au dit Hortes pour y prendre les vivres dont ils avaient besoin. Deux personnes levèrent immédiatement la rançon qui fut portée à Rosoy; mais cette espèce de traité n'était pas approuvée par toute la communauté; plusieurs la blâmaient hautement. Ils voulurent se défendre; cette résolution leur coûta cher.

« Le 25 septembre 1636 à neuf heures du matin un corps de 4.000 hommes, avec des voitures se dirigeait en ordre de Rosoy à Hortes, pour y butiner et s'y rafraîchir, suivant la convention de la veille. Voyant qu'il y avait résistance, les ennemis forcent aussitôt les barrières proche la maison des chevaliers de Thon et, s'avançant par file le long de la rue du Pont, arrivent jusqu'auprès de la Halle, d'où ils se distribuent facilement dans tous les quartiers. Les paysans déchargent sur eux douze coups de fusil, en blessent et tuent plusieurs. Alors les soldats incendient deux rues, celle du Pont et celle au dessous de l'église, afin d'étouffer par la fumée les personnes réfugiées dans le lieu saint. Le feu gagne le clocher et la toiture de la nef. Néanmoins on ne veut pas se rendre; on résiste valeureusement. La maison de Dieu est devenue une forteresse. Les ennemis se précipitent vers la galerie qui est devant le portail, percent, démolissent la muraille, tirent une telle quantité de mousquets qu'ils renversent les hommes propres à la défense; puis entrant sabre et coutelas en mains, ils massacrent tous ceux qu'ils rencontrent, brisent et brulent sièges, livres, croix, images, vases sacrés, ornements, linges, coffres et papiers précieux de sorte qu'il n'y reste, dit Macheret, « qu'une forme de gouffre ou enfer, en considérant le creux de cette église » Cependant ceux qui sont sous la voûte, quoique pressés par le feu, tirent toujours sur les assaillants et en tuent environ 200. Les officiers exaspérés portent de nouveau le feu et la flamme à travers le village, égorgent même les petits enfants. Le nombre des habitants mis à mort, tant dans les champs que dans les rues, les maisons et l'église s'éleva à plus de 400, parmi lesquels on compte quarante enfants retirés dans le sanctuaire, mutilés, rôtis et ensevelis dans les ruines. Quatre jours après, le vénérable curé Nicolas Joliot ramassait lui même les membres épars de ces innocentes victimes et les faisait enterrer dans une grande fosse creusée à cet effet, au milieu du cimetière. Les flammes avaient dévoré deux églises, cinq pavillons, cent soixante-cinq maisons dont plus de 200 se composaient de trois ou quatre *chasts*. Que d'autres pertes, d'or, d'argent, de bétail, de mobilier, de grains, de fourrage, de bois etc. ! En outre on espérait une récolte de 2.000 muids de vin et on ne vendangea pas. Hortes qui se disait le premier et le meilleur village de la contrée, devenait ainsi le plus pauvre et le plus malheureux (1). »

Gallas eut un instant la pensée de marcher sur Langres, mais manquant de vivres et de munitions ainsi qu'il l'écrivait à la cour de Dôle, il se contenta d'affliger le pays, non sans être obligé de subir les vexations des francs comtois qui se révoltaient contre une occupation désastreuse, maltraitaient les soldats impériaux et les traitaient en ennemis. On dit même qu'un Croate fut enterré tout vif...

Voyant l'armée française dispersée, on voulut s'emparer de *Montsaugeon*, qui fut attaqué par Lamboy

(1) Voir pour le sac de Hortes le récit de *Clément Macheret* et *l'annuaire du Diocèse de Langres*, 1838. p. 181.

sur quatre points à la fois. « Il surprit d'abord 500 cavaliers, en tua une partie et les autres mis en fuite furent entièrement défaits par le comte de Ritberg qui leur coupa la retraite (1). » Pendant ce temps Forkatz et Clinchant enlevaient un autre quartier en faisant 200 prisonniers. « Informé de l'attaque et du désordre qui régnait, le cardinal La Valette monte à cheval et se précipite du côté où Forkatz et le comte de Ritberg avaient mis tout en déroute ; il arrête les fuyards, les ramènent à la charge et rétablit l'ordre dans le combat ; mais à peine a-t il ranimé le courage de ses troupes sur ce point qu'il est obligé d'aller s'opposer à l'attaque de Lamboy. Ce général avait mis le feu dans plusieurs quartiers et poursuivait avec tant d'ardeur ceux qui y étaient que la défaite de l'armée française paraissait certaine. Le cardinal accourt l'épée à la main vers les troupes en désordre, les poste dans les vignes et dans les haies, se donnant l'avantage du terrain et parvient à arrêter l'ennemi jusqu'à l'arrivée du comte de Guiche, qui chargea Lamboy avec 1.500 chevaux. Mais ce dernier se défendit avec courage et alors toutes les troupes des autres attaques s'étant réunies sur ce point, le combat devint encore plus animé et la victoire resta longtemps indécise ; cependant les troupes françaises augmentant à chaque instant renversèrent les ennemis et les forcèrent à se retirer après avoir abandonné une grande partie de leurs prisonniers. La perte fut considérable et presque égale dans les deux armées ; les français perdirent 8 à 900 hommes. Ce combat eut lieu à la fin de septembre ou au commencement d'octobre 1636 (2).

(1) P. de St Ferjeux. — *Recherches historiques*. p. 377.
(2) P. de St Ferjeux. — *Recherches historiques*. p. 378.

Les deux armées restèrent en présence pendant quelque temps, car Weimar ne se souciait pas de lutter contre un ennemi supérieur et voulait se contenter d'inquiéter Gallas jusqu'au printemps avec l'espoir de recevoir des renforts. Mais d'autres brûlaient de se mesurer sérieusement avec l'ennemi qui désolait le pays et le ruinait par des incursions quotidiennes.

Dans la nuit du 8 octobre, fut tenu un Conseil de guerre où l'on résolut de surprendre les Croates en leur quartier entre Leffond et Coublanc. D'après l'ordre du mouvement, « Le cardinal devait former le centre et marcher droit sur Leffond afin de couper la retraite aux Croates et de s'opposer aux secours qui pourraient venir du camp de Gallas ; Weimar, marcher à sa droite et se diriger entre Leffond et le camp des Croates ; Rantzau, marcher à sa gauche dans la direction de Coublanc, pour menacer les derrières de l'ennemi (1). »

Rantzau, favorisé par une nuit très obscure arriva près de l'ennemi sans être vu. Il commença l'attaque avant que La Valette et Weimar fussent arrivés à leurs postes et fit une charge si rapide que les Croates n'eurent pas le temps de se défendre. Isolani et ses officiers durent leur salut à l'agilité de leurs chevaux ; Weimar les poursuivit jusqu'à la porte de Champlitte où il tua leur enseigne et enleva leur étendard. Les soldats s'enfuirent avec une précipitation désordonnée, beaucoup furent taillés en pièces ou faits prisonniers. Les Français s'emparèrent du camp dont ils brûlèrent les tentes. Ils y trouvèrent beaucoup de chevaux, des charriots et des carrosses, des munitions, les équipages du général,

(1) De Piépape. *Histoire militaire de Langres*, p. 196.

sa vaisselle d'argent, son bâton de commandement, sa chaine d'or, etc... Furieux de cette défaite, les Croates massacrèrent à coups de hâche une cinquantaine de prisonniers et pour se venger envoyèrent de tous côtés des soldats qui ravagèrent les campagnes et commirent des atrocités dont le récit fait frémir.

Voici le récit que fait M. le général de Piépape de ce mémorable combat d'après les *Mémoires de La Valette*.

Conformément à la décision du Conseil de guerre, « La Valette part de Montsaugeon (10 octobre) à une heure du matin, passe la Vingeanne à Choilley, traverse le bois d'Aisey et de la châtellenie de Coublanc et descend par Montvaudon dans la vallée du Saulon ; Weimar et Rantzau s'avançant dans l'ordre prescrit, ont soin de régler leur allure sur la sienne.

Weimar, qui avait avec lui 10 cornettes de cavalerie (1200 cavaliers), 6 petites pièces de canon et 500 mousquetaires, part de Cusey avec sa célérité habituelle. Il va passer près de l'Orain et descend sur le Saulon à Montarlot, village complètement dominé par les hauteurs escarpées de la rive gauche du cours d'eau. Il se faufile entre la cavalerie et l'infanterie de Gallas et se heurte contre le régiment des cuirassiers de Piccolomini, qui est détaché en avant du camp des Croates, pour éclairer le terrain. Charles IV est là en personne. Malgré le désaccord qui règne entre lui et Gallas, mésintelligence que l'esprit brouillon du duc de Lorraine ne fait qu'accentuer de jour en jour, il veille au salut de l'armée et fait sonner le boute-selle, trop tard il est vrai. Weimar fait houspiller les 400 cuirassiers de Piccolomini par le colonel Rosen, dont la cavalerie les poursuit vers le nord jusqu'à Chauvirey, presque jusqu'à la vallée de l'Amance, tuant ou faisant prisonniers, les cavaliers « les moins bien montés ».

« Jusqu'ici le mouvement de M. de La Valette n'était pas éventé. Un épais brouillard avait protégé sa marche, dissimulée d'ailleurs par les grands bois qu'il avait à traverser. Mais tout à coup les vedettes de Gallas placées sur l'éperon qui s'allonge au nord de Leffond donnent l'éveil au quartier de l'armée impériale. Gallas fait aussitôt tirer trois coups de canon : c'était le signal du boute-selle. Sa troupe s'ébranle et une vive canonnade salue Weimar, au moment où après s'être débarrassé de la cavalerie ennemie, il débouche sur Leffond, au pied de la hauteur de Coublanc occupée par Gallas.

« Malgré le feu qui l'accueille ainsi, sans l'intimider, Weimar fait passer le Saulon au régiment de Baner et le lance à l'attaque de Leffond. En avant du village il trouve les Croates rangés en bataille et se voit chargé avant d'avoir eu le temps de se reconnaître. Son infanterie tient bon, mais le combat s'opiniâtre. Heureusement pour Weimar il est soutenu par les vigoureuses démonstrations de La Valette et de Rantzau, qui chacun de leur côté, donnent avec furie dans le camp des Croates.

« Rantzau était parti de Prangey, avec 500 mousquetaires et 1500 cavaliers, suivi du comte de Guiche qui en avait 800. Il avait passé la Vingeanne à Villegusien et à Piépape, le Resaigne à Maatz et avait aussi marché sur Leffond sans être vu : mais en le prenant à revers. Arrivé à la hauteur de Coublanc, il avait commencé l'attaque et poussé un charge si rapide que les Croates n'avaient pas eu le temps de se défendre ; il avait donné au passage dans quelques compagnies ennemies, leur avait tué 80 hommes et avait poursuivi sa route sans s'arrêter par un chemin étroit et escarpé qui l'avait péniblement conduit en haut de la montagne de Coublanc.

« A ce moment, La Valette qui a marché au canon atteint Leffond, avec 1000 mousquetaires et 1400 chevaux. Les régiments d'Humes et de Batilly sont en tête de sa colonne. Batilly traverse le premier village qu'il trouve abandonné. Il en passe le pont et se trouve tout à coup en plein camp des Croates, en même temps que la troupe de Rantzau qui est descendue des hauteurs et débouche sur sa gauche. Poussant devant elle à toute bride, la cavalerie de Rantzau rompt les gardes des Croates pris entre deux feux. Leurs 13 régiments, reste de la cavalerie de Gallas, sont mis en fuite en désordre sur Grenant et Saulles. Alors se passe une scène affreuse digne des temps barbares. Pendant près d'une heure les Français s'acharnent sur le camp ennemi livré à leur fureur et à leurs convoitises. Ils le mettent au pillage, en incendient les tentes et brûlent sans merci tout ce qui n'est pas de bonne prise pour le soldat. Les malheureux Croates qui ne réussirent pas à s'échapper comme leurs camarades sont tués ou rôtis avec la paille du campement. On entendit au loin les hurlements des victimes. La mêlée devient indescriptible. L'acharnement n'a d'égal que le désespoir des Impériaux surpris et égorgés presque sans défense. Isolani et ses officiers ne doivent leur salut qu'à la vitesse de leurs chevaux. Gallas laissa dans ce combat près de huit cents hommes dont 400 tués et autant de prisonniers, sans compter environ 1200 chevaux et tout son bétail : c'étaient là des pertes considérables. Weimar poursuivit ses troupes en déroute jusqu'aux porte sde Champlitte, où il tua leur enseigne et enleva leur étendard. La panique était complète, comme l'avait été la surprise au début, pour les Impériaux.

« Cette fois les Français avaient eu le rôle le plus contraire à leurs habitudes peu vigilantes et avaient cruellement appris aux autres à se garder. Pendant l'action pour se distinguer au milieu du brouillard les Français avaient arboré, la « marque blanche » et les Weimariens « la branche verte ». Si brusque fut la surprise qu'Isolani perdit sur le théâtre de l'action, entre Leffond et Coublanc, un grand nombre de chevaux, de charriots et de carrosses, des munitions, son bâton de commandement, son argent, sa chaîne d'or et tout son équipage, et les Francaisenlevèrent au malheureux général jusqu'à sa maîtresse (1) (2). »

On cite encore aujourd'hui dans le pays le *camp des Croates.*

Ensuite de ce fait de guerre, les troupes françaises sans aller plus avant et craigant d'affronter le gros de l'armée ennemie rentra à *Montsaugeon*, St Michel (3), et Prangey.

La Valette eut, pour l'histoire, tous les honneurs de ce combat (4).

Gallas, renforcé par l'arivée de la division du marquis de Bade, n'avait plus de raison ou de prétexte pour différer d'entrer au cœur de la France. Un conseil de guerre fut tenu au château de Suaucourt où se trouvèrent Charles de Lorraine, Forkatz, Lamboy, le baron de Scey, le baron de Ville-sur-Illon et les autres chefs de corps (17 octobre 1636).

Le prince de Lorraine, soucieux de recouvrer son

(1) Comment ne pas se rappeler le pillage du camp de Charles le Téméraire défait à Granson (3 mars 1476), de ses richesses estimées à plus de 3 millions d'écus ; la saisie de son sceau d'or pesant une livre ; les tablettes où était le portrait de son père, l'épée ducale enrichie de gros diamants et de quinze grosses perles ; le chapelet de Philippe-le-Bon, en or avec les figures des douze apôtres, et plusieurs reliquaires, habits et joyaux. (Voir dans Courtépée, *Description du duché de Bourgogne*, I. 206).

(2) De Piépape. *Histoire militaire de Langres*. p. 197, 198, 199

(3) A. Dufey *Essai historique sur le canton de Longeau*. p. 2, 3.

(4) *Mémoires de Richelieu*, passim, Forget, p. 156. — *Mémoires de Montrésor*, éd. Michaud, p. 42.

duché perdu, voulait, dut-il lui en coûter 15.000 hommes, faire l'assaut de la ville de Langres ; les officiers francs-comtois voulant éloigner les alliés de leur territoire approuvaient ce plan ; mais Gallas, qui du haut de la montagne de Morey, la lunette en main, avait jugé de l'impossibilité de prendre la place, répondit : « Laissons Langres et marchons sur Dijon ». Dès le soir du lendemain Gallas décampait avec armes et bagages.

Il pénètre en Bourgogne avec 40.000 hommes par la vallée de la Vingeanne, emporte Mirebeau après quarante-huit heures de siège ; mais il n'ose s'aventurer sur Dijon et, franchissant les rivières de Bèze, de Tilles et de l'Ouche il vient investir Saint-Jean-de-Losne.

On connait son échec devant cette ville dont la *Belle Défense* est devenue légendaire.

« En ce mois d'aoust 1636 est arrivée au pays l'armée de Gallas et celle du Roy pour défendre, commandée par le cardinal de la Valette, qui y ont séjourné jusqu'à la fin d'octobre, qu'ils avancèrent du costé de Sain-Jean-de-Losne et retournèrent au dit pays, le soir de la Saint Martin, 11 novembre de la dicte année 1636 ou le « cartier du roy fust pris d'assaut au dict Prangey lequel fust entièrement pillé et ruiné sans y demeurer aucune chose. Ce apporta en telle sorte la maladie au dit Prangey et Vesvres qu'il y mourut incontinent après et pendant le commencement de l'année suivante, 1637, plus de douze cents personnes tant communiants que de petits enfans, sans y comprendre ceux des villages circonvoisins qui y estoient réfugiés. Tous enterrés tant à l'église qu'au cimetière du dict Prangey par moy curé du dict lieu et un vicaire (Signé. J. Cornefert) (1). »

(1) *Extrait des re istres de l'état religieux de Prangey.*

Le cardinal de la Valette écrivit au maire de Dijon pour l'informer de la marche de Gallas :

« Camp de Montsaugeon, 1636, 21 octobre.

« Monsieur, je n'ay pas le temps de faire réponse à la lettre que vous avez pris la peine de m'escrire. J'ay creu seullement vous debvoir donner advis que les ennemys descampèrent hier et que depuis ce tems là ils ont tousjours marché. On dict qu'il vont le long de la Vigene, vous aurez soin s'il vous plaist d'envoyer des gens pour estre informés de leur marche et de ce qui peut estre de leur dessein. Pour moy vous debvés, vous aseurer que je feray tout ce qui sera en ma puissance pour vous servire... (1) »

Mis en déroute après la levée du siège de Saint-Jean-de Losne, (3 novembre 1636), harcelé par nos troupes, empêché par les inondations de la Saône, Gallas fut poursuivi jusqu'à la frontière comtoise perdant plus de la moitié de son monde et de ses équipages. Nous ne le suivrons pas dans les péripéties de sa retraite, qui s'opéra, non loin mais hors du Montsaugeonnais ; disons toutefois que, le 22 décembre 1636, Gallas reprit le chemin de l'Allemagne « avec plus de vaches que de soldats et la bourse pleine ».

Le pays de Langres resta occupé par les troupes royales. Weimar, restait à Coiffy, qu'il allait évacuer, quand un coup de fusil, malencontreusement tiré d'une lucarne du clocher, tua l'un des officiers de l'arrière-garde ; l'armée suédoise revint aussitôt venger cet attentat ; le curé fut pris et près de 400 habitants furent immolés en expiation de cette patriotique imprudence (2).

(1) *Correspondance de la mairie de Dijon.* III. 302. orig. B. 461 n° 45.

(2) Voir : Adrien Bonvallet. *Notice historique sur Coiffy-le-Haut.* (Nevers, 1859). — P. de Saint-Ferjeux, *Recherches historiques.* p. 223. — De Piépape. *Histoire militaire de Langres.* p. 202. 203.

Vers le 25 décembre Gallas revient sur ses pas avec le général Piccolomini et répousse devant Jonvelle les Suédois jusqu'à Bourbonne dont il s'empare.

Gallas éloigné, le pays ne fut pas plus heureux avec les Suédois, habitués aux excès et à vivre « sur le bonhomme ». Weimar ne sut arrêter sa marche, et La Valette, après son succès de Leffond n'avait pas montré de qualités brillantes dans ses opérations (1).

Les cruautés des troupes furent extrêmes : Les Etats de Bourgogne voulurent, dix ans plus tard (1646), faire visiter par des commissaires les communes ravagées ; mais ils n'y trouvèrent que de la cendre, des ruines et quelques rares habitants vivant dans des huttes derrière des murailles noircies, au milieu de terres en friche (2).

Autour de Dijon qu'ils prétendaient défendre sous la conduite de La Valette et de Weymar, les Suédois égorgeaient jusqu'aux portes de la ville des habitants paisibles, des enfants au berceau, des prêtres à l'autel, pillant et brûlant toutes choses. Les alliés étaient à combattre comme des ennemis.

Les Lorrains ravagèrent Selongey et Coiffy : « Les prêtres, les paroissiens, les soldats étaient passés au fil de l'épée ou traînés à la suite des armées. » A Saint-Geosmes, les Croates s'emparèrent du marquis de Coublanc, pillèrent Marcilly, Plenois, Heuilley-le-Grand, Piépape, Grenant.

Après l'assaut de Pontarlier (janvier 1639), « les Suédois de Weymar vendaient leur butin à la frontière suisse ou le brûlait s'ils n'en trouvaient pas le

(1) Voir *Mémoires de Louis de Nogaret cardinal de la Valette*. (T. I. pp. 190 à 246. Bibl. du dépôt de la guerre. — Clément Macheret. *Journal*.

(2) *Arch. dép. Côte-d'Or*. — *Procès-verbaux de la visite des feux du Bailliage de Dijon* en 1644 et 1645. — De la Cuisine. Le *Parlement de Bourgogne*. I. p. LV — *Registre municipal* (Dijon) 21 oct. 1636.

débit. Ils torturaient les paysans pour leur estorquer de l'argent, leur rôtissaient la plante des pieds, les enterraient tout vifs jusqu'au cou, les forçaient à avaler de l'eau bouillante, puis leur piétinaient le ventre pour les faire vomir (1).

La misère était extrême ; plus de culture, plus de bétail ; on vit de courageux paysans s'atteler à la charrue « en place des bestes », notamment à Fays-Billot, à Torcenay, à Choiseul où un père et ses trois fils faisaient un bichet de terre par jour à raison de 30 sous (2). »

Après les guerres, et la famine, il fallut encore subir la peste, alors fréquente et désastreuse en Bourgogne et en Champagne. La famine de 1030, qui dura trois ans, avait donné lieu aux atrocités les plus révoltantes : un aubergiste de Mâcon massacrait ses hôtes qu'il faisait manger à d'autres ; on condamnait au feu un affamé qui avait déterré des cadavres pour s'en nourrir ; dans les marchés de la même ville, un autre exposa publiquement de la chair humaine ; on broutait l'herbe, dévorait les écorces et les racines des arbres. La peste survint.

En 1089, le *feu sacré* qui dévorait et consumait avec de vives douleurs, sévit en Bourgogne où l'on invoqua saint Antoine (3).

La peste de 1546, et la famine sévirent avec fureur dans la province. Déjà, en 1498 et en 1499, le Parlement avait été obligé de quitter Dijon, pour se réfugier à Beaune ; les processions commandées pour fêter la conquête du Milanais furent interdites, et un règlement sévère fut imposé. Les dates de 1506 à 1636, époques où ce règlement fut publié, marquent les

(1) De Piépape. *Histoire de la réunion de la Franche Comté*. p. 129.
(2) Macheret, *Journal*.
(3) Courtepée ; *Description du Duché*. I. p. 122.

époques trop fréquentes du fléau (1). Il y eut, au xe siècle seulement, dix famines et treize pestes (2).

« En 1632 la peste conmença à Langres le 2 novembre en la rue Sainte-Barbe, où demeuroit un pauvre tixier nommé Jean Droüet, par les mauvaises pratiques d'une femme qui avoit acheptè des meubles et hardes à Recourt où jà estoit la dicte peste et moururent quatre personnes au dict logis en neuf jours. ... » Le 26 décembre on faisait vœu et voyage de saint Gaond (3).

« La disette acheva de dépeupler la province. Les habitants les plus aisés s'étaient retirés en Suisse, où ils épuisaient en quelques mois le peu qui leur restait d'argent et de crédit. Les villages étaient abandonnés et les paysans réfugiés dans les bois, d'où ils se répandaient à travers les campagnes pour piller ce que la soldatesque allemande et lorraine y avait laissé.

Pendant la famine de 1638 on mangea l'herbe des champs, des cadavres d'animaux en décomposition.

Dans les villes les chiens et les chats, et jusqu'aux rats des égouts servaient de pâture aux infortunés à bout de ressources. Enfin la chair humaine ne fut même pas respectée. Des soldats frappés à mort furent dépecés sur le champ de bataille et les lambeaux de leurs corps palpitants partagés entre des bouches moribondes. Pour comble d'horreurs on vit des mères dévorer leurs enfants, des frères se repaitre de la chair de leurs propres frères (4).

La plume s'arrête devant de pareilles extrémités ; il faut pour y croire et pour oser les reproduire que

(1) *Registre municipal*. 14 oct,. 1547, *Idem*, 7. 12 Sept., 1499.
(2) De la Cuisine. Le *Parlement de Bourgogne*. *I*. *p*. LXXVII.
(3) Macheret *journal*, édit Bougard. I. 19. 20.
(4) Girardot. *Histoire de dix ans*. p. 212.

toutes les chroniques du temps s'accordent à les décrire avec les détails navrants d'une irrécusable vérité (1). « On se mit à manger de la chair humaine, à déterrer les morts, à entrer même dans les logements des pestiférés ; on fait état qu'on a mangé plus de 500 corps humains durant ces malheurs. D'autres se sont servi de graisse humaine pour cuire des herbes sauvages (2).

« Ce fléau (la peste) sévissait non seulement à Langres mais aussi dans nos villages, La guerre, la disette, les grandes chaleurs de l'automne (1636) causèrent, entretinrent des maladies épidémiques et contagieuses. Il y eut un grand nombre de victimes ; le pays fut presque dépeuplé. La peste ne finit qu'en 1637 (3).

« En 1637 (6 juillet) il y avoit à Lengres 240 maisons de gastées et infectèes de la dicte peste et qui à ce subiet estoient tarrées, sans (compter) celle qui par un misérable abus ne s'estoient desclarées, au subiet de quoy eust lieu la procession sus dicte (procession de Louis XIII) (4) et en ce tems i'ay compté 82 personnes tant grands que petits qui sont mort de la peste en la rue du Petit Cloître, pendant l'époque de six sepmaines seulement (5). Il est mort à Lengres 58 ecclésiastiques. La peste avec la guerre a moissonné plus de 5500 personnes tant Langrois que circonvoisins (6). »

« Au mois d'aoust de la présente année 1636 la chaleur estant fort augmentée, en sorte de quoy la

(1) Boyvin. *Manuscrit*. Bibliothèque de Besançon.
(2) *Registres des Capucins* cités par M. Ed. Clerc. de Piepape *Hist. mil° de Langres*. p. 118.
(3) Macheret *Journal* p. 95.
(4) Déclaration du 10 février 1638.
(5) Macheret. *Journal*. p. 82.
(6) « « p. 83-84.

peste fit sortir plusieurs familles de la ville pour s'aîrer de la campagne ; mais les malheurs qui accompagnent la guerre particulièrement la venue des suédois qui commençoient à paroistre sur nostre orizon, les contraignit à bientôt chercher ung asyl plus propre à leur vie qu'à leur santé de se retirer quoyque avec misère au dedans de la ville, nonobstant la diversité des dangers, à cause de plusieurs maisons infectées qui ne s'osoient desclarer, ce qui nous a causé la perte de quantité de personnes de considération (1). »

« Ceste année (1636) s'est finie en trez grande guerre et peste, au dedans de la ville de Langres ; peste, dis-je, plus grande que l'on croyoit, à cause de l'automne qui fust fort chaude. En ceste année le village de Parnot-en-Bassigny fut désolé par la peste ; de 154 feux il n'en resta que 26 (2). »

En juillet 1636, on permit à chacun de s'absenter moyennant finance (3).

Les faits principaux relatifs à la retraite de Gallas (1637) se passèrent hors de nos contrées ; mais si Gallas reprenait le chemin de l'Allemagne, il laissait 6000 combattants pour défendre la Comté. Ces troupes composées d'Allemands, de Croates et de Lorrains s'établirent le long de la frontière et le long de la Saône. La guerre continua donc au Bassigny livré aux incursions.

Le 27 janvier 1637, Hortes est ravagé par les Croates, qui le pillent encore le 22 février. « Le sieur Nicolas Jolyot, curé du dict lieu fut contrainct de se cacher sous la voûte d'un ruisseau où il receut une telle incommodité de la fraicheur de l'eau, qu'il en

(1) Macheret. *Journal*. I. p. 50.
(2) Id. p. 64.
(3) Id. p. 63.

mourut le 20 du mois suivant (1) ». Le 26 juin les Croates font des prisonniers à Hortes et les habitants sont obligés de gagner refuge dans les bois (2). Le capitaine Bornival (9 juillet), prend à Fayl-Billot « six vingt personnes, dont le curé, envoyéee à Jonvelle », font des courses à Corgirnon, à Torenay, incendient Chaudenay, et s'emparent du curé de Rosoy (3).

Le 26 juillet 1637, « six cents Croates arrivent au faubourg du costé du dict comté de Bourgogne, vulgairement appelez les *aages aux moines* (Langres), brûlent 60 maissons et n'en restèrent que trois, prindrent prisonniers des ieunes demoiselles qui au subiet de la peste s'estoient refugieez dans ledict faubourg, prennent plusieurs prisonniers, tuent un vieux jardinier.... (4).

A Champlitte, 15 mai 1638, « le sieur de la Mothe gouverneur de Champlitte et le sieur de Montigny lieutenant furent tués *proditoirement* chez des habitants où ils avoient esté priez à souper.

Selongey est pris ; à Bourbonne, les Croates emmenèrent des ôtages.

A Coiffy, les Croates prennent tous ceux qui ne peuvent payer rançon, tuent les pauvres et les petits enfants, s'emparent du curé, Jean Goirôt, violent et tuent les femmes, puis incendient le village.

Cheseaux, Lavernoy, Coiffy-le-Bas sont incendiés ou les habitants emmenés prisonniers (5). Arbigny-sous-Varennes brûlé en partie ; Autray est démoli par les Français, ainsi que Champlitte (27 août) (6).

En 1639, les courses continuent, Hortes est pillé

(1) Macheret. *Journal*. I. p. 67
(2) *Id.* p. 70.
(3) *Id.* p. 70.
(4) *Id.* p. 82.
(5) *Id.* p. 88.
(6) *Id.* p. 94.

de rechef « au nombre de six vingt cavaliers donnent l'assaut à l'église, prennent 38 chevaux et tuent d'une mousquetade Messire Julien Virey (1). »

Le 12 avril, sont pris les sieurs Plusbel, curé de Baissey, de Floriot curé de Balesmes et René-Saladin d'Anglure seigneur de Coublanc, proche le monastère de Saint-Geosmes (2).

Parmi les localités pillées et les prisonniers enlevés, citons Marcilly (3 juin 1639), Champigny-sur-Varennes, Jean Gauthier, curé ; François, procureur d'office et quinze autres personnes, sans compter le bétail (3) ; à Humes, nouveau pillage ; parmi les prisonniers, figure le sieur Monginot, curé (4) ; de même à Bannes.

Les Langrois prennent Monstereuil (5), mais les Franchises (sous Langres) et Orbigny (Orbigny ou Val, Orbigny ou Mont) et Plesnoy sont saccagés (6), ainsi que Heuilley-le-Grand, Piépape, brulés ou pillés, Dommarien et Grenand (7).

Plesnoy (8 juin 1640) fut livré aux Comtois et Croates par un misérable, qui était de Coiffy et s'appelait Chateauneuf ; il fut pendu en effigie.

Le 10 août 1640, eut lieu la prise d'Arras ; on avait dit :

Quand les rats prendront les chats
Les Français prendront Arras.

« Ce que voyant un bon vieillard françois se print à rire et dit : Messieurs, vous êtes bien en peine, il ne fault oster qu'une lettre et tout ira fort bien :

(1) Machéret *Journal* I. p. 105-109.
(2) *Id.* p. 106.
(3) *Id.* p. 112.
(4) Macheret. *Journal.* I. p. 112
(5) *Id.* p. 112. 110.
(6) *Id.* p. 115.
(7) *Id.* p. 115.

Sublata littera P « Quand les ratz prendront — les Français rendront Arras ». Et à vray dire je peu assurer que leur devise ou prophétie a eu lieu car environ le milieu du moys de may un chat fust pris mangé par des ratz en la maison du sieur Robert, chirurgien de Mgr le mareschal d'Estrée, ce qu'estant récité à Dijon à M. le président des Barres par le sieur Peusnier, curé de Fayl-Billot, le dict sieur président de Soubriant le mit sur ses tablettes afin de l'escrire à Monsieur le grand maistre qui présidoit au dict siège, avec les susnommez et noble Jean Pietrequin (La famille Pietrequin a longtemps habité et possédé le château de Rangey près de Montsaujon) fit le distique suivant touchant la dicte réduction.

« A Gallo usque jacet devictus Iberius ad Aras
Certarunt Sorienes et rapuere Catos (1). »

La série des faits de guerre isolés se succèdent avec même fureur. Les Croates sont battus près de Horthes (2) (25 août 1640) ; Bonnecourt (3) est brûlé (25 septembre 1640) ; Pressigny pillé (4) (29 septembre) ; entre Perrey et Villegusien, 25 chevaux appartenant à des Langrois sont volés par les Croates et Comtois (5) (7 novembre 1640) ; à Andilly, tous les chevaux sont enlevés, sauf un qui se sauva (6) (3 novembre) ; on met le feu à Bourbonne ou des habitants sont tués (18 novembre) (7) ; l'ennemi s'efforce d'escalader la Ferté-sur-Amance (8) (24 novembre 1640). A Saint-Valier, on fait des prisonniers,

(1) Macheret. *Journal*. I. p. 133. 134.
(2) *Id.* p. 135.
(3) *Id.* p 140.
(4) *Id.* p. 140.
(5) *Id.* p. 141.
(6) *Id.* p. 143.
(7) *Id.* p. 144.
(8) *Id.* p. 144.

on enlève le bétail ; le curé faillit être pris ; il put se sauver *en chemise* (1) (29 novembre 1640). Du 4 décembre au 24 décembre, les déprédations continuèrent à Coffy-le-Bas, à Couzon, à Rougeux etc. (2).

A ces désastres il faut ajouter les grandes gelées du Vendredi-Saint (22 avril 1639), et du 22 juin de la même année ; à la fin d'octobre, il y avait un pied de neige. En 1642, les vignes gelèrent les 8 mai et 6 juillet !

La cruauté des ennemis fut inouïe ; les prisonniers n'avaient à manger que de l'herbe crue ; « ayant 18 prisonniers dans un cachot d'une tour les y ont laissés deux jours sans leur donner la liberté de descharger leur pauvre ventre sinon dedans le meslange l'un de l'aultre dans une obscurité quasi semblable à celle de l'enfer et qui renouvellent les douleurs des martyrs de la primitive esglize en ont encore trouvez de plus violents comme bander la teste avec une corde nouée, donner l'estrapade, la question, mauvaises potions et qui pis est et qui peut-estre ne s'étoit jamais pratiqué : nempè quod duarum mulierum vulvas, post violentem oppressionem, apertas, easque tormentario pulvere adimplentes, et adhibito igne, tali supplicio eas de medio sustulerunt, aliam vero succedentibus scortatoribus tandiu alterius viribus oppresserunt ut inter impuros eorum amplexus animam emoveret. Heu nefanda crimina et nunquam audita (3). »

Le curé d'Horthes (Clément Macheret) à qui nous devons ces détails, raconte des choses inouïes sur les barbares traitements que la garnison de Jonvelle fai-

(1) Macheret *Journal*. p. 144.
(2) *Id*. p. 145. 146.
(3) In. p. 109-113-141-175-188.

sait subir à ses prisonniers en les entassant pêle-mêle dans des cachots sans air ni lumière, où ils n'avaient souvent à manger que de l'herbe crue ; on leur bandait la tête avec effort, on leur donnait *l'estrapade*, punition militaire consistant à élever le patient par les mains liées derrière le dos au sommet d'une haute pièce de bois, pour le laisser ensuite retomber jusque près de terre. Les soldats se livraient sur les femmes aux actes les plus révoltants ; plusieurs moururent entre leurs mains ; d'autres furent éventrées par des cartouches allumées dans leurs entrailles.

Notons rapidement la série des faits désastreux enregistrés par Macheret :

Les 11 janvier, 1 et 5 février, 8 mars Dommarien, Rougrux, Pressigny, Savigny, Toacenay (11 mars) Chezeaux (23 mars), Hortes (18 avril eurent beaucoup a souffrir de l'ennemi, soit en prisonniers, en bétail enlevé, et en habitants tués (1).

Au moment de la fête des rois, lors de la grande foire de ce nom, qui se tenait à Langres, les Croates et les Comtois firent grand'peine aux gens venus de Selongey, Clisey, et Dommarien (5 janvier 1641).

Le 13 juin 1642, « Les Croates et les Comtois sortis de Gray vinrent piller le bourg de Longeau. Ils le trouvèrent barricadé et ne purent y pénétrer. A leur approche le tocsin sonne. Les habitants des pays voisins accourent en armes et cherchent à couper les 300 cavaliers au passage du pont de la Vingeanne. Mais la cavalerie les entoure et les sabre. Elle en fait un vrai massacre. Deux curés qui se sont bravement mis à la tête de leurs paroissiens trouvent la mort dans la mêlée (2). »

(1) Macheret. *Journal.* I. 142. 148. 149 150. 152.
2) de Piepape *Hist. mil. de Langres* p. 218

Les Langrois (29 juillet 1641) repoussèrent vaillamment 250 piétons et 100 cavaliers, qui, auprès de Langres, au bout des Aages-aux-Moines et aux Franchises, avaient enlevé du bétail. Le marquis de Chauvirey, qui commandait l'ennemi, fut tué (1).

Le 13 septembre, Jonvelle fut enfin pris par le marquis de Coaslin. La garnison de Jonvelle avait brûlé plus de 10.000 maisons en France et dépeuplé le Bassigny.

Après la prise de Chauvirey (23 septembre 1641), eut lieu (25 septembre), celle de Suaucourt, où les Comtois se conduisirent de la façon la plus odieuse:

« Le sieur de Trestondans aima mieux abandonner son château de Suaucourt que de traiter avec les Français. A leur approche la garnison quitta le château laissant dans la grande salle une table copieusement servie de pain, de vin et de viandes. Mais avant de toucher à ces vivres nos soldats bien avisés en donnèrent à des chiens, qui ne tardèrent pas à périr : tout était empoisonné ! La forteresse fut brûlée.

Les incursions continuèrent encore dans la Franche-Comté ; pendant longtemps notre contrée eut à souffrir. Rupt, Banne, Torcenay, Noidant-Chatenoy, la Mothe, le Pailly, *Montsaugeon*, où, le 12 août 1642, les Croates tuèrent un homme et firent des prisonniers, etc., etc. Cela dura jusqu'à la paix de Westphalie, qui mettait fin à la guerre de trente ans (24 octobre 1648). Le duc de Lorraine ne voulut l'accepter avant d'avoir obtenu des compensations et des avantages qu'il reçut plus tard.

(1) Macheret *Journal* p. 165.

CHAPITRE VI

L'église

L'église de Montsaugeon est située à l'ouest de la *Motte*, au pied de l'ancien château ruiné, renfermée dans ce qui fut les murs de la forteresse, dont on voit encore la trace, indiquée par des fossés non complètement comblés.

Etait-ce, en même temps que l'église paroissiale, la chapelle castrale ? M. Brocard, architecte à Langres, qui répara le monument, le suppose ; mais l'assertion est peut-être discutable.

L'abbé Roussel (1) dit : « Quant à la *chapelle du château*, elle était sous le vocable de Notre-Dame-de-la-Tour (2) ; elle fut fondée en 1215, par Guillaume de Joinville, évêque de Langres ; elle était au patronage de l'évêque et possédait encore 160 livres de revenus, en 1732, et 174 livres en 1700 (2).

Il est dit ailleurs : « *après la destruction de la chapelle*, les fondations furent transportées à l'église (3). »

On trouve en 1164 : 1° *Pierre*, *chapelain* de Montsaugeon, 2° *Thibaut*, Pierre, prêtre *chapelain* du château ; 3° *Guillenc* prêtre, *chapelain* du château.

(1) Bernard de La Tour d'Auvergne, évêque (1274-1395), fonda la chapelle de Notre-Dame-de-la-Tour, à Saint-Mammès.
(2) — L'abbé Roussel, *Le Diocèse de Langres*., p. 272.
(3) *Archives paroissiales*.

On peut déjà supposer que le château de Montsaugeon était considérable au XIIe siècle, puisqu'il y avait plusieurs chapelains, distincts du curé et dits : *chapelains du château*. Plus tard, le curé devint titulaire des différentes chapelles.

Admettons, faute de preuve contraire, que le château avait sa chapelle castrale, consacrée à la Sainte Trinité, dans l'église de Montsaugeon. Elle avait son titulaire (1). Jusqu'en 1593, ce titulaire, résidait au château ; *après la destruction de la chapelle*, les fondations furent transférées avons nous dit, à l'église, où elles étaient acquittées ; comme l'indiquent les ordonnances de 1729 et 1733 de Mgr de Pardailhan, qui veut « qu'à la diligence du sieur curé, le titulaire, soit averti de faire acquitter les 48 messes dont il est chargé et qu'il lui déclare qu'à défaut d'y satisfaire il en sera donné avis au promoteur pour y être pourvu (2). »

La paroisse dépendait, au temporel, des évêques de Langres, mais, pour le spirituel, de l'abbaye de Bèze, qui possédait les archives de l'église, perdues à la Révolution. On ne peut donc être exactement renseigné sur l'époque de la fondation de l'église de Montsaugeon, mais l'inspection du monument nous dira l'époque de sa construction.

L'église date des XIe et XIIe siècles. Son architecture était du style roman, comme l'indique le portail assez bien conservé. Il ne reste plus de l'ancien édifice que le pignon du chœur, la travée qui sépare le chœur de la nef et la grande porte.

La partie la plus ancienne est le tranceps (3), qui doit remonter au commencement du XIIe siècle, ou

(1) *Ordonnance* ds Mgr de Pardailhan, 3 sept. 1729.
(2) *Archives paroissiales*.
(3) L'orthographe de ce mot a varié.

au commencement du XIIIe. Le portail est de la même époque, les deux pilastres qui subsistent encore à l'intérieur avec leurs chapiteaux, et qui ont le caractère bien connu du XIIIe siècle, l'indiquent suffisamment. Et d'ailleurs ils ont été construits en même temps que le tranceps puisqu'ils sont placés dans la même ligne que les piliers du tranceps et du chœur et ont dû nécessairement soutenir les voûtes qui existaient à cette époque (1). »

Cependant, en 1098, Eudes fit hommage à l'évêché de Langres, lui donna l'église Notre-Dame de Montsaugeon et lui céda, en outre, ses droits sur celle d'Aubigny. Ces églises furent aussitôt données à l'abbaye de Bèze par l'évêque Robert (2).

Il faudrait donc admettre que, à moins de supposer une église antérieure, celle de Montsaugeon existait au XIe siècle.

Le chœur, du XIe ou XIIe siècle, a été presque complètement refait avant 1600, depuis les murs jusqu'à la voûte ; on n'a conservé que les trois ouvertures du fond et le pignon.

« Le chœur est du XVIe siècle. Cependant les murs du côté du levant contre lequel est adossé l'autel sembleraient, peut-être, d'une époque plus ancienne que toute l'église, d'après la disposition des fenêtres ; mais rien dans la construction n'indique que cette partie soit d'une autre époque que le reste du chœur ; la pierre a le même ton et elle est de la même nature ; les murs ont la même épaisseur. Dans toute la partie, à droite de l'autel, les piliers sont surmontés de chapiteaux sculptés, tandis que de l'autre côté, ces chapiteaux sont seulement indiqués. Contre le

(1) *Rapport* de M Brocard.
(2) L'abbé Roussel. Le *Diocèse de Langres*.

chœur, au dessus de l'appui de communion, à gauche, la pierre du chapiteau n'existe même pas (1). »

L'église entière était voûtée et la voûte de la nef était bien plus élevée que celles du chœur et de l'avant-chœur, comme cela existe dans beaucoup d'églises de cette époque et en particulier celles d'Isomes et d'Aubigny. On peut s'en convaincre en examinant la fenêtre qui se trouve au-dessus du portail ; très certainement elle éclairait l'église autrefois, tandis qu'aujourd'hui elle est coupée par le plafond. D'ailleurs les pilastres existants nous donnent la hauteur exacte de ces voûtes. Pour une cause ou pour une autre elles ont été détruites avant 1600 ; la charpente a été refaite sur un nouveau plan et l'on a décoré l'église de cet ignoble plafond qu'il sera bien difficile de faire disparaitre vu le peu de ressources de la commune (2).

Il n'y avait de voûtes avant la restauration récente de l'église que sur le chœur et le transept. Les quatres travées au couchant étaient remplies par un plafond en planches supporté par six colonnes carrées d'un style un peu douteux et point du tout en rapport avec le reste du monument. Ce qui pourrait faire présumer que ces voûtes étant en très mauvais état et, les seigneurs de Montsaugeon n'existant plus pour les réparer, on les aurait économiquement remplacées par ce qui existe jusqu'à nos jours. Alors, on assignait à cette partie de l'église une époque postérieure au sac du château. Le plafond date donc de 1770 ainsi que la charpente et la tour du clocher tel que nous l'avons.

(1) *Rapport* de M. Brocard.
(2) *Archives paroissiales*.

En 1857, on proposait la « continuation des voûtes dans la partie où elles n'existent pas entre le portail et le tranceps, et pour la construction de quatre piliers vis à vis les contreforts extérieurs (1). Pour cela il fallait refaire la charpente « la disposition de la charpente de la partie au couchant de l'église ne permet pas la construction des voûtes en la laissant subsister puisqu'elle se trouve plus basse que la voûte du tranceps qui doit servir de type pour les nouvelles (2).

L'église de Montsaugeon a été restaurée en 1876, sous la direction de M. Brocard, Henry, architecte. Le chœur, avec la première travée seulement était voûté ; quatre piliers isolés et des piliers engagés en nombre insuffisant ont été ajoutés. Des voûtes supportées par des arcs doubleaux et des nervures semblables aux parties de l'église conservée, ont été disposées en remplacement d'un plafond en planches appuyé sur des colonnes de bois et menaçant ruine. Le portail, ainsi que les fenêtres latérales, a été compris dans cette restauration, qui met l'église pour longtemps à l'abri de la destruction, tout en lui conservant son caractère primitif (3).

Primitivement, le clocher se trouvait au centre de l'église ; on voit encore dans la voûte l'ouverture qui avait été ménagée pour l'entrée des cloches.

Cependant celui qui existe aujourd'hui a été construit peu de temps après le reste de l'édifice, comme l'indiquent la forme de la voûte, les nervures et les figures que l'on retrouve à leur base.

En 1733, Mgr de Pardailhan ordonna la réparation de la *beaufrerie* (beffroi) du clocher : en 1769 (5 mai)

(1) Brocard. *Rapport* 15 janvier 1857. Il y est joint un plan de l'église.
(2) Brocard. Nouveau devis en 1873.
(3) *Bulletin de la Société historique de Langres*. I, 110

l'évêque donnait l'ordre de réparer le mur de la tour pour monter au clocher et d'y faire une porte aboutissant au cimetière pour les sonneurs, de retenir les charpentes du clocher sous peine d'Interdit.

A cette époque, l'église tombait en ruine ; il devenait dangereux d'y séjourner. Depuis trente six ans Mgr de Pardailhan se plaignait en vain. Lorsque Mgr de Montmorin vint faire sa visite à Montsaugeon, il ordonna, *sous peine d'Interdit*, que, dans l'espace de quatre mois, on réparerait la tour du clocher, ainsi que la charpente et la beaufrerie, la charpente et le plafond de la nef, la charpente et la couverture du chœur et les murs du cimetière (5 mai 1769).

Quatre mois après, les réparations n'étaient pas faites ; Monseigneur lança l'Interdit sur l'église, enjoignant au desservant de s'entendre avec le vicaire d'Aubigny pour faire les offices de Montsaugeon dans son église (septembre 1769) ; mais, à la requête de M. Gallier, curé, du syndic et des habitants, Monseigneur consentit à lever l'Interdit, parce qu'on prit immédiatement les précautions nécessaires pour mettre les travaux à exécution (octobre 1769). La saison étant trop avancée, on ne put commencer qu'en 1770. Malheureusement on eut affaire à un certain Arbeltier, mauvais entrepreneur de Langres, qui fit mal la besogne et qu'on dut poursuivre devant les tribunaux (1).

Le 15 mars 1770, un devis des ouvrages de maçonnerie, charpenterie, etc., nécessaires pour le « rétablissement de l'église de Montsaugeon », avait été dressé par M. Mongenet, inspecteur des Ponts et Chaussées à Langres et signé par Arbeltier et J.-B. Menne (19 mai 1770) (2).

(1) *Archives paroissiales*, ch. 3. nos 5. 7.
(2) *Id.*

Les travaux furent commencés le 1er juin 1772 ; l'année suivante, Etienne Arbeltier présentait requête au lieutenant-général du bailliage de Langres, contre les habitants de Montsaugeon, prétendant avoir fait plus de la moitié de l'ouvrage et n'avoir reçu que le tiers de l'adjudication. Les habitants prouvèrent que la supplique d'Etienne Arbeltier était en grande partie « fausse et mensongère », qu'il y a très peu d'ouvrage de fait et qu'il a touché au-delà de ce qui lui était dû. Arbeltier fut condamné : mais l'exécution des travaux se trouva retardée.

Déjà, en 1714, voyant les murs, la charpente et la couverture du chœur en mauvais état, M. Turquet, curé de Montsaugeon, avait passé un marché, pour l'exécution des réparations nécessaires : « Marché entre M. Bernard Turquet, bachelier en théologie, curé de Montsaugeon et Etienne Cherey, procureur fiscal au bailliage et comté de Montsaugeon au nom de Mgr l'évêque de Langres, comte de Montsaulion et M. l'abbé Boucher, prieur d'Aubigny, en cette qualité, gros décimateurs dud. lieu de Montsaulion d'une part et de M. Antoine Fournier, charpentier et couvreur en laves à Isômes d'autre part pour les travaux de maçonnerie charpente et couverture à faire sur la voûte du chœur de l'église de Montsaujon moyennant 93 livres qui seront payées par les dits seigneur Evêque et prieur d'Aubigny (1) ».

L'évêque de Langres et le prieur d'Aubigny, comme décimateurs, étaient tenus aux répations conjointement avec les habitants de Montsaugeon. On rétablit alors toute la partie supérieure des murs ; la charpente fut refaite aussi et la couverture retenue.

En 1780 (23 juin), eut lieu à Montsaugeon la béné-

(1) *Archives paroissiales.*

diction d'une cloche « qui fut nommée par Mielle, J.-B. bourgeois de Rivières-les-Fosses, notaire et procureur fiscal du comté de Montsaugeon et Cherey, Marguerite, bourgeoise à Montsaugeon (1).

Le sonneur (12 nov. 1820) recevait 0.40 pour la sonnerie des *Angelus* matin et soir et à midi. Il était en même temps fossoyeur et obligé de faire les fosses depuis l'âge de quinze ans moyennant 3 fr. pour chaque mort. Il était chargé aussi d'ôter la neige tombée sur la voûte de l'église. A cette date le sonneur était un nommé Nicolas Auvigne, vigneron (2).

Une ordonnance, des calendes de 1733, rendue par monseigneur d'Antin, « fait défense de sonner l'Angelus toute la nuit et veille de l'Annonciation comme il se pratique, et de sonner aussi à la Saint-Jean d'été depuis 7 ou 8 heures du soir jusqu'à l'office du lendemain (3).» Monseigneur voulait en cela abolir un usage superstitieux, qui s'est perpétué jusqu'à nos jours ; aujourd'hui encore (1880) cela se pratique à Prauthoy au moins pour la fête de l'Annonciation (4).

En 1807 et en 1816 il y avait d'urgentes réparations à faire à l'église (5).

Déjà en l'an IX (5 nivôse) on signalait la « nécessité de réparer la couverture sur le *cœur* qui consiste à mettre des *Echautiniolles* sous les chevrons qui pèchent par le défaut d'y avoir mis des clefs de fer (6). »

(1) *Id.*
(2) *Archives communales*. 12 nov. 1820
(3) *Archives paroissiales.*
(4) *idem.*
(5) *Archives communales* 1807, 10 mai ; et 1816, 30 juin. D.I.
(6) *Archives communales*. D.I.

En 1847, M. Caubert étant curé, « la charpente et la couverture de l'église étaient en mauvais état. La Fabrique n'avait pas les ressources suffisantes pour faire cette dépense ; la commune dut vendre certaines propriétés pour réaliser la somme nécessaire et après avoir obtenu avec beaucoup de peine les autorisations voulues elle répara la charpente et la toiture. »

Après avoir fait reconaitre Isomes au nombre des monuments historiques, M. le curé Lampson voulait faire classer l'Eglise de Montsaugeon ; mais M. Péchiné, architecte, ayant fait un raport défavorable ce fut seulement le 8 novembre 1843 (1) que l'édifice fut déclaré monument historique : pour participer aux secours législatifs, il fallut que le conseil municipal votât une dépense d'au moins 300 francs.

On songea enfin à restaurer complètement l'église de Montsaugeon. En 1857, un premier devis fut dressé par M. Brocard, architecte à Langres ; un second suivit en 1873. Trois ans après, la restauration avait lieu : les voûtes étaient refaites, les six colonnes de bois étaient remplacées pas des piliers en pierre, surmontés de chapiteaux, sculptés par M. Fèvre de Langres, les fenêtres rectifiées selon le style de l'édifice, le portail restauré et ajouré par un *oculus* et l'église fut dallée.

La *sacristie* est de construction nouvelle. Elle fut construite, M. Girardot étant curé, M. Noël-Henry étant maire, en 1832, à l'aide de matériaux pris dans les ruines du château. Auparavant, un vide qui se trouve derrière l'autel en tenait lieu.

Autels. Il y avait quatre autels dans l'église de Montsaugeon : le maître-autel, l'autel de la sainte

(1) *Archives paroissiales*. Lettre du sous-préfet.

Vierge, l'autel de saint Nicolas et l'autel de sainte Anne.

1° *Le maître-autel* était situé au fond du chœur. C'était un autel fixe, en pierre, auquel on accédait par deux marches ; il n'y avait qu'un seul gradin, sans tabernacle. Au milieu, une croix accostée par quatre chandeliers.

Le chœur, divisé en deux travées avec voûtes à nervures, qui se croisent en deux parties, est éclairé de chaque côté par une fenêtre. Sur le pan coupé qui forme l'abside, trois ouvertures. A l'entrée du chœur, à droite, on remarque un chapiteau avec une amorce de colonettes engagées et soutenu par un personnage. Aux deux clefs de voûte un écusson sans armoirie ; elles sont ornées et évidées.

Derrière le maître-autel, qui n'est plus adossé au mur, et dont l'espace vide servit longtemps de sacristie, on voit, au centre du pan formant abside, une *niche* (0 m. 65 de hauteur sur 0 m. 45 de largeur) où l'on dépose actuellement les résidus de cire. « Du côté de l'épître, un enfoncement décoré de sculptures était pratiqué dans la muraille. C'était là qu'était renfermé le Saint Sacrement (*le sacrarium*). Cette niche, non ouverte sur l'extérieur comme les *Oculus*, est du XVe siècle avec choux-fleuris, pilastres et trois colonnettes avec chapiteaux et bases, le tout réuni par une accolade. (1 m. 30 de base sur 1 m. 65 de haut).

Du côté de l'Evangile une autre ouverture non fermée était destinée à recevoir la *Lampe du Saint-Sacrement.* Dans les églises environnées d'un cimetière, cette ouverture, à jour du côté du cimetière, avait une double destination : elle éclairait le dehors et remplaçait en même temps l'antique *lampe des morts.* Il n'en était pas ainsi à Montsaugeon, nous verrons pourquoi lorsqu'il sera question du cimetière. Ce petit placard était fermé par une porte à deux vantaux, avec ferrements et serrure dont on voit encore les restes. (Hauteur 1 m. 20).

C'est à M. Populus, curé de Montsaugeon que l'on doit la peinture qui décore le fond du chœur, au dessus des boiseries (1841) « Ce n'est pas une merveille attendu qu'elle est l'œuvre de M. Vautelin ; encore l'a-t-il faite en trois jours et demi. »

Le maitre-autel tombait en ruine en 1675 ; nous avons vu qu'il n'y avait pas de sacristie pour placer les ornements. M. le curé Bernard Turquet fit sculpter l'autel que nous avons encore et, au lieu de le placer contre le mur comme l'ancien, il ménagea par derrière une retraite, où le prêtre pouvait prendre les ornements afin de tenir lieu de sacristie.

L'autel ainsi isolé ne produisait pas bon effet ; aussi le curé ne tarda pas à l'environner de boiseries à panneaux sculptés. Le travail n'est pas sans mérite ; mais il a le tort de ne pas être en rapport avec le style de l'église ; à cette époque c'était un mal général ; il ne faut donc pas blâmer M. Turquet d'avoir fait ce qu'on faisait partout ailleurs.

Plus tard (1835-1841), M. le curé Lampson gâta tout ; il éleva la boiserie qui se trouve derrière l'autel de façon à masquer les fenêtres. Il fit ensuite peindre et dorer les bas reliefs de la dite boiserie et lui enleva ainsi tout son caractère d'antiquité. Plusieurs statues d'un mérite réel furent données en gratification au peintre ensuite des 900 fr. qui lui étaient dûs suivant marché conclu avec lui et, sans l'intervention de M. Prégnot, curé de Prauthoy et de M. Pechin, le devant du maître-autel aurait été remplacé par trois planches unies portant pour toute décoration un agneau en mastic doré (1).

(1) *Archives paroissiales.*

S'il est profondément regrettable que ces boiseries aient été peinturelurées et dorées sottement, il est facile encore de constater leur valeur artistique. Voici, autant que possible, la description des sujets représentés, en partant du côté geuche :

Au premier rang : (*a*) un saint tenant une scie et un livre. La scie est l'attribut du prophète Isaïe, de saint Jude et de saint Simon, apôtres. Il ne s'agit d'aucun de ces personnages ; quel est-il?

(*b*) Saint Jean évangéliste, tenant une palme, ou une grande plume à écrire, et un livre. Au pied droit un aigle bien sculpté.

(*c*) Saint Dominique tenant une croix inclinée dans sa main droite, au pied gauche un chien portant dans sa gueule une torche allumée ; au pied droit, un *monde* renversé. Au fond, à droite, une église dont le clocher est surmonté d'un gros coq. Cette église est adossée à une tour ; à droite de ce tableau une nuée d'où sortent des rayons d'or (*une gloire*).

(*d*) Un pape, tiare en tête et croix papale en main ; peut-être Alexandre VII.

(*e*) Sainte Marie Madeleine, appuyée sur le bras droit qui soutient une croix ; elle tient à la main gauche une tête de mort. A côté, un vase à parfum et un livre ouvert. La sainte est couchée dans une sorte de grotte entourée de feuillages. Est-ce la Marie-Madeleine à la Sainte Baume, ou au désert ?

(*f*) Saint François d'Assise, avec ceinture et chapelet, les pied nus, un genou en terre ; une tête de mort au bas d'un prie-Dieu sur lequel est un livre ouvert. Il paraît en extase devant une croix sortant du ciel et montrant le Christ dont les bras et les jambes sont de longues ailes. D'après la légende, pendant son sommeil saint François d'Assise vit un ange crucifié, qui fondait sur lui du haut des cieux et, en s'éveillant, il trouva sur son corps des stigmates représentant les plaies faites par les clous et la lance au corps de Jésus-Christ.

(*g*) La mort de la Sainte Vierge. Elle est couchée sur un lit à baldaquin; un personnage placé derrière le lit tient une petite croix; un autre, près des pieds, est étendu dans l'attitude de la douleur; près de la tête de la Vierge un troisième personnage assis, et tenant un livre. L'un des trois doit être saint Jean.

(*h*) Ecce homo; tête du Christ couronné d'épines, au bas un chérubin.

(*i*) Mater dolorosa; au bas, un Chérubin.

(*j*) Assomption.

(*k*) St-Jean-Baptiste et Jésus dans les eaux du Jourdain. — On voit une colombe issant de rayons.

(*l*) Saint Hubert. Un ange, sortant d'un nuage représenté à mi-corps et ailé, lui apporte une écharpe (ou une étole ?).

(*m*) Un saint agenouillé (saint Benoît ?) devant un calvaire élevé sur plusieurs marches, adore de loin le crucifix. A ses genoux un livre ouvert et une tête de mort. — Arbre et palmier.

(*n*) Saint Antoine. Un moine tenant sa main gauche appuyée sur un bâton en forme de tau (T). A son pied gauche une tête d'animal sortant des flammes.

(*o*) ?

(*p*) Un saint évêque, mitré et crossé; dans le fond, à gauche, un évêque est décapité (St Didier ?) à droite, dans le fond, une maison. La croix est tournée en dehors, ce qui indique un évêque et non un abbé. Dans une nuée deux chérubins.

(*q*) L'ange gardien; un ange aux grandes ailes étendues tient par la main gauche un enfant entièrement vêtu. De sa main droite il montre des rayons sortant des nuages.

Au second rang.

(*a*) Saint Nicolas.

(*b c*) deux panneaux vides.

(*d*) Saint Roch pansé par un ange est accompagné du chien traditionnel.

(*e*) Saint Pierre, qui tient sa croix renversée et semble en ascension.

(*f*) Saint François de Sales : un personnage chauve et barbu, la main gauche sur son cœur, le bras droit rejeté en arrière, agenouillé sur un prie-Dieu, les yeux tournés vers un crucifix, au pied de la croix un livre ouvert.

(*g*) L'Immaculée-Conception représentée par la Sainte Vierge au milieu des nuages, les pieds posés sur un croissant de lune et foulant le serpent.

(*h i*) L'Annonciation en deux scènes.

(*j*) La Sainte Vierge visitant sainte Elisabeth.

(*k*) Saint André, la croix en sautoir placée derrière lui.

(*l*) La sainte Cène, avec les treize disciples, dont Judas qui semble se mordre les doigts.

(*m*) Saint Etienne tenant une palme, et recueillant les pierres qui le lapidèrent.

Les autres compartiments sont vides.

Le rétable qui entoure le tabernacle représente à gauche : St Pierre et St Jean ; à droite X... et un roi couronné accompagné d'un lion.

Le maître-autel et ses boiseries datent de 1680 ; l'artiste est inconnu ; mais c'est à tort qu'on attribue ces sculptures à Bouchardon, de même que l'autel actuel, car Bouchardon est né en 1698, dix-huit ans après la construction de l'autel et du rétable.

La boiserie des six stalles du chœur porte la date de 1613 ; elles furent commandées par Germain Clouet, curé de *Monsaulion* ainsi que l'indique sa tombe placée dans l'église qu'il administrait et où il mourut le 11 juillet 1637.

J'ai mentionné récemment un tableau, placé dans le chœur ; indépendamment de sa valeur artistique il m'a semblé curieux. Il représente la Nativité ; l'enfant est apporté par une femme, l'accoucheuse peut-être, auprès d'un grand bassin dans lequel une autre femme verse l'eau d'une bouilloire et semble tâter si elle est chaude à souhait (1).

2° *Autel de la sainte Vierge.* Autel fixe, dans sa construction primitive ; une pierre consacrée y fut encastrée parce que, pensait-on, cet autel n'avait pas reçu une consécration régulière. Le rétable était en rapport avec l'architecture de l'église, mais il a été remplacé par celui qui existe et, au lieu du tableau qui décorait l'autel, on y a transporté une statue de la Sainte Vierge, qui se trouvait au chœur et qui serait aussi ancienne que l'église.

En 1862 M. le curé Caubert voulait, d'une part remettre en meilleur état la chapelle Saint-Pierre, d'autre part élever un autel plus convenable à la mère de Dieu, patronne de la paroisse. Une seule chose le retenait, la dépense nécessitée par ces travaux. Mais voilà que sans avoir rien demandé, sans avoir même manifesté son idée, il reçoit d'une pauvre fille 100 fr. pour l'œuvre qu'il médite. Alors il n'hésite plus ; reconnaissant la volonté de Dieu, il fait

(1) Ce tableau est intéressant à cause des personnages vêtus à l'orientale et des meubles qui y sont peints. D'après un livre italien (1472) la légende dit que saint Joseph, envoya chercher une et même deux accoucheuses, dont l'une, Salomée, ayant douté que la sainte Vierge fut ce que saint Joseph lui avait dit, fut frappée d'une paralysie des deux mains. Elle guérit en s'approchant de la divine mère (Le P. Cahier. *Mélanges d'archéologie*). L'autre accoucheuse s'appelait Zèbel. Sur une jolie miniature d'un missel du XVe siècle on voit une accoucheuse faisant chauffer un linge. — (E. Serrigny. *La Crèche de Villegusien*, Haute-Marne, Bulletin de la Société historique de Langres, t. V[e]. p. 215).

venir son beau-frère Laurent Michelot, sculpteur à Saint-Ciergues, lui commande un autel en rapport avec l'architecture de l'église, et, le 9 mai 1863, cet autel, qui fait l'admiration de tous les connaisseurs était élevé à la gloire de Marie, tandis que la chapelle Saint-Pierre était rendue décente en recevant les boiseries et l'ancien autel de la Sainte-Vierge. Les cent francs du pauvre avaient porté leurs fruits et un grand nombre de personnes firent leur aumône pour la bonne œuvre ; la fabrique voulut aussi y contribuer et l'on put acheter les deux statues de sainte Catherine et de sainte Barbe qui accompagnent celle de la Sainte Vierge (1).

3° *Autel Saint Nicolas.* Cet autel prit son importance à partir de 1369. Au mois de décembre de cette année, monseigneur Guillaume de Poitiers érigea dans cette chapelle une *Confrérie de saint Nicolas*, qui fut enrichie de nombreuses indulgences, compta beaucoup de membres et subsiste encore aujourd'hui aussi florissante qu'autrefois.

La chapelle Saint-Nicolas et celle de Saint-Pierre furent réparées par M. le curé Lampson, puis (1854-1863) par M. le curé Caubert.

4° *Autel Sainte-Anne. — Saint-Pierre.*

L'autel qui se trouve sous le clocher était dédié à sainte Anne. Elle était mal entretenue car, en, 1733, monseigneur de Pardaillhan voulant qu'elle fut « décorée et rendue décente » ordonna de la réparer.

Cette chapelle retenue de M. Huret, curé de Montot, par Simon Truchot fermier de la dite chapelle, possédait, d'après une déclaration de biens du 3 mars 1790, deux journaux de terre et trois ouvrées

(1) L'abbé Roussel, *Le Diocèse de Langres.* — *Archives communales, D. I.*

de vignes. Elle jouissait d'un revenu de 12 livres en 1600 et de 37 fr. en 1760 (1).

On ne sait ni pourquoi ni comment le vocable de la chapelle Sainte-Anne fut changé pour celui de Saint-Pierre.

Il est fait mention, dans un pouillé de 1765 d'une *chapelle Sainte Agnès*, et d'un autel dédié à *sainte Catherine*, à la disposition de l'évêque et jouissant d'un revenu évalué à 14 livres en 1732 et à 23 livres en 1760.

Les différents autels de l'église de Montsaugeon sont massifs, à l'exception du maître-autel.

Toutes les chapelles étaient desservies par un titulaire ; la moindre de toutes, celle de sainte Anne, avait le sien ; car, par une ordonnance du 8 juillet 1733, Monseigneur de Pardailhan impose au titulaire l'obligation de représenter l'état des charges de cette chapelle.

Nous avons parlé plus haut de la *chapelle du château.*

Les fenêtres de l'église étaient de 1675 à 1680 ornées de *vitraux* dont il ne reste plus qu'un beau Père éternel, au fond du chœur.

Mobilier religieux.

Statues. On a vu qu'une statue de la Sainte Vierge « aussi ancienne que l'église » fut transportée du chœur à l'autel de Marie.

La statue de saint Pierre, dans la chapelle à lui dédiée, y fut placée par M. le curé Lampson en 1837.

Le saint Bernard, au-dessus de l'entrée de la sacristie actuelle, fut commandé par M. le curé Tur-

(1) *Archives paroissiales.*

quet, pour la plus grande gloire de son patron, à un artiste inconnu, ainsi que les anges qu'on voit au-dessus de la boiserie.

On sait que pour payer la peinture déplorable des boiseries, M. le curé Lampson donna au badigeonneur « plusieurs statues d'un mérite réel ».

Un grand *Christ*, accosté de deux anges adorateurs, est placé à l'entrée du chœur ; deux autres anges égarés en quelque endroit, rapportés au chœur ; les encensoirs qu'ils tenaient ont été remplacés par une lampe « qui produit assez bon effet » (?) (1).

Bénitier. A l'entrée de l'église se trouve un vieux bénitier en fer (Diamètre de la cuve 0 m. 80, profondeur 0 m. 50) en forme de mortier, orné de trois moulures aux bords supérieurs et qui se reproduisent à la base. Trois pieds décorés de roses (?) sont encastrés dans un débris de colonne. Ce bénitier est muni de deux anses, en forme de cylindres (0 m. 08 sur 8 1/2) terminés par un ornement qu'on peut, à la rigueur, supposer des figures grotesques.

Cuve baptismale. Elle a été remplacée en 1733 ; mais elle ne devait pas être très ancienne, car, autrefois, les églises succursales n'avaient ni baptistères ni cimetière, réservés aux églises curiales ; or Montsaugeon dépendait d'Aubigny.

Livres de chant. L'église de Montsaugeon possédait de magnifiques livres de chant, sur parchemin et ornés de vignettes. M. le curé Lampson, les trouvant trop vieux, les vendit, pour la modique somme de dix francs, à un relieur de livres.

Lutrins. Deux énormes lutrins encombraient le sanctuaire ; ils ont été supprimés. Montsaugeon eut son *affaire du Lutrin*, qui, sans rendre Boileau jaloux,

(1) *Archives paroissiales*.

causa grande émotion dans la paroisse. La liturgie romaine étant introduite dans le diocèse, les chantres de Montsaugeon refusèrent de se soumettre aux ordonnances de l'évêque, se retirèrent et refusèrent leur mélodieux concours.

Bancs. La question des bancs fut toujours très épineuse dans les petites églises, où les uns voulaient trôner au premier rang et les autres ne rien payer. Le sanctuaire de l'église de Montsaugeon était envahi par les notables ; les sexes n'étaient pas séparés ; la décence n'était pas toujours observée : « les jeunes gens causaient, riaient, se livraient même à des actes scandaleux ». Le curé, d'accord avec la Fabrique, ne trouva rien de mieux que de convertir le garde champêtre en *Suisse* de l'église. Le garde champêtre accepta mais le désordre continua.

En 1824, M. le curé Girardot fit refaire à neuf les bancs destinés aux femmes ; mais la séparation des sexes n'eut lieu complète et définitive, non sans peine, que sous M. le curé Caubert.

Il n'est peut-être pas sans intérêt de relever sur les bancs de l'église actuelle les noms des familles qui en avaient la propriété :

Côté gauche. I. MARIE (?) + BANC + APPENT + A LA + FEMME + DU + CEN + THIRIONT + PTAIRE ET + SA + FAMILLE + AN II +.

II. Ancienne inscription rabotée ; mais on lit : E ✕ THIRION ✕ P ✕ THIRION ✕ S ✕ I. HEMERY.

III... A MICHEL... MONIOT E. VARNEY.

IV. J MOINE ✕ F MOINE. L. HANRY. E. VARNEY.

V. (F)AMILLE 1782. O DEE ✕ VAVOCOVLEUR ET SA FAMILLE.

Côté droit. I. NICOLAS PETIT.

III. A. NICOLAS VIGNETEY CLES RICHARDMP. ENE HUGUENY FOIS HENRY 1805.

IV. JEAN + MOINE + JAQI FEM THIRION. INE (Jeanne) + NICOLAS BOCNE + A + MEOT + 1700.

V. ET + A + M NOEL
LEBANC + APPARTIEN + A + MONSIEUR HENRY. 1816.

VI. (C)E BANC + EST + A + MA^DE JANNARD.

Bas-côté droit II. FEMME + MOINE + ET + SA + FAMILLE.

III. A LA FEMME DIDIER JAVC (Jacques), A LA FEMME. .

IV. A LA VEUVE CORNEUX ET... 1782.

V. CEV. BAN + AP. A M. NOEL. 1825.

VI. (BE)RNARD + PERNOT + ET + SA + FAMILLE. 1782.

VII. (MATH)EY + ET + SA + FAM^LLE + ET MLLE CAILLET. 1782.

Bas-côté gauche III. VARNEY LE JEVNE ET LA FEMME DE N

IV. ET SA FILLE + A LA FAMILLE + DE + E + VARNEY LA F^E DE F

Vases sacrés — ornements religieux :

Les évêques de Langres étant seigneurs de Montsaugeon jusqu'à la Révolution, il est étonnant de constater, d'après les archives locales, l'état de dénument complet de l'église à ce point de vue. Non seulement il ne reste rien aujourd'hui, l'époque de la Révolution passée, aucun vestige de la générosité des prélats ; au contraire ils constatent à chaque visite pastorale, la nécessité de pourvoir à des réparations ou des acquisitions de la dernière urgence, auxquelles ils ne semblèrent aucunement contribuer bien que prélevant leurs droits.

D'après les visites de Mgr d'Antin (1729), de Mgr de Pardailhan (1733) tout est constaté dans un état d'indigence absolu : les calices, le ciboire, la patène, le croissant de l'ostensoir ou la *lunette du soleil*, le tabernacle, les vaisseaux des saintes Huiles, tout est à redorer ou argenter ; l'église est chétivement décorée et c'est l'église des évêques de Langres ! « Quatre mauvais chandeliers en bois portaient les cierges liturgiques ; une lampe *en bois* brulait au milieu du sanctuaire, une croix en cuivre placée au bout d'un bâton servait pour les processions et les enterrements. » On voit cependant M. Fouvel donner à l'église un crucifix en cuivre doré, qui, dit-on, n'était pas sans mérite, une riche écharpe pour les bénédictions du Saint Sacrement, et un tapis de Turquie pour le marche pied de l'autel. M. le curé Lampson, voyant son vieux ciboire en cuivre interdit par Mgr Parisis (1836), en achète un autre, « mais selon sa coutume il vanta tellement son acquisition que des voleurs s'introduisirent dans l'église de Montsaugeon par une des fenêtres du chœur et prirent dans le tabernacle ce vase sacré qu'ils enlevèrent après avoir versé les saintes hosties sur l'autel. » M. Lampson ne se laissa pas décourager par ce sacrilège ; il s'en alla frapper à toutes les portes, chez le comte de Grancey, chez la baronne de Tricornot, chez Son Altesse Royale la duchesse d'Orléans, et finit par obtenir des ornements et des vases plus dignes. On ne trouve à l'église de Montsaugeon aucun meuble ancien qui mérite d'être signalé.

Reliques et reliquaires.

Les reliques conservées en l'église de Montsaugeon étaient nombreuses, et les *authentiques* sont gardés dans les archives paroissiales avec leur minutieuse description :

St Pie, martyr, don de Mgr de Montmorin (1768. 28 mai).

St Nicolas de Bari : ossements scellés et donnés (1775 3 janvier) par Philippe Normati, évêque de Népi et Sutri, prélat domestique de N. S. P. le Pape et assistant au trône pontifical.

St François de Sales et sainte Jeanne Françoise Fremiot de Chantal, fondatrice de l'ordre des religieuses de la Visitation ; don (22 mai 1791) de Joseph Marie Payet, évêque et prince de Genève.

Parcelles de la Vraie Croix (don du 8 janvier 1840).

Ossements du bienheureux Benoît Joseph Labre, confesseur ; reliques données et scellées (10 juillet 1861) par François Virili, missionnaire apostolique de la Congrégation du Précieux Sang, postulateur de la cause de la canonisation du Bienheureux.

Sainte Barbe, vierge ; ossements ; reliques scellées par le cardinal Constantin Patrizi, évêque de Porto et de Ste Rufine, archiprêtre de l'église patriarchale de Sainte Marie Majeure, vicaire général de Sa Sainteté (30 août 1862).

Saint Bernard, abbé et docteur de l'église ; ossements ; scellés par Mgr Guerrin, évêque de Langres (1867, 14 novembre)

Sainte Vierge Marie — fragment de vêtement.

Saint Joseph, fragment de son manteau.

Sainte Elisabeth, fragment de son sépulcre.

Sainte Catherine, vierge et martyre ; ossements.

Sainte Monique, veuve ; ossements, authentiqués par Fr. François Marinelli, de l'ordre des Ermites de St Augustin, évêque de Porphyre, préfet du palais apostolique, prélat domestique de Sa Sainteté et assistant au trône pontifical (1867, 24 décembre).

Sainte Agnès, sainte Germaine vierge, sainte Hélène impératrice, sainte Geneviève, vierge ; sainte Cécile, vierge et martyre ; sainte Marie Madeleine, pénitente ; ossements.

Sainte Rose de Viterbe, parcelle de voile donnée par Fr. Marinelli. (1867, 24 décembre).

Saint Pierre, parcelles de l'autel en bois de saint Pierre, apôtre.

Saint Paul, — parcelles de la colonne de la décollation de St Paul, apôtre, don de Mgr Constantin Patrizi, évêque d'Ostie et de Vellétri, doyen du sacré collège, cardinal de la Ste église romaine, archiprêtre de la Basilique patriarchale de Latran, vicaire général de Sa Sainteté (1875, 24 juillet).

Pour des motifs qui me sont inconnus, la plus grande partie de ces reliques ne sont plus exposées à la vénération des fidèles.

Pierres tombales. Les seigneurs de Montsaugeon furent, dit-on, inhumés dans l'église d'Aubigny : nous ne retrouvons pas trace de leur sépulture, non plus que celle d'un célèbre religieux de Cîteaux, *Nicolas*, qui, originaire de Montsaugeon, fut inhumé dans l'église du monastère avec cette épitaphe : « *Anno Domini MCCCXLVII, kalend. maii obiit magister Nicolaus de Montesalione, monachus Cistertii, sacrae théologiæ doctor famossisimus cujus anima per misericordiam Dei requiescat in pace* (1).

M. Camille Royer, de Langres, a relevé dans l'église de Montsaugeon l'inscription et le dessin d'une pierre tombale remarquable à plusieurs titres et placée dans la nef gauche : « L'inscription et le dessin malgré leur grande délicatesse ont gardé presque intacte la netteté des premiers jours, grâce sans doute pour une part à la dureté de la pierre et surtout à son emplacement dans une nef peu fréquentée par les fidèles. Seule la figure est un peu fatiguée, mais pas assez pour que je n'aie pu la rétablir dans son intégrité. Le personnage et les détails de costume sont d'un dessin très correct et d'une exécution très délicate, avec cette disposition peu commune, je crois, qui fait tenir au défunt ses gants serrés contre sa cein-

(1) L'abbé Roussel. — *Le Diocèse de Langres* II. p. 457.

ture sous ses mains croisées. Deux écussons dont l'encadrement se devine avaient été gravés, l'un à droite, l'autre à gauche de la tête ; ils ont été grattés probablement à l'époque de la Révolution.

« Je n'ai pu trouver nul renseignement sur Estienne Boulot qui pourtant, placé à la tête d'une juridiction importante devait jouer en son temps un rôle relativement considérable. Tout ce que je sais c'est qu'il figure au registre de la confrérie de saint Didier (manuscrit de la bibliothèque de M. Charles Royer) sous le nom d'Estienne Bolot, *receveur du Roy à Langres*. Cette légère variante dans l'orthographe ne saurait empêcher de reconnaître le même personnage (1). »

« En bordure de cette pierre court l'inscription suivante en lettres gothiques : Cy gist maistre Estienne Boulot de Lègres e son vivât grenetier pour le Roy au grenier a sel de ce lieu et cômis à la recepte qui se lève sur le dict grenier qui deceda le 23 may 1699 Dieu aye son âme. »

On remarque encore dans le chœur, à droite, une pierre commémorative en marbre noir, richement encadrée et ornée dans le style de la Renaissance, surmontée d'un écu portant : parti d'un lion ravissant ; en chef, deux croissants et une étoile au milieu ; et, à dextre, une licorne issant de l'écu. Cette inscription curieuse gravée sur un cartouche d'environ 1 m. 50 rappelle le souvenir d'Agnus Turquet, père d'un curé de Montsaugeon. Elle sera reproduite dans un chapitre suivant.

Enfin, M. Camille Royer cite une autre tombe : « Qu'il me soit permis, écrit-il, d'ajouter quelques

(1) *Bulletin de la Société his orique de Langres*, IV. 320 330. Voir la gravure. p. 329.

mots au sujet d'une autre tombe qui sert de seuil à la même église de Montsaugeon et dont l'inscription encore facilement lisible, ne tardera, pas à disparaître. La pierre est datée de 1712, et le mort qu'elle rappelle n'a rien d'intéressant ; mais l'invocation qui suit les noms et qualités renferme une métaphore si.... hardie qu'il serait impardonnable de la laisser tomber dans l'oubli. Je la transcris sans commentaires en respectant sa disposition et son orthographe :

.... Passan
la charité t'invite
de prier Diev qve par sa
miséricorde son ame
soit enfilée av
bouquet des vivans (1).

Cimetière. — Anciennement les églises succursales n'avaient pas le droit de posséder un baptistère ni un cimetière. Ce droit, qui donnait certains revenus, était réservé aux églises curiales.

En 1369, il n'y avait point de cimetière à Montsaugeon ; car il est dit dans les statuts de la *Confrérie de Saint-Nicolas*, fondée à cette époque, que les confrères accompagneront les défunts au moins « jusqu'en milieu chemin d'Aubigny. » Cet endroit se nomme encore aujourd'hui la *Combe aux Morts*, et le chemin qui conduit plus haut la *Voie aux Morts.* C'était donc à Aubigny que se faisaient les inhumations de Montsaugeon.

Les seigneurs de Montsaugeon possédaient l'église d'Aubigny, qui était à leur charge. Avant le XIIIe siècle, se voyant dans l'impossibilité, sans grandes dépenses de rétablir cette église qui tombait

(1) Camille Royer — *Bulletin de la société historique de Langres.* VI. p. 330.

en ruines, ils la cédèrent aux Bénédictins de Bèze à la condition qu'ils y auraient leur sépulture. Les Bénédictins y établirent un Prieuré, rebâtirent l'église actuelle, sous laquelle ils ménagèrent, au dire de certains auteurs, un caveau pour les comtes de Montsaugeon.

Le cimetière d'Aubigny était et est encore très vaste. Cela était nécessaire vu le grand nombre d'inhumations que le Prieuré était obligé de recevoir. Il environnait l'église de tous cotés ; la *Lampe du Saint Sacrement* éclairait en même temps le champ des morts par un *oculus* grillé, que l'on voit encore dans l'épaisseur de la muraille. Cette particularité, nous l'avons dit, ne se rencontre pas pour l'église de Montsaugeon, par la raison qu'il n'y avait pas de cimetière à l'entour. Lorsque le cimetière de Montsaugeon fut créé cet usage n'existait plus. Le mur actuel du cimetière fut construit (14 juin 1876) par le sieur Ormancey de Chalancey (1).

Presbytère. — Je ne trouve aucun renseignement dans les archives de Montsaugeon, relativement au presbytère ou maison curiale, avant 1724. Quand M. le curé Varney arriva prendre possession, l'état de cette maison était tel qu'il fut obligé de louer un logement à ses frais.

Le 27 juin 1724,. il adressait au lieutenant-général du bailliage de Langres demande de faire donner une assignation aux habitants et manants de Montsaugeon au sujet des réparations nécessaires à la dite cure.

« Assignation faite le Dimanche 29 juin 1724 par Jean Collombel, 1er huissier au grenier à sel de Mont-

(1) *Archives Paroissiales.*

sauljon demeurant à Vaux et signifiée devant la principale porte à l'issue de la messe, parlant à la plus grande et saine partie des habitants et notamment à François Varney, syndic, Agnus Fleurot, François Balet, Jacques Desvignes, E. Chaudot, J. B. André, Hugues Talnet et F. Quinselin (1). »

On trouve dans les minutes du greffe du bailliage et comté de Montsaugeon, à la date du 10 septembre 1772 :

« Par devant Jean Louis Berthot, lieutenant général au bailliage et comté de Montsauljon, assisté de Jean Jayet, greffier et en présence du procureur fiscal s'est présenté, Didier Thyrion procureur syndic de la commune de Montsauljon, qui après avoir convoqué et avoir délibéré avec eux constate qu'il a été reconnu que la *maison curiale* de ce lieu est à la veille de tomber de vétusté, est inhabitable et qu'il est de nécessité indispensable de la rétablir ainsi que les dépendances, qu'en conséquence on présente a M. l'Intendant requête pour qu'une visite soit faite de la dicte maison et que les travaux de la dicte maison soit mis en adjudication au rabais.

Si le curé de Montsaugeon n'avait pas de presbytère, il percevait du moins des revenus dont nous trouvons (14 fév. 1790) le détail :

1° Terrage : 7 journaux et un quartier sur Dardenay, valant 64 mesures de blé et autant d'avoine, mesure de Montsauljon, valeur.	224	livres.
2° Dimes et novelles.	132	»
3° Pré : quatre fauchées et demie. . . .	99	»
4° Prestation de deux muids de vin mouts	90	»
5° Vignes : 34 ouvrées et demie		

(1) *Archives paroissiales.*

6° Supplément de portion congrue sur le prieuré d'Aubigny.	5 »
7° Prés sur Villegusien, six fauchées 8° Prés sur St Michel, deux fauchées	152 »
9° Prés sur Piépape, deux fauchées et demie.	30 »
10° Vignes sur Courcelle, 15 ouvrées 11° » sur Chatoillenot, 5 ouvrées	50 »
12° Prés sur Grangey, une fauchée. . 13° Terrage sur Vesvres, 1 journal 1/2 .	36 »
14° Terrage sur Heuilley-Cotton 1231 toises.	26 »
Total	844 livres

Plus tard il eut, en charges, l'entretien du presbytère, avec sa petite écurie et son petit jardin, (environ une demi ouvrée) et à payer 37 livres, 11 de décimes. Quant à l'entretien des vignes, il était onéreux (1).

Il faut y ajouter 15 quartiers en sombre, cinq ouvrées, dont quatre *près de l'étang*, entourées de murs de toutes parts et une aux *Cloches* (2).

Le desservant Capperon (1803-1822) n'avait plus de presbytère ; il était logé par la commune dans une maison de M. Dautebois. Des difficultés étant survenues, M. Capperon fit bâtir une maison à ses frais (3).

Le 9 mai 1819, le desservant adresse une pétition tendant à ce qu'il lui soit procuré un logement, attendu qu'il est obligé de quitter celui où il reste à ce jour. Le conseil municipal reconnaît qu'il y a des maisons propres à ce service ; mais qu'il est plus convenable

(1) *Archives communales.* D. I.
(2) *Archives communales.*
(3) *Archives paroissiales.*

de laisser le desservant choisir le local. Il propose d'allouer au desservant une indemnité et de faire contribuer Isômes pour moitié, étant succursale. M. Dautebois ne figure pas dans la délibération (1).

Le 18 juillet 1819, « le conseil convoqué en la maison de l'instituteur appartenant à la commune expose que M. Dautebois, maire, n'a jamais fait aucun sacrifice particulier pour le logement de M. le Desservant puisque la commune a payé annuellement une somme de 80 fr. pour le loyer de l'ancienne cure dont M. Dautebois s'était rendu adjudicataire ; — que par délibération du 9 may dernier sur la pétition de M. le Desservant adressée au conseil tendante à ce qu'il soit pourvu à son logement, vu que M. Dautebois lui retirait celui qu'il lui avait fourni jusqu'alors — le dit conseil a invité l'administration supérieure à lui assigner sur les revenus des deux communes composant la succursale l'indemnité qu'il jugerait convenable pour le dédommager amplement de celui qu'il se procurerait (la maison qu'il fit bâtir ?) et qu'il a la certitude qu'il a été alloué par le budget de 1820 une somme de 150 fr. pour cet objet...— que le défaut de ressources met le conseil municipal hors d'état de proposer (quant à présent) la construction d'un presbytère ou l'acquisition d'une maison particulière. — ..... que quoyque le dit conseil sente profondément tout l'avantage qu'il y aurait pour les habitants de Montsaugeon à conserver la résidence de M. le Desservant dans la commune, il se verrait dans la nécessité d'y renoncer pour le motif cy-dessus déduit ; à moins que l'Administration ne trouve comme l'a trouvé le conseil, fort naturel que M. le desservant occupe, en recevant une somme de 150

(1) *Archives communales.* D. I.

fr. des deux communes, la maison qui lui appartient dans la dite commune, maison qui consiste ainsi qu'il suit : cuisine, poël et chambre, cour petite, trois jardins un puit chose rare dans le pays, cave grenier, grange et écurie, enfin un très beau clos de 16 ouvrées de vignes, devant l'entrée de sa maison et deux autres pièces de vigne d'environ 15 ouvrées qui ne sont séparées de sa maison que par un chemin, maison enfin que M. le Desservant destine à sa retraite et à laquelle il fait des améliorations, maison que le conseil lui a proposée pour son abitation actuel (*sic*) proposition qu'il a rejetée en aléguant qu'il ne pouvait en disposer étant relaissée pour 9 années ; aléguation évasive de sa part attendu qu'après la séance du 9 may des membres se sont transportés chez les locataires et ont vérifiés que l'un d'eux avait un bail sous seing privé de 9 années signé de M. le Desservant mais que ce bail portait expressément qu'en s'avertissant réciproquement six mois d'avance le bail serait nul, mais qu'il n'existait pas de bail avec le second locataire (1).

Le conseil termine sa délibération en assurant avec vérité que la demande de M. l'abbé Caperon qui sçait très bien qu'il n'y a d'autre maison disponible que la sienne qu'il prétend être aliénée est concertée avec M. le maire pour mettre led. conseil dans embarras pour la fourniture d'un logement... (2) »

Le 15 mai 1823 : « Le maire a proposé qu'il falloit pourvoir à l'acquisition d'un presbiter attendu que l'on n'obtiendra pas auprès de l'évêque un desservant si l'on n'a pas un logement, — qu'il se présente dans ce moment : la maison de M. Capperon, celle de M.

(1) L'orthographe est textuelle.
(2) *Archives communales*. D. I.

Duché, notaire à Chassigny et enfin celle de M. d'Autebois qui servait cy devant de presbiter. »

Le 15 février 1824, il est proposé : « L'acquisition d'une maison pour servir de presbiter, l'occasion se présentant d'acheter l'ancienne cure appartenant à M. Fouvel d'Autebois qui consent à la céder 3000 fr. Réparations à faire estimer 400 fr. (1) »

Sous M. Girardot curé, (1829-1835), le jardin fut arrangé, agrandi par l'acquisition d'une portion de terrain qui touchait à la maison ; il enleva les terres, forma la terrasse et distribua le jardin tel qu'il est aujourd'hui.

En 1854, M. le curé trouva le presbytère de Montsaugeon en un triste état ; mais, pour lui, le logement n'est pas la chose importante quant au prêtre. Avec un maire bien intentionné il put, chaque année, faire quelques réparations, n'employant à cet effet que la modique somme votée au budget de la commune. C'est ainsi qu'il fit relever plusieurs planchers, tapisser et blanchir plusieurs chambres, rétablir deux cheminées... et rendit enfin l'habitation sinon belle au moins commode.

Dans l'ancien *jardin de la cure* on voit des vestiges de la triple enceinte de fortifications qui protégeait avec de larges fossés la résidence des seigneurs. Dans l'enceinte de la forteresse il reste près de la porte du couchant *l'ancienne cure* vendue à la Révolution de 1793. Elle est occupée par François Varney (2).

Les incommodités du presbytère demandant sans cesse des réparations, il n'est pas étonnant de constater que les curés de Montsaugeon restaient peu de

(1) *Archives communales*. D. I.
(2) *Archives paroissiales*.

temps dans le pays. Ils se retiraient ailleurs et faisaient administrer la paroisse par un vicaire, un prêtre commis ou un prêtre desservant. C'est ainsi que nous en voyons près de vingt cinq dans l'espace de cent ans remplacer trois curés seulement, MM. Agnus, Bernard Turquet et M. Nicolas Varney (1).

(1) *Archives paroissiales.*

CHAPITRE VII.

Prêtres qui ont administré la paroisse de Montsaugeon.

Il a été dit ailleurs que, peut-être, existait-il une chapelle castrale, indépendante de l'église paroissiale ; que les seigneurs eurent en cette église une chapelle et des chapelains. Dans la liste des prêtres Montsaugeonnais, dressée par l'abbé Roussel (1), il y aura donc forcément quelques confusions, sans importance du reste.

I. En 1164, *Pierre*, *Thibault*, *Guillenc*, sont dits prêtres et chapelains du château.

II. *Ithier* (Itherius), en 1218. Il est dit *Incuratus*, ce qui assurément ne veut pas dire sans souci, ou négligé, mais probablement sans cure (*in curatus*) (2).

Raoul de Mautsaugeon était, en 1239, archidiacre de Chalon-sur-Saône.

III. *Guillaume*, surnommé Bossex, vers 1239, dit prêtre de Montsaugeon. Il donne en mourant à l'abbaye d'Auberive deux fauchées de pré à Baissey.

IV. *Gauthier* (Galterus), clerc, curé en 1274 et 1277 ; il fonda à Saint-Mammès son anniversaire, qui se faisait le 7 de septembre.

V. *Prévalle*, curé en 1295.

(1) *Archives paroissiales.*
(2) L'abbé Roussel. — Le *Diocèse de Langres*, II. 457.

VI. *Barthelemy*, en 1309, dit prêtre de Montsaugeon ; nous ignorons s'il était curé de la paroisse ou s'il y était né seulement ; le curé était, peut-être, Henri, chanoine de Langres, en 1314.

VII. *Jean de Blesy*, chanoine de Langres, curé en 1336.

VIII. *Jean de Dijon*, en 1344. Jehan de Champagne (*Johannes de Campanis*), vicaire. En 1353, il fut témoin dans un acte de donation (1).

On trouve en 1369 (2) : Messires *Gérard des Manot* et *Jean Naaut*. Le premier de ces deux prêtres était probablement curé de Montsaugeon et l'autre vicaire ou chapelain. Ils figurent dans la demande adressée à Mgr Guillaume de Poitiers pour l'érection de la *Confrérie de Saint-Nicolas*, comme prêtres de la ville de Montsaugeon. Un troisième est aussi nommé, mais on ne peut plus lire que son prénom de Jean. Le reste était effacé dès l'an 1666 époque où fut faite la traduction de l'ordonnance de Mgr de Poitiers, par Didier Maréchal, sous-diacre du diocèse de Langres.

IX *Jacques Bourdons*, curé en 1374.

(1376) On voit : Jehan Charruetti de Montsaugeon *prêtre* — Acte de donation (1) et Jehan Lamberti, curé de Prauthoy — acte de donation (2).

X *Nicolas de Saigey* I, en 1406.

XI *Jean d'Arbigny*, en 1419.

XII *Nicolas de Saigey II*, susdit, en 1426.

XIII *Jean d'Arbigny*, susdit, en 1426.

XIV *Nicolas, de Saigey* II, en 1443.

XV *Jean du Theil*, en 1446.

XVI *Jean Massé*, en 1447.

(1) Raoul de Montsaugeon était. en 1239, archidiacre de Chalon-sur-Saône. — (L'abbé Roussel. *Ibidem*. p. 233).
(2) *Archives paroissiales*.

XVII *Jean Tavelot*, en 1448, dit chanoine de Langres. Comme on ne trouve pas son nom dans le matricule du Chapitre il faut en conclure qu'il n'était chanoine que par concurrence, à moins qu'il ne soit le même que Jean Travaillot, qui devint chanoine en 1468 (1).

XVIII *Nicolas de Saigey II*, susdit, en 1457.

XIX *Jean Guérin*, chanoine de Langres, en 1460.

XX *Nicolas de Saigey II*, susdit en 1464 et 1465.

XXI *Jacques Thoreau*, chanoine trésorier de Langres en 1470. — *Pierre de la Croix*, ex-vicaire d'Enfonvelle, vicaire de 1490 à 1493, puis vicaire de Gilley.

XXII *Jacques Craponet*, curé en 1500 et 1529. Ce curé, qui restait à Langres comme habitué de Saint-Mammès, fonda son anniversaire dans l'église cathédrale. — *Etienne Durost*, vicaire en 1507.

XXIII *Noël Picard*, curé de Bèze et Moutsaugeon en 1533 et 1538. — *Claude Pelletier*, vicaire en 1534, prend en amodiation du curé Noël Picard les revenus de la paroisse ; — *Jean Morelet*, vicaire en 1540 mort *ab intestat* ; sa succession futdévolue à l'évêque, qui était alors le cardinal de Givry, seigneur de Montsaugeon.

XXIV. *Etienne Rabiet*, curé en 1551.

XXV. *Jean Cordier* en 1555 et en 1560 où il résigne.

XXVI. *Etienne Gironnet*, chanoine de Langres, ex-curé de Brennes, en 1569, où il est évincé.

XXVII. *Thomas Pitoys*, chanoine de Saint-Mammès, ex-curé de Saint-Pierre de Langres, de 1560 à 1566,

(1) *Archives paroissiales.*

puis curé de la Jesse. — *Jean Drucy*, vicaire en 1560, puis curé de Germaines.

XXVIII. *Pierre Lécorcher*, curé en 1566 où il résigne.

XXIX. *Edme Barbette*, bachelier ès décrets, ex-curé de Notre-Dame de Tonnerre, ex-chapelain de Langres en 1566, puis de nouveau curé de Notre-Dame de Tonnerre.

XXX. *Georges Lécorcher*, de 1566 à 1573, où il meurt. — *Léger Berthelemy*, vicaire, en 1566.

XXXI. *Claude Cardinal*, bachelier ès décrets, né à Baissey, ordonné prêtre vers 1565, curé en 1573, puis curé de Brevannes.

XXXII. *Simon Guyard*, né à Val-Suzon, ordonné prêtre en 1556, concurrent en 1573.

XXXIII. *Jean Sauvageot*, ex-curé de Melisey, de 1576 environ à 1586 où il résigne.

XXXIV. *Jean Guillemin* ex-curé d'Avirey et Lingey, 1586.

XXXV. *Guillaume Chardenet*, ex-curé de Selongey. en 1595, où il résigne, puis chapelain de Langres.

XXXVI. *Jean Monjardet* (le jeune), chanoine de Saint-Mammès, et curé de Bissey-la-Côte, 1598, puis curé de Charmoilles.

XXXVII. *Germain Chouet*, de 1613 à 1637 (1), où il est mort et inhumé dans le chœur de l'église. Sur la tombe on lit : messire Germain Chouet curé de Montsaulion, qui décéda le 11 juillet 1637. — C'est lui qui fit faire les boiseries, placées derrière les stalles du chœur et adossées au mur.

XXXVIII. *André* Bernard, curé, 1654-1655. Il obtint, en 1665, du pape Alexandre VII une bulle, qui ac-

(1) 1618, 7 mai Extrait du revenu temporel de la cure de Montsaugeon. Il est question d'une donation de 1491, fondateur noble Guillaume Denizot dit de Graye de Montsaugeon. Gautheret notaire.

corde des indulgences à la *Confrérie de saint Nicolas*.

Claude *Monjardet*, vicaire à Jorquenay, à Montsaugeon (1669), puis à Piépape. Sa famille s'est perpétuée à Courcelles-Val-d'Esnoms, où elle existe peut-être encore aujourd'hui. Un de ses membres fut le R. P. Monjardet, Claude-Antoine, né en 1820, à Courcelle-Val-d'Esnoms, prêtre en 1844, vicaire de Bourbonne jusqu'en 1847, puis Domminicain résidant à Paris. Ce fut un prédicateur très distingué, de l'ordre des Frères-Prêcheurs (1).

1671. (4 août) Monginot, Adrien, prêtre, bachelier en théologie, doyen d'Esnoms.

XXXIX. Agnus *Turquet*, curé, 1669-1675. Quand il prit possession de la cure de Montsaugeon, en 1669, Me Agnus Turquet était déjà vieux ; cependant il remplit toutes les fonctions de curé pendant trois ans et, peu de temps avant sa mort (1675), il résigna en faveur de son neveu Bernard Turquet (2).

Il eut pour vicaires : Louis *Dupont*, (1672) ; Nicolas *Prévost* (1672 à 1675).

Le père du curé Agnus Turquet était bailli et premier juge au bailliage et comté de Montsaugeon. Sa femme lui consacra un souvenir conservé en l'église paroissialeet que j'ai décrit précédemment. En voici l'inscription :

DE DE MARGUERITE DAVDENET FEMME
DE M. AGNVS TROVET (3) BAILLY ET
IVGE PREMIER AV COMTE DE MONT SALION.

SI LES VEVX, LES REGRETS, LES SOVPIRS ET LES LARMES
POVVOIENT FLECHIR LA MORT
PASSANT TV NE VERROIS MON ESPOVX EN ALLARMES

(1) L'abbé Roussel. *Le Diocèse de Langres*. IV. 326).
(2) 1672, 2 janv. Extrait de l'arpentage de la cure de Montsaugeon.
(3) Il faut lire *Turquet*.

S'AFFLIGER DE MON SORT
LA VEVVE, L'ORPHELIN LE SOVFFRETEVX QVI TRAINT
SES MISERABLES JOVRS
DANS LA NECESSITE, LA LANGVER ET LA PEINE
M'AVROIT A SON SECOVRS
LE CIEL M'EUST A TES CRIS Ô CHER EPOVX RENDV
ET LES PLEVRS ENFANTINS
DE NOS CHERS NOVRIÇONS AINS QUE M'AVOIR PERDV
EVSSENT MEVS LES DESTINS
MAIS PVIS QVE TON LEVR CEDE ET QVE RIEN NE RESISTE
AVX FORCES D'ATROPOS
CHARITABLE PASSANT PRI DIEV QVIL LES ASSISTE
ET ME METTE EN REPOS

XL. *Bernard Turquet* bachelier en théologie, curé de 1675 à 1724, (1), où il meurt agé de 74 ans. C'était un homme actif et entreprenant. Ses prédécesseurs ne gardèrent pas la résidence ; ils avaient pour les remplacer un vicaire ou un desservant. Lui, au contraire, resta seul jusqu'en 1723, faisant face à toutes les obligations de curé. Il s'occupa d'abord de l'église, fit sculpter l'autel, le plaça en avant pour ménager un espace destiné à suppléer au défaut de sacristie ; on lui doit les boiseries à panneaux dont il a été donné la description. Les vi-

(1) 1679. 21 mars. Foissey Claude, prêtre, curé.
1686 (?) Abjuration du culte de Calvin par Gravier Philibert et Mme Gravier Madeleine sa femme, pour embrasser la religion catholique et romaine.
1693. Michegault Claude, vicaire à Aubigny, remplaçant M. Turquet absent.
1693. Japiot vicaire de (Isomes ?) et Varney curé de Montsaugeon en l'absence de Turquet Bernard absent.
Gérard N , vicaire d'Esmons.
1700. 20 fév. Guérey. curé d'Isomes.
Garpin, Blaise, prêtre, 22 janv. 1724 docteur en théologie, doyen et curé d'Isomes.
1702 5 mars. Bernard Turquet. Arch. paroissiales II cah. II. p. 25.
1719 25 mars. idem g. cah. II. p. 22.
1717. 2 décembre, Bail-pré-mines. Arch. paroissiales II. cah, II.

traux des fenêtres du chœur représentant le Père éternel, le Christ et la Sainte Vierge sont de son époque (1675 à 1670) ; le Père éternel seul existe encore ; on lui doit aussi la statue de St Bernard. Ce saint, étant son patron, fut recommandé à l'artiste d'une façon toute spéciale.

S'il est fâcheux qu'il ait commandé ce plafond, qui déshonora le monument pendant de longues années, il faut savoir gré à M. Bernard Turquet d'avoir, en 1650, fait réparer les murs, les couvertures, les charpentes de son église, en faisant contribuer aux dépenses l'évêque de Langes, le prieur d'Aubigny et les habitants de sa paroisse.

Ce curé était un administrateur zélé ; mais il savait aussi bien se faire rendre compte par les amodiateurs, examiner les baux et les relaissées, que maintenir ses droits : « S'étant convaincu que l'évêque de Langres et le prieur d'Aubigny ne lui laissaient pas la part convenable dans la portion congrue, il ne craignit pas de leur intenter un procès en 1692 » ; il ne le gagna qu'en 1720 (1).

A cette époque il tomba malade, et, en 1723, il se fit suppléer par M. Pierre Thomassin, chanoine de Larey (Larrey), qui demeurait alors chez son frère agent d'affaires de monseigneur le prince de Conti ; puis par un vicaire, P. Japiot.

Le 21 janvier 1724, mourut « Noble personne messire Bernard Turquet, bachelier en théologie et droit canon : Il fut enterré à Montsaugeon par messire Blaise Garcin, prêtre docteur en théologie, et curé d'Esnoms. A son convoi ont assisté messires curés de Chatoillenot, Cusey, Isômes, Prauthoy, Rivières, Occey et messires les vicaires de Courcelles,

(1) *Archives paroissiales.*

Aubigny, Montsaugeon et Succey, ainsi que monsieur et madame de Froment, messieurs de Dardenay, tous deux cousins du défunt.

Bernard Turquet fut un prêtre selon le cœur de Dieu. et un bienfaiteur de la paroisse, car, par testament, il donna, pour l'*Instruction des enfants pauvres*, un pré situé sur le chemin de Montsaugeon à Isômes et que la commune possède encore (1).

XLI. *André* Bernard, prétendant en 1688, où il meurt. — Vicaire : Pierre *Japiot* ex-vicaire de Saint-Broingt-le-Bois, vicaire à Montsaugeon en 1724, puis à Noidant-Chatenois.

XLII. *Nicolas Varney*, a une page marquante dans les annales de Montsaugeon. Né à Langres en 1691, ex-prieur d'Aubigny, curé de Montsaugeon, de 1725 à 1772, où il résigne, paralysé, et meurt vers 1773. Il était fils de J.-B. Varney, maître boulanger et d'Anne Degand, de la paroisse Saint-Pierre et Saint-Paul de Langres ; il était lors de sa promotion à la cure de Montsaugeon, chapelain de la chapelle Saint-André en l'église d'Auxerre.

Il fit ses études au collège de Langres, qui était alors sous la direction des Jésuites. Après avoir été tonsuré, en 1706, par Monseigneur de Clermont-Tonnerre, il resta à Langres jusqu'en 1714.

Il dut alors voyager, soit sur l'ordre de ses supérieurs, soit de son plein gré ; c'est dans cette circonstance que le préfet de la Congrégation de la Sainte Vierge, établie au collège et affiliée à celle de Rome, lui délivra un certificat imprimé, muni du sceau de la confrérie pour le recommander à toutes les congrégations du même genre.

Dans le cours de ses voyages il reçut les ordres

(1) *Archives paroissiales.*

mineurs à Châlons dans la chapelle du palais épiscopal, le 8 septembre 1717 ; il fut ordonné sous-diacre par Monseigneur l'évêque d'Autun dans l'église Saint-Jean-Baptiste de Dijon, le 11 juin 1710. Monseigneur l'évêque de Châlons lui conféra le diaconat le 24 septembre 1718. Enfin il fut ordonné prêtre par Monseigneur de Clermont-Tonnerre dans la chapelle du Séminaire de Langres, le 3 juin 1719 (1).

Il prit, le 14 février 1724, possession de la cure « en présence de M. J.-B. Déchanet, avocat en parlement, notaire royal apostolique au diocèse de Langres, dument immatriculé en l'officialité de ladite Ville en conséquence des provisions accordées au dit Varney, le 12 février présent mois par M. Charles Lemaunier official et vicaire général sur la présentation et nomination de M. J.-B. Huerne, prêtre, bachelier en la Faculté de Paris, prieur commandataire du prieuré de Saint Symphorien d'Aubigny, présentateur et nominateur de ladite cure avec Monseigneur l'évêque de Langres en qualité d'abbé de Bèze. Passé en l'église de Montsaugeon en présence de M. Jean-Gérard Seguin, prêtre prébendier de l'église de Langres, de M. Nicolas Gérard, prêtre, curé d'Isomes, de M. Philippe, bourgeois et contrôleur, de Claude Vignetey fabricien, de J.-B. Jolliot, vigneron, de J.-B. Hemery recteur d'école, de Laurent Pignard et de François Varney, syndic perpétuel. Insinué par Noirot qui a reçu 6 livres. Insinué par Bargeon qui a reçu pour le clergé 4 livres et ladite insinuation contrôlée par Nicolas Dellource, reçu 2 livres. »

Dès son entrée en fonctions, M. Varney reçut plusieurs fondations faites notamment par M. de Richemont, conseiller du roi, receveur du grenier à sel ;

(1) *Archives paroissiales.*

mais on ne donnait rien pour la cure, délabrée, si inhabitable que le curé avait dû se loger à ses frais et faire assigner les habitants pour obtenir des réparations urgentes (voir *Presbytère*). Le mobilier de l'église était dans un état aussi lamentable ; malgré les ordonnances réitérées de son évêque, M. Varney ne s'en préoccupa aucunement ; trente six ans après, Mgr de Montmorin était obligé de renouveler ses prescriptions.

Cependant M. Varney était un homme d'affaires consommé, administrant les biens de la cure avec une extrême rigueur ; s'absentait-il, un agent muni de sa procuration veillait à sa place (1) ; notamment M. Pierre Bouchu, conseiller, avocat du roi au bailliage et juge présidial à Langres et Jean-Louis Desserrey, écuyer, seigneur de Chatoillenot.

De 1724 à 1740, M. Varney gouverna seul la paroisse. Le prieuré d'Aubigny étant devenu vacant par la mort de M. Huerne, curé de Bazoche, M. Varney en obtint le bénéfice.

En 1741, il fut obligé, non pas de quitter la paroisse, mais de se réfugier à Paris, car il fut frappé d'une lettre de cachet pour son opiniâtreté à soutenir le Jansénisme ; on le comptait parmi quatre curés des environs appelés, par dérision, *les quatre Evangélistes*, du doyenné de Grancey, dont Montsaugeon faisait alors partie. C'étaient MM. Garsin, curé d'Emons, Bourrier, curé de Rivières-les-Fosses, Bizot, curé de Prauthoy et Varney, curé de Montsaugeon.

Avertis charitablement d'abord par Mgr Gilbert de Montmorin, puis vainement sommés par M. de Chabannes, grand vicaire, de faire soumission, on

(1) 1731. 6 oct. P. Antonin, capucin, vicaire à Champlitte.
1731. 2 oct. Robert, prêtre, capucin de Champlitte fait un baptême.

vit tous pouvoirs spirituels retirés à ces égarés, qui, par ordre du roi, quittèrent leurs paroisses. Cependant on leur conserva la jouissance de leur bénéfice, à charge d'entretenir un prêtre desservant.

A Paris, M. Varney, étroitement surveillé, changeant de nom, se fit adresser ses lettres sous le nom de *M. de la Roche* au couvent de St Jossé (?) rue Quincampoix (1).

On dit que c'est là qu'il mourut.

Les documents conservés aux archives de la Fabrique de Montsaugeon sont assez curieux.

Le 16 mars il laisse pouvoirs à M. Bouchu(2), devant le notaire Aubry, en présence des témoins : M. Jean Fouvel, receveur au grenier à sel, et M. Jacques Cherey, bourgeois à Montsaugeon.

Le 16 avril, il annonce à M. Bouchu qu'il « est arrivé heureusement à Paris le 10 avril et qu'il a rejoint ses voisins *persécutés* comme lui. Il se plaint de sa sœur, qui a cherché à soulever ses paroissiens contre lui et qui voulait avoir sa procuration. En 1741, il demande que sa cousine *Gothon* lui envoye la signification de la lettre de cachet faite à son domicile, fait ses recommandations pour la vente de ses meubles, la mise en sûreté des baux et titres de la cure, dont il détaille les revenus.

La même année, M. Varney avait dû se faire remplacer par un desservant, auquel l'évêque voulait allouer 400 livres ; le curé offrait 300 livres à prendre sur le casuel, c'est-à-dire tout ce qui n'est pas le revenu fixe du bénéfice.

(1) Ailleurs, *M. de la Roche*, chez la veuve Renault, marchande épicière, vis-à-vis le cadran St-Merry, rue St Martin, à Paris. (16 avril 1741). En 1741, 19 septembre, il signe *Lacroix*.

(2) 1738. 9 octobre. Pierre Bouchu ancien conseiller-avocat du roy au-bailliage et siège présidial de Langres y demeurant. Bail.

Le 31 juillet 1741, il consent à abandonner au desservant : 1° la confrérie de St Nicolas, 150 livres ; la prestation de deux muids de vin du plus fin d'Aubigny, 100 livres ; les fondations qui sont de 23 livres, le casuel qu'il estime 80 livres par an. Dans ce casuel il comprend enterrements, services, mariages, baptêmes, extraits des registres, relevés, messes basses de 10 sols, la Passion, etc.

Dans une lettre à M. Bouchu (29 septembre 1741), « Il parle de l'enterrement de M. Rollin (1) à Saint-Etienne-du-Mont, sa paroisse ; l'Université assiste à ses funérailles malgré la faction des Gaillaudistes et Carcassiens, il avait renouvelé son appel avant de recevoir le Saint Viatique. — Il a été envoyé en Sorbonne 2 lettres de cachet dont l'une au syndic avec ordre d'assembler les docteurs au nombre de 110 ou 120, et l'autre ordonnant aux docteurs d'accepter l'Unigenitus comme règle de foi et de dogme irréformable de l'Eglise. Il y eut quelques altercations de la part des Dominicains mais enfin tous accédèrent. On attend ceux qui sont hors de Paris pour le 1er octobre, on dit qu'il y aura plus de résistance, tous ceux qui ne voudront pas y accéder seront déclarés déchus par lettre de cachet de tous droits prétentions et honneurs de la dite Sorbonne. »

Les discussions de M. Varney, avec ses débiteurs pour ses droits curiaux, ou avec les desservants qui le suppléaient, sont nombreuses, quelquefois intéressantes ; mais elles ne sauraient trouver ici leur place.

Il est probable que ces curés jansénistes inquiétaient fort, dès 1740, et qu'on redoutait leur propa-

(1) *Rollin* Charles, historien, membre de l'Académie, né à Paris le 30 janvier, mort le 14 septembre 1741. — fils d'un coutelier, professeur au collège royal... coadjuteur du collège de Beauvais, place qu'il perdit à cause de son zèle janséniste.

gande occulte, car, le 27 janvier 1740, l'évêque de Langres lançait un *monitoire*, ordonnant à tout fidèle de *dénoncer* les prêtres, qui auraient confessé hors du *district*, sans autorisation, soit en l'église, soit en des maisons particulières, en cachette ; faute de ne pas dénoncer les faits connus par eux, les fidèles seraient frappés par la censure de l'église et même par l'excommunication.

Pendant l'absence forcée de M. Varney, la paroisse de Montsaugeon fut administrée par *M. Rougé*, vicaire et prêtre desservant, (2 avril 1741); par MM. Bizot curé de Prauthoy, — Bouvier curé de Rivières ; Pernot J.-B. prêtre, vicaire d'Aubigny et Vaux (16 juillet 1742) (1), par *M. Collinot*, mars (1744), plus tard vicaire de Villars-en-Azois ; par *M. Thomas* (Décembre 1744) ; et M. Dominique *de Lamotte* (février 1745 à 9 mai 1748).

L'évêque de Langres, voyant l'instabilité de ces vicaires, dont l'existence était intolérable avec les vexations de l'exilé Varney, confia la desserte de Montsaugeon aux Capucins de Champlitte

La famille de Vergy avait, en 1609, installé les Capucins à Gray, leur avait bâti un cloître et une chapelle ; Cleriadus et sa vertueuse épouse, à l'exemple de ses parents, firent venir à Champlitte, en janvier 1619, des disciples de François d'Assise, leur construisirent une maison avec cellules et église. « Ces modestes religieux ne vivaient que d'aumônes ; mais le peuple ne leur refusait rien, parce que leur vie pauvre se rapprochait beaucoup de la sienne ». On aimait leur langage familier, leur éloquence simple et persuasive : il étaient sympathiques aux populations (2).

(1) *Archives paroissiale.*
(2) L'abbé Briffaut. *Hist^e de Champlitte.* — *Histoire de Gray*, p. 155)

Les Capucins de Champlitte, les Pères *Marc*, *Paul-Marie*, *Bonaventure* (1) Marcel se succédèrent pendant un an. Montsaugeon connaissait déjà ces religieux, qui, la veille des grandes fêtes de Saint-Nicolas, étaient venus les évangéliser (2).

Jean-Baptiste *Guidon* lui succéda en 1751 (13 août), et fut remplacé par Nicolas *Perray*, (1751-1756) ; par Didier *Japiot* (février 1755 à juillet 1756) ; par Sébastien *Coutray*, qui remit en ordre les comptes de la Fabrique, sollicita la générosité de quelques paroissiens, et put acquérir quelques ornements indispensables. Bien qu'à plusieurs reprises il fut suppléé par *Antoine Berthot*, chanoine de la chapelle royale de St Georges de Bar-sur-Seine, M. Coutray resta plus de dix années à Montsaugeon.

Son successeur dans la desserte fut, en 1767, M. N. *Gallier*, qui fit à l'église les réparations mentionnées ailleurs ; puis (1771) M. *Bonnet*, qui, le premier, dans les actes publics, écrit *Montsaugeon* au lieu de Montsaulion, Montsauljon, Mont-Saugeon. Vers 1772, mourut, croit-on, M. Varney curé *titulaire* de Montsaugeon pendant plus de 48 ans, fort instruit, bien doué mais instable, ambitieux, prétentieux, « *Scientia inflat* » a dit l'Apôtre (3).

En 1749 un nouveau desservant fut imposé à M. Varney, messire Jean Pierre *Juré*, chapelain de

(1) Le P. Bonaventure, auteur du livre : *Le paradis du temps*, (Langres 1657), s'appelait en réalité Regnaud. (L'abbé Roussel *Le diocèse de Langres*. p. 160).

(2) 1747. 6 juillet Girard Samuel, prêtre curé de Bourguignon-les-Moray.

1747 6 sept. Barray prêtre desservant, de Prauloy.

1747 nov. P. Marcel capucin desservant de Montsaugeon.

1748 13 janv. P. Marc, capucin prêtre desservant de Montsaugeon.

1748 4 fev Frᵉ. Paul Marie capucin desservant de Montsaugeon.

1748 7 juillet. Fre Prosper capucin de Langres.

1748 7 déc. P. Bonaventure. prêtre capucin desservant de Montsaugeon.

1774. 20 oct. Naudet, Antoine, prêtre vicaire de Vendeuvre.

1775 14 oct. Vaillant, Claude, prêtre vicaire de Valant.

(3) *Archives paroissiales*.

l'église St Pierre-et-St Paul de Langres. Il n'y resta pas longtemps ; mais on le retrouve, en juillet 1793, signalé parmi les suspects, comme réfractaire, et consigné chez lui.

XLIII. Didier *Truchot*, succéda comme curé à M. Varney au mois d'Août 1772. « C'était un prêtre plein de piété et d'une régularité parfaite. Ces qualités ne l'empêchèrent pas de veiller à la conservation du revenu temporel de sa cure, car, en 1765, une contestation s'étant élevée entre lui, Monseigneur de la Luzerne et le curé de Prauthoy, au sujet du prélèvement de la dîme, il soutint énergiquement ses droits, disant qu'il n'était que dépositaire des biens de sa cure et qu'il ne voulait pas léser ses successeurs par un accommodement trop facile (1). »

M. Truchot avait été vicaire de Louvières ; son frère Nicolas Truchot fut curé de Buxières-les-Froncles.

Didier Truchot, mourut le 26 Décembre 1778 (2), à l'âge de 41 ans ; il fut six ans curé de Montsaugeon. Il refusa d'être enterré dans l'église, suivant l'usage, et demanda à être inhumé en dehors, devant la porte de l'église afin d'être foulé aux pieds par ses paroissiens. Pendant sa maladie, M. Truchot fut suppléé par le P. *Victor*, capucin de Champlitte.

XLIV. Florent-Nicolas *Caillet*, fils de François Caillet de la paroisse de St Martin-de-Langres. Vicaire de Cussey-les-Forges, puis chapelain de la chapelle de Saint Blaise érigée en l'église collégiale de Champlitte, curé de Montsaugeon de février 1778 à 1793. — Assermenté. —

(1) Archives paroissiales.

(2) A ses funérailles assistèrent : Gaspard Nicolas Truchot, curé de Bussières-sur-Marne, Louis François Truchot, brigadier au régiment de Berry, frère du défunt, Pierre Hugot curé de St-Broing-les-Fosses. — Jean Carbillet, vicaire d'Aubigny, J. B Martin, vicaire de Choilley, Victor, frère capucin de la maison de Champlitte, Jean Pierre Moussu, curé d'Isômes. (Archives paroissiales.)

De 1793 à 1801, Montsaugeon n'eut pas de pasteur. « On se réunissait cependant à l'église pour la Décade; mais c'était pour profaner le lieu saint par des chants révolutionnaires, impies et quelquefois licencieux que l'on exécutait dans la chaire à prêcher. Toute la population ne prenait point part à ces fêtes de Satan, c'était le fait de quelques têtes exaltées et de ceux qui craignaient la Révolution. Pour les autres, ils assistaient de temps en temps à une messe dite pendant la nuit par un prêtre proscrit, qui ne craignait pas d'exposer sa vie afin d'apporter les secours spirituels aux habitants de Montsaugeon (1).

XXXXV. Jean-Joseph *Capperon*, ex-curé de Vesaignes-sur-Marne.

En l'an X (1801) lorsque les affaires de l'Eglise furent réglées entre le Souverain Pontife, Pie VII, et le Premier Consul, on envoya pour desservir Montsaugeon M. Joseph Capperon, natif de Péruse, qui était déjà prêtre avant la Révolution et qui comme tant d'autres, s'était déguisé pour échapper à la mort sans cependant quitter la France.

M. Capperon, depuis plusieurs années probablement, desservait en secret, ou sans droit reconnu la paroisse de Montsaugeon, ainsi qu'il résulte d'une délibération de la commune en date du 25 messidor an X. En voici l'analyse :

« Le conseil municipal de Montsaugeon demande que le curé du canton soit à Montsaugeon et présente le sieur Caperon, pour curé; — on demande un pasteur résidant soit à titre de cure soit à titre de succursale. — Considérants : commune de 338 individus, au centre du canton, dans l'ancien régime chef-lieu des communes environnantes connue sous

(1) Archives paroissiales.

le nom de Montsaugeonnais, tribunal de justice pour cet arrondissement, foires et marchés qui s'y tiennent de temps immémorial, église très bien bâtie contenant 4 ares 2 centiares (56 toises, ancienne mesure) dans œuvre, pouvant contenir plus de 800 individus, et un presbytère. — Le conseil désire conserver pour leur pasteur le citoyen Joseph Caperon qui le *desserve actuellement depuis plusieurs années*, lequel a mérité la confiance et l'estime de la commune par le zèle qu'il a montré dans l'exercice de ses fonctions (1).

La paroisse n'ayant plus de presbytère habitable, quoi qu'en dise la délibération ci-dessus, M. Capperon fut logé par la commune dans une maison appartenant à M. Dautebois ; puis il fit bâtir une maison à ses frais. L'état de Montsaugeon était lamentable au point de vue religieux, la jeunesse qui n'avait reçu aucune instruction pendant dix ans, était scandaleuse et indisciplinée ; découragé, en lutte avec certains bourgeois de la localité, M. Capperon demanda son changement et l'obtint en mars 1823, fut nommé à Percey-le-Petit, où il séjourna peu de temps, puis à Choilley, où il mourut dans un âge avancé.

Le 8 mars 1823, fut constitué le *Conseil de Fabrique* par l'évêque de Dijon, qui nomma trois membres ; Pierre Bourcey, François Constant, Nicolas Martel ; et par le préfet qui élut : J.-B. Michel et François Parisot. Tous ont conservé leur fonction jusqu'à leur mort.

Pendant deux ans, jusqu'au mois de novembre 1825, Montsaugeon resta vacant ; les prêtres manquaient pour la moitié du diocèse. M. *Charles*, curé de Prauthoy desservit Montsaugeon et Isômes. Bien

(1) *Arch. comm.* D I.

que d'une vivacité extraordinaire, d'un zêle infatigable, il fut obligé de prendre un vicaire, M. *Daguin*, de Langres, curé de Chameroy.

XLVI. Jean-Baptiste *Thomassin*, (1825 1827), né à Dampierre ; élève du collège de Langres ; à peine ordonné prêtre, il fut promu à la chaire de philosophie et, dans ce même collège où il avait brillé comme élève, il acquit bientôt la réputation d'un philosophe profond et de professeur remarquable. Cependant cette position ne lui plaisait qu'à demi. Naturellement très timide, il redoutait le monde et aspirait à vivre en une simple paroisse. Il fut nommé curé de Changey.

Montsaugeon était vacant ; la situation était peu enviable ; M. Charles n'y résidait pas et l'état de la paroisse ne s'était pas amélioré ; malgré tout, M. Thomassin accepta la cure de Montsaugeon.

Ses efforts, quant au spirituel, furent d'abord récompensés ; l'occasion était favorable et le Jubilé de 1746 aurait eu le plus légitime succès si les confesseurs, encore imbus des doctrines jansénistes, ne s'étaient montrés trop exigeants. Lui-même, M. Thomassin, était d'une sévérité qui éloigna les uns, découragea les autres. Son rigorisme était tel «qu'il ne pouvait donner une absolution sans que sa conscience fut tourmentée de sorte qu'il souffrait horriblement sans pour cela procurer la paix aux âmes. »

A Montlandon, où il fut nommé en 1828, les mêmes scrupules le poursuivirent. Enfin, la chaire de professeur de dogme se trouvant vacante au Grand séminaire de Dijon, il y fut appelé. C'était sa vraie place; il y fut vite apprécié, et devint vicaire général, puis chanoine de Saint-Bénigne. Un matin de 1856 on le trouva mort dans son lit.

XLVII. Michel *Girardot*, né en 1795 à Saint-

Broingt-les-Fosses, d'abord surveillant au collège, vicaire à Bourbonne, puis curé de Chalvraines, de Musseau, petite paroisse du canton d'Auberive, prit, au mois de septembre 1828, possession de la cure de Montsaugeon. Il mourut en 1847, curé doyen de Varennes.

On a vu les réformes et les améliorations qu'il apporta à l'organisation de l'église. En 1832, il construisit la sacristie, et sut mener à bon terme le projet de fondation fait par Jeanne Poinsot, épouse de Jean Talnet, et en secondes noces de Jean Vincent. Cette fondation, de 5000 fr. fut d'un grand secours pour la paroisse.

Après sept années d'un séjour profitable à sa paroisse, M. Girardot passa à la cure de Varennes. N'étant pas de suite remplacé, M. *Raby*, vicaire de Prauthoy, fit l'intérim.

XLVIII. *Pierre Lampson.* M. Lampson curé de Loisey, au diocèse de Verdun, se trouvait être l'ami de M. Donadeï, Jean-Baptiste, sulpicien et professeur de théologie au grand séminaire de Clermont, puis vicaire général de Monseigneur d'Orcet à Langres, enfin chanoine, mort en 1849.

Le grand vicaire Donadeï, ayant nommé Pierre Lampson curé à Nogent-le-Roi sans avoir consulté l'évêque de Verdun, celui-ci refusa l'exeat, avec menace d'interdiction ; M. Lampson se soumit, mais quitta le diocèse et, la cure de Nogent n'étant plus vacante, fut, grâce à M. Donadeï, pourvu de la cure de Montsaugeon. Il y fit beaucoup de mal en voulant y faire trop de bien.

On le voit bientôt tout bouleverser dans l'église ; il change de place la chaire à prêcher sous prétexte de se conformer aux rubriques, mais dégrade le pilier où elle était adossée ; élève la boiserie du chœur qui désormais aveuglera les fenêtres, fait peindre et dorer les bas reliefs des boiseries du sanctuaire, gratifie le peintre de statues de mérite, qui s'y trouvaient, vend, pour 10 fr., les magnifiques livres de chant sur parchemin et enluminés.

D'autre part il est plus heureux : il débarrasse le sanctuaire des bancs qu'occupaient les notables, répare les chapelles de St Nicolas et de St Pierre ; dote l'église d'un chemin de croix ; se fait céder par un nommé François Henry un morceau de la vraie croix, que, soldat, il avait trouvée en Autriche ; (cette relique fut reconnue par Mgr Parisis, qui permit de l'exposer à la vénération des fidèles).

S'il achète un ciboire, on le lui vole ; s'il remanie le règlement de la *Confrérie* de St Nicolas, c'est sans utilité ; s'il institue à Isômes, succursale, la confréde N.D. Auxiliatrice, elle périclite aussitôt et tombe dans l'oubli ; s'il institue deux lutrins et nomme deux chantres appelés à ces places d'honneur, la liturgie change, les chantres s'en vont ne voulant rien changer à leurs habitudes ; s'il nomme *suisse* de la paroisse, le garde champêtre de la commune, le désordre et la licence n'en continuent pas moins à l'église.

A Isômes, que M. Lampson desservait, les choses se gâtèrent tout à fait, à l'occasion d'un maître d'école soutenu par quelques personnes influentes, qui ameutaient la population. « Un jour que ce dernier entrait à l'église lorsque l'office était commencé, M. le curé crut devoir lui faire des observations sur son peu d'exactitude comme chantre. Alors la majorité des paroissiens quitta l'église et quelques uns même se portant à des voies de fait contre le pauvre curé le reconduisirent à coup de pierres jusqu'au milieu du chemin de Montsaugeon.»

A Montsaugeon, il était obligé de se faire garder dans la cure ; « on lui faisait mille sottises, mille injures ; plusieurs fois on essaya de mettre le feu à la cure ; enfin une dernière tentative réussit et le presbytère fut en partie brûlé.»

M. Lampson était actif, intelligent, connaissant le beau, puisqu'il fit classer l'église d'Isômes par la commission des monuments historiques, malheureusement dépourvu de goût, car il gâta tout ce qu'il y avait d'artistique en l'église de Montsaugeon, mais plein de bon vouloir, puisqu'il allait avons-nous dit, jusqu'à la duchesse d'Orléans, pour solliciter des dons en faveur de son église ; il manqua toujours de jugement et d'esprit de conciliation. Monseigneur Parisis dut, au mois de mai, le transférer à Aillanville, où il mourut subitement d'une attaque d'apoplexie(1).

LIX. François *Populus*, né à Langres en 1803, prêtre en 1827, vicaire à Bourbonne, puis curé de Balesmes, avait fait ses humanités à Nancy, son grand séminaire à Langres. Il fut appelé à Montsaugeon le 30 mai 1841.

Ce n'était pas difficile d'y réussir après M. Lampson. Il se montra très soucieux d'orner, d'entretenir soigneusement son église et de lui procurer les ornements convenables.

M. Populus, infatigable marcheur, faisait souvent les offices dans plusieurs paroisses très éloignées les unes des autres. Aussi n'est-il pas étonnant qu'il n'ait pas tenu à être déchargé d'Isomes. Cependant Isomes eut pu, à ce moment, avoir son curé, M. Dassigny, maire de cette commune, ayant racheté l'ancienne cure pour la rendre à sa première destination.

(1) *Archives paroissiales.*

Doué d'une mémoire étonnante, M. Populus n'avait besoin que de lire un sermon pour le reproduire textuellement, ce qui explique ses prédications multiples, car il ne parlait pas moins de six à huit fois, chaque Dimanche dans ses deux églises.

Malgré bien des déboires, M. Populus, aimé et courageux, resta pendant douze années à Montsaugeon, qu'il quitta pour Lavilleneuve, puis Frécourt.

Il mourut, retiré à Langres, en 1868 (1).

L. Jean-Pierre *Moliard*, né à Baissey en 1844, prêtre en 1884, professeur au petit séminaire de Langres où il enseigna l'histoire jusqu'en 1853, arriva à Montsaugeon le 8 avril de la même année. En administrateur vigilant, il se fit remettre les comptes de fabrique, les vérifia et régla la relaissée des bancs de l'église.

Pendant le choléra, qui sévit à Montsaugeon et à Isômes en 1854, M. Moliard, aidé par les curés voisins, par M. *Voillard*, ancien curé de Baissey, et par M. *Chandron*, vicaire de la Cathédrale, fit des prodiges de dévouement. Que leurs noms soient bénis !

Epuisé par la maladie, M. Moliard se trouva dans l'impossibilité de conserver sa position de bineur : il demanda son changement qu'il obtint au mois d'octobre suivant et fut transféré le 14 octobre à Chalancey pour devenir plus tard curé doyen de Varennes (2).

LI. Jean-Baptiste Jules *Caubert*, né à Saint-Ciergues en 1822, élève de l'école des Frères de la Doctrine Chrétienne, puis du collège de Langres. Au petit séminaire, sous la direction de M. Joly, il y acheva ses humanités, et entra au grand Séminaire. Reçu diacre, M. Caubert fut demandé par M. Manois,

(1) Archives paroissiales.
(2) Archives paroissiales.

supérieur du petit séminaire qui se l'adjoignit comme sous-directeur.

Il y avait à ce moment, à Langres, un certain nombre d'Allemands ; en dehors du petit séminaire et de ses élèves, M. Caubert s'occupa beaucoup de ces Allemands, leur servit de directeur, en même temps qu'il catéchisait les soldats de la garnison, dont il était aimé.

Pendant le choléra de 1854, il fut admirable de dévouement, à Langres d'abord, et partout où, les prêtres manquant, il fallait porter la consolation de son ministère ; soignant les malades souvent abandonnés de leurs parents terrifiés et mourant faute de soins. C'est ainsi qu'on le vit, à Bussières-les-Belmont et à Longeau, prodiguer ses soins, et administrer les sacrements.

Quand la peste disparut, M. Caubert demanda une paroisse ; il pouvait choisir, car le grand nombre de prêtres décimés par le choléra laissait bien des places vacantes. Il fut nommé à la cure de Montsaugeon, le 14 octobre 1854.

On a vu ailleurs les soins qu'il prit pour rétablir l'ordre dans l'église, ses efforts pour rendre le culte plus digne, par l'acquisition d'ornements divers et faire au monument les grosses réparations urgentes

Si les choses allaient mieux à Montsaugeon il n'en était pas de même à Isomes, sa succursale.

Un ancien frère de la Doctrine chrétienne, défroqué, s'était fait protestant et avait réussi à se faire élire maire de sa commune. Comme tout renégat, ce nouveau maire mit tout en œuvre pour contrecarrer le curé Caubert ; hypocrisie, mensonges, flatteries, tous les moyens lui étaient bons. Il faisait interdire le cimetière, refusait de laisser classer l'église d'Isôme comme monument historique et inondait le pays de brochures protestantes. Il fut enfin convaincu de mensonge devant tout le conseil municipal et l'adjoint « interpellé par M. le Curé ne craignit pas de dire en présence de toute la population que le maire était un fourbe et un imposteur ». Il ne fut pas renommé maire (1).

Nous avons dit ailleurs comment M. Caubert, restaura et rendit habitable le presbytère : mais il avait un autre souci, celui de réformer l'esprit inquiet, devenu sceptique ou indifférent, quand il n'était pas hostile, de ses paroissiens. Il résolut de leur donner pour Noël une retraite, que le P. Nicolas et le P. Marc, des Rédemptoristes de St Nicolas-du-Port, près Nancy, vinrent prêcher à Montsaugeon et à Isômes pendant quinze jours. Le succès de cette retraite, d'abord indécis, fut complet ; « il y avait tant d'hommes à la table sainte, que le petit nombre de ceux qui n'avaient pas fait leur retraite en étaient honteux » (2).

Le bien produit par la mission dura jusqu'au milieu de l'été suivant ; mais, à cette époque, éclata dans la commune une querelle de ménage, entre deux époux notables et d'importance. Je n'en veux parler que pour constater l'événement scandaleux qui remua les esprits et divisa la commune.

Le curé Caubert désirant réparer, autant que possible, le mal causé par tant de désordres, fit revenir, à la fin du carême, le R. P. Nicolas. Cette nouvelle retraite coïncidait avec les premières communions. Monseigneur de Langres, pour donner plus d'éclat à la cérémonie, vint la présider. Le lendemain, après avoir officié pontificalement, prêché de concert avec

(1) *Archives paroissiales.*
(2) *Archives paroissiales.*

le missionnaire, sa Grandeur donna (25mars) la confirmation à 167 personnes, dont plusieurs âgées, tant de Montsaugeon et Isômes que de Dommarien, Aubigny et Vaux. « L'affluence fut telle que dans la vaste église de Montsaugeon, plus de 150 personnes étaient obligées de se tenir debout dans les allées (1). »

En 1860, le curé Caubert régularisa la *Confrérie de St Nicolas*, dont il sera spécialement parlé, fit reconnaître plusieurs reliques qu'il pourvut de reliquaires, dressa un registre des familles de Montsaugeon, fit contribuer la paroisse à la béatification de Benoît-Joseph Labre, dont Monseigneur Parisis, évêque de Langres, était le postulateur et répara plusieurs autels de l'église.

Après avoir administré Montsaugeon de 1854 à 1863, M. Caubert fut envoyé à Chalindrey, puis à Nogent, où il mourut, en 1873.

LII. Joseph Clément *Boisselier*, né à Esnons en 1832, prêtre en 1856, vicaire d'Arc, curé d'Harricourt, puis de Montsaugeon.

Là s'arrêtent les renseignements consignés dans les archives de la paroisse.

Les archives de la paroisse de Montsaugeon, bien classées, sont relativement importantes et j'en ai extrait tous les renseignements utiles ; cependant il serait trop long de les analyser pour dire les propriétés, les revenus, les charges et les fondations qui y sont mentionnés. Néanmoins il est deux documents que je tiens à rappeler parce que les titres n'existent plus et qu'il n'en reste que le souvenir consigné par l'inventaire paroissial :

1° Vendredi avant la fête de saint Simon et saint Judes (1353), Donation au curé, prêtres et clerc des-

(1) Archives paroissiales.

servant l'église de Montsaugeon de 5 sols tournois de cens annuel pour un anniversaire à célébrer le lundi après la fête de saint Jacques faite par Dame Jaquette, veuve d'Etienne dit Gohart, affectés sur deux pièces de terre l'une contenant un journal de terre labourable sur le finage d'Isômes, au lieu dit *en Rougeux*, tenant à la terre de Pierre Cotitot d'une part et à la terre du chapitre de Langres d'autre part, l'autre contenant quatre ouvrées de vigne située sur le finage de Montsaugeon au lieu dit *Dessoubs-les-fossés*, tenant à la vigne de Jean Baudet et entre les vignes de Hugues de Quinettes et de Pierre Baudet..... Guy Dicam d'Andilly clerc tabellion en l'Officialité de Langres ; témoins : Me Jehan de Champagne (Johannes de Campanis), prêtre vicaire de Montsaugeon ; Jean, dit Poussot, aussi de Montsaugeon (1).

2° Donation (jeudi avant saint Mathieu, 1376) au curé et clercs de Montsaugeon de 4 sols tournois de cens annuel et perpétuel assignés par Simone fille d'Etienne Depoix épouse de Robelin de Vezet..... Accord touchant le précédent héritage entre Guy Bergeret clerc et *bourreau* (sic) et Martene son épouse... Arbitres : Jean Lamberti curé de Prauthoy et Jehan Charruetti de Montsaugeon prêtres, Jehan Montrailleti, tabellion juré des Cour et Officialité de Langres. Témoins : Etienne Chat et Guillaume dit Despoix, tous deux de Montsaugeon, clercs et bourreau (sic) (*Clericis et carnificibus*) (2).

Par lettres patentes du roi sur le décret de l'assemblée nationale, tout titulaire de bénéfices, tous supérieurs de maisons et établissements ecclésiastiques furent tenus de faire, dans les deux mois, la déclaration.

(1) Archives paroissiales. — Parchemin en latin.
(2) Archives paroissiales. — Parchemin en latin.

de tous les biens dépendants des dits bénéfices, maisons et établissements (18 nov. 1789).

1790, 15 janv. Le Séminaire de Langres avait des biens à Montsaugeon : (à cause de Grosse Sauve). Il déclara : un *terrain* amodié 24 émines par moitié mesure de Langres ; 150 ouvrées de *vignes* sur Montsaugeon et Aubigny, dont 24 dépendent du prieuré de Grosse Sauve ; une *rente* de 27 livres, affectée sur une maison, due par les héritiers Humbert Daudanne. — un *cens* de 50 livres sur un emplacement de maison.

Parmi les charges on remarque : deux places fondées au grand séminaire, l'une par M. Parizot, archidiacre qui a donné 4000 livres employés à l'acquisition du domaine de Montsaugeon ; l'autre par M. Zanon, prieur de Motte, qui a donné une pareille somme employée au même objet (1).

1790, 28. fev. M. Rollet chapelain de la chapelle St Gilles à Isômes, déclare 3 ouvrées 1/2 sur Montsaugeon (2).

1790, 28 fev. J. Louis Berthot lieutenant-général au bailliage et comté de Montsaugeon, notaire royal à Vaux, agissant au nom de Me Robert André Drouet titulaire et commendataire du prieuré d'Aubigny, près Langres, ordre de Saint Benoît de la congrégation de Saint Maur, etc. :

Dîme d'une gerbe au journal sur Montsaugeon, droits de charrue, et corvée. « Droit de percevoir annuellement le jour de la foire de Montsaugeon, » le jeudi après le nativité Notre Dame de Septembre, sçavoir un demi faye (?) de cercles de muids et autres à prendre sur chaque voiture de cercles de toute espèce que les marchands exposent en vente et 6

(1) *Arch. comm.* D. 1.
(2) *Arch. comm.* D. 1.

deniers pour leur valeur 3 livres en monnaie jusqu'à la d. somme sur le prix et valeur du coton, fil et laine. le tout hors des halles. Ces deux objets sont affermés avec les autres biens, droits et revenus du dit prieuré d'Aubigny. »

1790, 28 fevr. La cure de Prauthoy possédait sur Montsaugeon 13 ouvrées de vignes et deux journaux de terres ; la Fabrique une demi ouvrée de chenevière sur le même territoire.

Le même jour, M. de Chambrulard, chanoine et titulaire de la chapelle Saint-Jean érigée en l'église Saint-Pierre de Langres, déclarait posséder 12 ouvrées de vignes sur Montsaugeon.

Les propriétés du clergé de Montsaugeon furent vendues comme biens nationaux, notamment :

Une ferme	10.500	livres
Une vigne	675	«
Vigne au collège de Langres.	1.100	«
Vigne aux Dominicains ou Jacobins de Langres	18,50	
Pré à l'évêché de Langres	8.000	livres
Terrage au séminaire de Langres. . .	15.000	«
Maison et dépendances «	12.100	«
Vigne «	5.430	«
Pré «	350	«
Chapelle N.-D. de la Tour vigne. . .	210	«
« pré à Piépape	820	«
Chapelle Ste Anne, terrage.	3.400	«
Chapelle Ste Catherine, vigne. . . .	810	«
Chapelle St Pierre et St Paul, terrage	1.400	«
« vigne	710	«
Confrérie St Nicolas, terrage	7.725	«

1) *Arch. comm.* D. 1.

Confrérie de St-Nicolas, maison	1.200	«
« vigne à Prauthoy	610	«
« Montsaugeon	285	«
Cure de Montsaugeon, terrage. . . .	7.430	«
« Prè à Villegusien	4.950	«
« Vigne à Montsaugeon	2.685	«
« Pré à Mantsaugeon	2.135	«
« Pré à Chatoillenot	1.600	«
Fabrique de Montsaugeon, vigne . .	1.900	«
« terrage .	1.075	«
« terrage à Couzon.	925	«

etc. etc. — Total général 39.860 livres (1).

Pendant la Révolution on se demanda à quoi pouvait servir l'église de Montsaugeon :

« Etat général des ci devant églises situées dans les communes de l'arrondissement du bureau de Montsaugeon. Il y a 25 églises nommées ; on donne leurs noms et leur ancienne destination, leur nature et leur consistance plus ou moins étendue, leur bon ou mauvais état, la mention si elle est rendue à l'exercice du culte, si elle est louée ou s'il n'en est fait aucun usage. Il y a les observations sur leur emploi le plus utile, que la Nation pourrait faire de ces bâtiments. Elles sont propres ou à établir une manufacture ou des magasins à grain ou à foin ou à être des maisons d'arrêt, des maisons d'habitations ou elles sont inutiles et impropres au service. L'église de Montsaugeon a cette mention :

« Notre Dame, culte catholique, paroissiale, 60 pieds de long, 32 de large, bâtie en taille et en bon état ; on y exerce le culte catholique assidûment : inabordable aux voitures..... » (Arch... sans date)

(1) *Archives paroissiales.*

CHAPITRE VIII

La Confrérie de saint Nicolas

La confrérie érigée en l'honneur de saint Nicolas dans l'église de Montsaugeon a trop d'intérêt et d'importance pour qu'il ne lui soit pas consacré un chapitre spécial.

Elle fut établie, le vingt deux décembre mil trois cent soixante neuf (1369), par Mgr Guillaume de Poitiers, évêque et duc de Langres, à la demande de plusieurs prêtres et bourgeois de la ville de Montsaugeon, Mgr l'évêque étant alors dans son château du dit lieu.

Guillaume de Poitiers était parent du trop fameux Louis Ier de Poitiers (1318-1325), le plus détestable et scandaleux prélat que posséda le diocèse de Langres.

Guillaume IV de Poitiers (1345-1374), était son neveu, fils de Aymard IV, comte de Valentinois et de Diois et de Sybille de Baux. Il comptait dans sa famille Othon, évêque de Verdun et Henri, évêque de Troyes. Avant d'entrer dans les ordres il avait eu deux enfants naturels, Guillaume et Marguerite, légitimés, en 1373, par lettres royales.

D'abord, moine de Cluny, prieur de la Charité-sur-Loire, élu à l'évêché de Langres, (1345), disgracié pour félonie en 1353, puis réhabilité l'année suivante, et nommé, le premier, duc et pair. C'est lui qui, au sacre de Charles V porta le sceptre royal ; à sa mort (6 sept. 1374) il fut enterré à l'entrée du chœur de la cathédrale de Saint-Mammès.

Son fils naturel, Guillaume de Poitiers, dit le *Bâtard de Langres*, légitimé en 1358, fut pendant trente ans bailli de Chaumont ; sa bravoure et ses services dans la cause française contre les Anglais lui valurent le nom de *Nothus Lingonensis*.

On peut voir aux archives paroissiales de Montsaugeon les originaux des pièces dont nous allons donner plus loin copie et analyse.

L'homme, sociable de sa nature, a dû toujours vivre dans un état d'association, plus ou moins défini, pour l'administration de ses intérêts matériels ; mais c'est surtout au moyen-âge que les associations se précisèrent et se développèrent ; de là les *Corporations* et les *Confréries*, qu'il ne faut pas confondre.

Les Corporations étaient formées uniquement dans le but de soutenir les droits et les intérêts des artisans et professionnels ; on dirait les *syndicats* aujourd'hui. Les Corporations n'existaient pas dans les villages ; tous les habitants, étant occupés au même travail, ayant les mêmes intérêts, elles étaient inutiles. Dans les villes, au contraire, chaque corps de métier avait à se protéger, à se défendre, elles sont nombreuses. On en comptait, à Paris, au dernier siècle, plus de 125 ; chaque profession, chaque art, chaque métier avait sa *Corporation*.

La *Confrérie* a un tout autre caractère, qu'a sanctifié le Christianisme ; c'est une association religieuse, qui défend non seulement les intérêts matériels, mais encore l'âme des associés. Ce sont des *confrères* (*Cum fratribus*), symbole de la fraternité chrétienne, chargés de surveiller la conduite, les mœurs, la vertu de chacun, comme aussi de protéger et défendre les droits et prérogatives des associés. Elles se plaçaient sous la protection de Dieu, et sous la vocation de quelque saint, saint Nicolas, par exemple.

Au moyen âge, les Corporations et les Confréries se rapprochèrent, s'unirent au point de se confondre par l'adoption de statuts analogues, de rites semblables, et de la même idée de charité, de fraternité. Les Corporations avaient, comme les Confréries, leurs patrons : les avocats, St Yves ; les orfèvres, St Eloi ; les cordonniers, St Crépin et St Crépinien ; les apothicaires, St Cosme et St Damien ; les ménétriers, St Julien, etc., etc.

Une messe solennelle et un banquet ouvraient et fermaient la fête du patron. Ajoutons que, pour les Corporations, il y avait entre elles une sorte d'hiérarchie, des droits de préséance ; elles frappaient et distribuaient des jetons et des méréaux, qu'on pourrait considérer comme des bons de pain, délivrés par ces sociétés de secours mutuels.

Si les Confréries créaient des droits, procuraient des bienfaits aux associés, elles créaient aussi des obligations sévères ; si elles demandaient aux Confrères la vertu, la pratique des devoirs religieux, la charité mutuelle, elles assistaient l'associé dans toutes les phases de la vie. Affligés, malades, ou mourants, elles ne les quittaient jamais sans secours. A la mort du Confrère, les associés étaient là, fidèles, et sincères amis, agenouillés auprès de sa couche funèbre, récitant lentement les litanies des saints et redisant à chaque nom et surtout à celui de leur patron : « priez pour lui ».

En dehors des obligations de charité, le confrère devait veiller à la conduite, aux mœurs de chacun des associés, empêcher les scandales, les jurements, les blasphèmes, les discordes. . Si un confrère se conduisait mal il était, après admonition, chassé de l'association.

Disons quelques mots sur l'organisation des Confréries :

Sous l'autorité du pape, les évêques avaient seuls le droit d'ériger, de supprimer, de réglementer les Confréries. Constituées, elles avaient le droit d'acquérir et de posséder des biens. L'évêque, ou son délégué, veillait à la stricte exécution des statuts, et avait sur la confrérie la police des associations, tant au temporel qu'au spirituel.

Plusieurs officiers, étaient choisis par tous les membres, réunis solennellement à l'église, le jour de la fête patronale, après la messe du Saint-Esprit.

Le *bureau* élu se composait d'un prévôt, (procureur ou échevin), de conseillers, d'un collecteur, d'un clerc et de frères-servants, qui, tous, avaient des droits et des devoirs particuliers.

La fonction de prévôt ou procureur, importante et honorifique, était fort recherchée et, souvent, le vote favorable était gagné à prix d'argent, tant était grande la concurrence entre les confrères.

Elu, le prévôt ou procureur était aussitôt conduit solennellement en sa demeure ; le chapelain, escorté des enfants de Chœur et des officiers de l'église, lui portait, en signe de possession, la croix de la confrérie, les bougies anciennes et nouvelles, les registres des délibérations et le coffre contenant les deniers, les titres de propriété et les bulles de fondation de la compagnie.

Ce coffre, à triple cadenas, ne pouvait être ouvert que par trois principaux membres de la confrérie conjointement avec le prévôt.

Le *prévôt* ou procureur convoquait les frères aux assemblées, élections et enterrements des membres ;

présidait, au *buffet* de l'église, marchait le premier dans les processions et signait toutes les correspondances de la confrérie avec les magistrats.

S'il avait des honneurs, il avait des charges : rémunérations au frère servant, au sacristain, au bedeau, lors des principales fêtes ; il devait aux confrères, un dîner, le jour de son élection et à la fête du saint, etc...

Les *conseillers* aidaient le prévôt dans sa gestion. Le *collecteur* recueillait les deniers à l'église et à domicile. Le *clerc* faisait les invitations ou le faire-part de la mort d'un confrère. Les *frères servants* remplissaient les fonctions manuelles. Le clerc devait honneur et révérence au prêtre chapelain, aux prévôts, échevins et à tous les frères. « Il doit *semondre* (convoquer) tous les frères aux fêtes solennelles et messes du moys sous peine d'amende. Semblablement en la chapelle doit parer, alumer le luminaire, vestir son surplis, tenir l'offrande, reployer les vêtements et mettre au coffre, il doit parer le buffet quand les maîtres lui commanderont. »

« Avant de siéger il doit aller devers l'eschevin pour chercher les papiers, faire le luminaire, et y *semondre* (convoquer) ceux que l'eschevin lui dira, — avertir celui qui est pour faire le *pain benoist*, à peine de le payer, et aux corps trépassés semondre les serviteurs d'aller à l'église, vestir son surplis. »

Solennellement, quand venait l'heure de cesser ses fonctions, prévôt ou procureur était *déposé* : « Au milieu des vêpres, quand les chantres entonnaient le cantique *Magnificat,* tous les frères se levaient et poursuivant le chant avec entrain, fixant de temps en temps, avec une sorte de joie maligne, leurs regards curieux sur le maître dont parfois le front était assombri par la pensée de sa ruine prochaine, puis au fameux verset où il est dit que Dieu renverse les superbes pour exalter les humbles au mot *Deposuit*, une bruyante rumeur parcourait les rangs de l'assistance entière, le maître déposait les insignes de sa dignité, sa gloire s'éclipsait, il quittait sa place d'honneur et regagnait le banc commun de ses frères.

Le nouvel élu, au contraire, sortant de l'obscurité, était conduit avec pompe à la première place, tandis que la cloche lancée à toute volée annonçait au loin l'installation du grand maître de la confrérie. Ce spectacle de la chute de l'un et de l'élévation de l'autre devait en vérité inspirer au moins philosophe des spectateurs quelques réflexions sur les vicissitudes humaines. »

La bulle d'érection est, ai-je dit, aux archives paroissiales de Montsaugeon.

En 1628, il en fut fait une traduction que je transcris intégralement.

Coppie des statuts de la Confrairie telles qu'elles sont transcrites sur le livre de lad. Confrérie. — Traduction en vieux français de l'érection de la Confrérie de Saint-Nicolas faite le 22 Décembre 1369 en l'èglise de Montsangeon et des statuts d'icelle colationnée à l'original par deux no^res^ le 3 aoust 1628

Confrérie de St Nicolas

Au nom du Seigneur
Ainsy soit-il.

Tous ceux qui ces presentes lettres verront Guillaume par la grâce de Dieu Esvesque et duc de Langres Salut. Au fils de la glorieuse Vierge affectionnez d'augmenter le culte de Dieu de tous nos désirs par les devotes prieres tres douces des supplians tandans a cette mesme augmentation nous avons ouvert nos oreilles a icelle au Dieu très puissant resonnant pareillement a la loüage d'iceluy, et au salut des ames des fidels avons misericordieusement consenty de la part de plusieurs prestres, clercs et bourgeois de la ville de Montsaujon a scavoir de Messir Jean Démanot, messire Jean, messire Jean Naaut prestres, Hugue Quinetet, Guillaume Regnauldin, Hugue Charruet, Gilles Basser, Guidon dit Dandilly, Guillaume Naudet de Ransonnière, Gratian Monnin, Jean Badet, Jean Nigarrioles, Gerard Deniset, Jean Messaudet dudit Montsaujon, Gille de Fonteine et Pierre de Crune de Prauthoye, certaine confrairie a la loüange Gloire et honneur de Dieu le père tout-puissant, et de la glorieuse Vierge sa mere, et des bienheux apostres sainct Pierre et saint Paul, et de toute la *Cour céleste* principallement de la feste du très heureux Nicolas, très Glorieux confesseur de faire creer et celebrer avec intention devant nous tres devotieusement par priere et requeste, nous a esté proposé pour icelle confrairie à la Louange et honneur de la Sainte et Individuelle Trinité, père et fils et St Esprit de la très heureuse Vierge glorieuse et de tous les supérieurs saints celestes cytoyens, et principallement du très heureux Nicolas estre faite et celébrée par ces mesmes prestres clercs et Bourgeois habitans et autres à la..... y adherans celebree dire tous les ans a la mode et facon cy apres escrite et soubs les conditions formées faites et ordonnées au bas descrites, que sont telles au nom de la sainte et individuelle trinité pere et fils et saint-Esprit ainsy soit il.

Sont les ordonnances et statuezs de la Confrairie qui doivent estre celebrées par plusieurs clercs chacun an à l'autel du tres heureux Nicolas au jour et feste de la translation d'iceluy, mesme par autre prestre par la Grace de Dieu en l'eglise parochiale dudit Montsaujon.

Premièrement a esté statué et ordonné entre et par lesdits confreres de la dite confrairie que quelconque homme et quelconque femme de la ville de Montsaujon et autres lieux d'honnestes conversations et louable vie ; outre les prédits confreres et consœurs du consentement et délibération des confreres ou de la plus grande partie d'iceux pour ce fait assemblez en sorte toutefois que s'il arrive qu'estant assemblez les susdits s'y puissent dèlibérer sur la réception desdits confreres et consœurs et que ce qu'ils en auront délibéré vaille et tienne.

Aussy qu'un chacun confrères et consœurs receu ou receüe pour son premier et advenement ou reception en la ditte confrairie jureras aux Saintes Evangiles de Dieu en la présence des predits confrères assembles, que fermement il tiendra et servira et par effet perpetuellement accomplira les ordonnances et statues de la dite confrairie cy dessus et cy bas escrites en sera tenu payer au procureur et receveur de la ditte confrairie un d'or plus ou moins comme il plaira aux dits confreres ou procureur pour estre converty au profit commodité de la dite confrairie.

Les mesmes confreres aussy pourront associer et messes oraisons et autres honestetez de la dite confrairie tout et chacun bienfaiteurs a la dite confrairie de l'un et l'autre sexe combien quiceux confreres ne soient de la dite confrairie et les femmes des confreres tant presens que futurs non seulement quand elles seront mariees à quelquun des dits confreres ou qu'elles soient moitier mariees ou non seront et demeureront consœurs participantes aux prières de la ditte confrairie. Lesquels aussy confrères et consœurs entre eux fidellement et ensemblement saimeront et seront tenus de saimer d'un charitable amour et d'un bon zele tant qu'ils pouront de tout leur cœur, se deschargeront de procez et s'en abstiendront tant qu'ils pourront, et sy par occasion il y a quelques debat, ou disputes entre quelquun d'iceux confreres *rechercheront la paix de tous leurs pouvoir* et s'ils ne veuillent obeyr aux monitions et advertissement d'iceux confreres pour comme il sera trouvé expédiant entre jceux confrères pourront iceux disputeurs et querelleurs estre rejectez et repsoussez de la ditte confrairie.

Aussy chacun confreres et chacune consœurs donneront et payeront et seront tenus de payer chacun an dans la feste de tous les saintz au procureur ou Receveur de la dite confrairie une esminotte de froment et la mesme (ou mesure) et pour le pain qu'il faudra faire pour l'auşmosne aux pauvres le dit jour de la feste comme plus expédiant sera trouver les ditz confreres.

Item que nul ouvrier ou quelques personnes nettoyement diffamé sera admise a la ditte confrairie mais si quelque confrere ou quelque consœure est vrayement entaché ou entaschée de la majeure excommunication tels confreres, ou telles consœurs de la dite confrairie dans trois mois a conter du temps de sa notification d'icelle excommunication a luy faitte procurer a se faire absoudre ou autrement sera privé de la ditte confrairie et des benefices et oraisons que ce feront en icelle comme il plaira aux ditz confreres déclaré contumace au contemps de l'église sa peine et pauvreté ne l'excusants de vouloir soustenir la sentence d'excommunication patira tant qu'il poura humblement les dites exclusion et information outre procez et appellations.

Secondement est statué et ordonné entre et par les dits confreres que l'un des ditz confreres de la dite confrairie au jour de la translation du tres heureux Nicolas tous les ans en la dite Eglise de Montsaujon ou la dite confrairie sera celebréé a la manière accoutuméé receura le baston de la dite confrairie aux chappes et autres ornements accoustumez en cas semblable et se poura prendre, lequel tout et chacun, confreres et consœurs de la dit confrerie en la dite Eglise, ou lieu en habits et ornements preditz jusques a la maison de celuy qui prendra le dit Baston, et au contraire de la dite maison du dit Bastonnier jusque a la dite Eglise, ou lieu honnestement et en ordre le pourront et deuront accompagner deux a deux les dits confreres et consœurs en la celebration de la prédite confrairie et Divin office personnellement s'assembleront et assisteront es vespres de la vigile de la feste et a la messe et vespres de la dite feste predite sur peine et amende d'un gros tournois de vieil argent contre chacun confreres et consœurs deffaillans d'assister au dit service et celebration du dit office aplicables aux profit et commodité de la dite confrairie et dans dix jours a conter du jour du dit defaut leur enjoignant continuellement de payer entre les mains du procureur de la dite confrairie sans procez ou querelle, s'il plait aux dits confreres pour estre converty au profit de la dite confrairie sauf leurs excuses et empêchementz legitimes desquels le dit tel defaillant sera tenus par luy ou par autruy informez suffisamment en laquelle Eglise ou lieu des divins offices a scavoir vespres la veille de la dite feste, la messe et vespres du jour seront celebrez comme cy dessus est dit, present le Bastonnier confrere et consœure d'icelle a aute voix en la quelle celebration des vespres du dit jour que se doit faire a scavoir en chantant le verset *Deposuit potentes* et ce qui s'en suit.

Item, despose le Bastonnier la chape et les mesmes ornemens à ses autres confrères le Baston avec les ornemens predits comme il est accoutumé en recompensant et offrant à l'un des dits confreres recevera et pourra recevoir le Baston avec ses mesmes ornemens lequel receu ledit nouveau Bastonnier à la forme et sur la peine predite sera assistez hònestement et d'ordre par ses autres confreres et consœurs toutes excuses et empeschements interditz et ce mesme jour de feste au logis dudit Bastonnier ou autre qu'il lui plaira lesdits confreres et consœurs disneront et *Bancqueteront* ensemblement à leurs despends du sel avec lesdits confreres auxquels ledit Bastonnier donnera et sera tenu administrer logis, pain, sel, potages, feu, nappe blanche et nette, pour lequel disné ou bancquet, chacun confrere à l'entrée dudit logis sera tenu payer au procureur de ladite confrairie trente deniers tournois monnaye courante en contant un gros de vieille argent pour vingt deniers ou plus aux dits confrères et procureur côme il sera treuvé plus expediant ; ledit Bastonnier toutefois au moins excepter que sera Bastionier en l'année s'il luy plaist. Une semblable esminotte de froment pour l'ausmonne, a quoy il sera tenus avec ses autres confreres et consœurs comme il est dit, et sy quelque confrere de ladite confrairie n'assiste au disné ou banquet, ou qu'il refuse d'y assister, sera tenus payer au procureur de ladite confrairie deux gros tournois de vieil argent au profit de ladite confrairie dans dix jours à conter continuellement du jour dudit disné, sauf les excuses et empeschements prédits et les vespres dites ledit jour de laditte feste incontinant les Vigilles des trepassez et le lendemain de laditte feste, la messe de Requiem solennellement tous les ans pour leurs remedes et de ceux qui sont associez à ladite confrairie ce que les mesmes confreres et consœurs feront et procureront, celebrée au jour ou tous et chacuns les confreres et consœurs de laditte confrairie y assisteront sur peine d'un gros de vieil argent aplicable comme dessus les predites excuses sauves en laquelle feste et celebration dudit service divin sera *fait tel luminaire* qu'il plaira aux dits confreres.

Tiercement est statué et ordonné entre et par les dits confreres d'elire un ou deux d'entre eux la plus grande saine partie desdits confreres rassemblez procureur et receveur qui ne pourront refuser la charge dn ladite procuration sans légitime excuses au moins par leurs propres services, lequel procureur ou Receveur aussy esleu receveront les proffits, revenus, esmolumens quelconques ensemble les peines, amendes et dettes des confrères et consœurs appartenant a la dite confrairie qu'ils contraindront de payer de leurs propres autorités sans revocation de justice comme essence de chastellerie de Montsaujon comme il est accoutumé en icelle chastelleni epour les non payer et les causes d'icelle confrairie seront jointe en jugement ou dehors selon que plus a plain sera contenu en leurs procurations, aux despens de ladite confrairie legitime et oportunes : et le jour du lendemain de la feste ou autre jour plus *commode tous les ans ces procureurs et Receveurs dresseront legitime comte des Recette et Dépence qu'ils auront faits pendant leurs années par devant lesdits confreres*, ou *autres eux et entre eux desnommez et esleüs qu'ils auront pour agréable*, lesquels procureurs seront tenus de jurer aux saintes Evangiles de *Dieu* les actions et possessions d'icele confrairie aillieurs s'ils s'en trouvent pour être réunis en droits de proprieté, et auront un livre ou papier, ou seront inscripts principallement les noms et surnoms des dits confreres et consœurs institué comme aussy de ceux qui s'en metteront et selon leurs temps pour souvenance de leurs bienfaits et offrandes de laditte confrairie tant en prenant le Baston, ou autres devotion selon leurs noms, seront serieusement exigez et signez audit livre, et ceux qui par leur témérité seront dejettez et repoussez de laditte confrairie.

Quatriesmement par les dits Confreres est statué et ordonne que toutes fois et quand qu'un des dits confrères ou consœurs sera malade, un prestre de la ditte confrairie et procureur d'jcelle, seront tenus d'aller visiter personnellement ledit malade et de l'advertir charitablement. de salut et si à l'arrivée qu'un confrere ou consœur d'jcelle vienne a mourir ou rendre le tribut a nature les autres confreres et consœurs de la ditte confrairie estant a Montsaujon survenans seront tenuz d'assister le corps d'un tel confrere ou consœur deffunte des la maison du dit Deffunct ou Deffuncte jusques a l'eglise de Montsaujon d'icelle les transportant en l'eglise d'Aubigny ou autres lieux jusques à la porte de la sortie de la ville de Montsaujon et à la celebration du divin office qui se fera en la ditte église de Montsaujon le corps mort present, offrir et prier pour le salut et remede de lame d'jceluy sur peine et amende applicable comme dessus sauf les excuses et empeschemens avent ditz.

Cinquiesmement est statué et ordonné entre eux, que tous les confreres et consœurs sassembleront tous pour le divin service des vivans et trespassez confreres et consœurs bienfaiteurs et associez que pour autres affaires contingentes a expédier en la ditte confrairie les dits confreres au moins six diceux seront esleüs pour expédier les dittes affaires au profit d'icelle mais sy quelque confrere ou quelque consœur se voudra departy de la ditte confrairie y sera receu en payant et premierement et prealablement au procureur et receveur de la ditte Confrairie deux florins dits de (Florence) aplicable comme dit est. Et alors sera privé de tous les bénéfices de la ditte Confrairie, et quelconque Confrere ou Consœur ne voudrai accomplir les presens statues et ordonnances sus et au bas escripts consernant la dite confrairie, soit repoussé d'icelle préalablement toutes fois en payant deux florins au procureur d'icelle confrairie pour estre converty au predits profits a de son serment presté aux ditz confreres et consœurs, dont il sera quitte ; mais a l'advenir, ne participeras aux prieres et oraisons de la ditte confrairie, ny remis en celle s'il ne plaist aux dits confreres et pour le payement des dits deux florins sy librement et volontairement ne les a payés, sera adverty par le sieur Official de Langres a la requeste du procureur de la ditte Confrairie dans dix jour, lesquels passé y sera contraint comme obligé par les dits statües, il y soit contraint de l'authorité du dit sieur official, et par toutes voyes de justices dheüe et résonnable.

Sixiesmement est statué et ordonné par les dits confreres, qu'ils pourront eslire un clair de la ditte Confrairie entre eux pour les negoces et affaires d'icelle afin et par luy les assemble en leur notifiant personnellement en leur domicile la congregation et assemblée, le lieux et heure pour la terminaison d'icelle, lesquelles choses ainsy spécifiées si quelque d'iceux manque, ou neglige de sy trouvé, tel defaillant dans dix jours conté du jour de la preditte ordonnance, sera tenu de payer au procureur de la ditte confrairie un gros de monnoye vieil argent aplicable au proffit de la ditte Confrairie, les excuses et empeschements predits toujours sauves et les six avec ledit procureur assemblez pourront faire et ordonné des affaires ce que vaudra comme s'ils estoient tous assemblez.

Finablement et en septièsme lieu est statué et ordonné par les confrères de la ditte Confrairie que par jceux, sera esleu un ou plusieurs prestres pour la Celebration des messes y d'heus, changer le premier institué, en un autre toutefois, et quand ils trouveront lequel prestre, ou prestre institué, ou instituez et esleus commedit est, celebrons (celebreront) chacune semaine tant pour les vivans que les morts confreres et consœurs et bienfacteurs de la ditte Confrairie y associez trois messes, une le mardy, une autre le jeudy et la troisiesme le sabmedy en l'église parochiale de Montsaujon a l'autel du très heureux Nicolas ou autre selon le bon plaisir des dits confreres a la levée du soleil et pour aumonne ou benefice du dit prêtre, ou prestres, sera payer au porat (prorata) du temps qu'il aura servi ou qu'ils auront servy chacun an pour ledit service pour ce qui leur sera accordéz sur les revenus sortis des esmolumens de la dite confrairie et a la scituation d'icelle.

Nostre Reverandissime pere Messire et seigneur Evesque et Duc de Langres visitant les dits confreres a la persévérance de ladite Confrairie durable a perpétuité de sa grace spécialle et de ses biens, et des offrandes faittes, et qui se feront a l'advenir a concedé armortissement jusques a dix livres de terres pour les tenirs annuellement et perpétuellement en son Evesché, diocese et district d'acquérir a scavoir delais a luy délaissey ou comme il pourroit par achapt, ou autrement institue lesdites dix livres terre pour le profit utilité desdits Confreres et confrairies lesquelles ordonnances et statues avons offerts humblement favorablement les avons approuvez et d'autant que nous affectons l'augmentation du divin culte et le salut desdits Confreres nos sujects et la perseverance des bons œuvres diceux. Nous donnons et concedons a ces mesmes Confreres et pour nous au nom que dessus de nôtre specialle grace et faveur pour le profit et utilité des confreres et confrairie predite Licence et authorité qu'iceux confreres et procureur de ladite Confrairie tant en lais qu'autrement puissent pour le profit susdit pour le sallere dudit prestre, ou prestres celebrant, ou celebrants lesdites messes et autres Divins offices payez jusques a dix livres de terre de revenus annuelle et perpétuel de nos biens temporels au dehors des juridictions ou ils voudront les acquerir, ou acquerir quils seront les obtenir ; lesquelles ainsy acquises de nôtre authoritez et licence, les armortissons, loüons, confirmons appreuvons et ratiffions comme elles doivent par armortissement perpétuel vallable avec une Esminotte de froment censable a la mesure de Montsaujon delaissey par Guillaume Modet de Montsaujon de terre assignez en ausmonne predite sur son jardin dits es mêts des paumerts (?) scis au finage dudit Montsaujon entre le chemin d'une part, et le jardin qui fut a Regnaudet Guytry d'autre, payable au jour de feste saint André apostre laquelle Esminotte froment outre les susdites dix livres de terre au profit des confreres et susditte Confrairie, Nous amortissons, ne voulans ny entendans pas ces ordonnances et statues, que selon qu'il y est cy dessus dit en cette part, .qu'ils acquierent, ou satribuent juridiction, lesquelles ordonnances et statues, sauf notre Reverence et obeissance et quiconque il appartiendra nentendans toutesfois nous reserver ou a nos successeurs quelque chose à l'occasion susdite de l'institution de quelques prestres a la celebration des messes et divin offices, qu'ils ferons mais delaissons auxdits confrères l'ordonnance de mettre et exposer comme il est permis et leur seans d'un presbytère d'un prestre ou des prestres faisant le service desdites messes et office, nous suppliant aussy les dits confreres humblement que par prière pour un sy pieux et devot ouvrage nous ouvrions nos oreilles pour faire priere à Dieu, qu'il nous soit placable et la sainte Eglise a quoy nous inclinans, consentons qu'icelle Confrairie, que lesdits Confreres d'un bon et charitable zèle, ont désiré en leur creance collège comme ils proposent faire a l'honneur et gloire de Dyeu tout puissant et tres heureux Nicolas et ogmentation du culte divin, comme aussy les susdites ordonnances et statues de nôtre ordinaire, auctorité et spécial grâce. Loüons, appreuvons, ratiffions, et daignons interposé nòtre auctoritez et notre decrets aux susdites.

Cependant nous inclinans a la devotion des d. confreres de leurs pieuses et devotes prières pieusement et divine intérieure affection et que la dévotion s'augmente esdits Confreres a nostre salut, et des nottres et de nos sujects, que le culte divin puisse estre augmenté desirans nous et nos successeurs Esveques estre participant es prieres et biens spirituels de la dite Confrairie. Nous ayans sur ce deliberé et veu par nous sincerement les dits statues et ordonnances et ce que nous pouvons de Droit et devons de notre ordinaire, authoritez spécial grace par le teneur des presentes approbation et Confirmation qui voudront (vaudront) perpetuellement. les Loüons approuvons, comme aussy les confirmons, interposons et toutes les susdites, et chacune d'icelles notre auctoritez et decret sauf l'honneur et obeissance en toutes ses permise et chacune d'icelles et tres saint père en *Jésus-Christ* seigneur et souverain pontif de l'Eglise romaine et du serenissime prince Notre Roy de France et de son Eglise et de l'Eglise parochialle et le droit de tous autres.

Mais parceque selon le dire de l'apostre nous comparoistrons tous devant le siege de Jésus-Christ pour recevoir ce que nous aurons fait en corps soit bien soit mal, comme ouvriers, il nous faut semer en terre jusques au jour de l'extreme visitation, que concedant le Seigneur, nous puissions recevoir le fruit de nos bonnes œuvres au Ciel ayant une ferme esperance et confiance de ce en terre, parceque celuy qui aura peu semé, peu recueillera et moissonnera et celuy qui semera en benediction en moissonnera la vie Eternelle.

Et partant affin que cette Eglise en laquelle sera celebrée cette dite confrairie le culte divin et les festes du tres heureux Nicolas tres Glorieux Confesseur, les festes y soient recolléé qu'elles soient sequestrées et qu'on y arrive avec un fréquent accez a la memoir de *Dieu* et très heureux Nicolaset qui celle confrairie soit plus decemment et reveramment reveréé en quoy, Nous avons une spécialle confiance affin que le culte Divin s'augmente en tous et chacun des Chrestiens bienfacteurs de la ditte Confrairie, qui asisteront le Bastonnier de la ditte Confrairie es chose predites, qû'ils oyent les messes et autres divins offices qui doivent estre par eux celebrez, s'y trouver et offrir esdites messes et assisteront a porter les corps des defunts es Eglise et cimetieres comme est contenus es susdites statües, en celebrant le divin office pour le remède des ames assistant a l'Inhumation de leurs corps avec oblations qu'ils feront pour le remede des ames de tels Confreres et Consœurs decedés, ou qui diront pour eux un *Pater noster*, a la proclamation ou son de la cloche pour les dits deffuncts, ou qui auront elargy de leurs biens pour l'augmentation du revenus au culte et service Divin toutes fois et quand ils feront les choses predites, ou quelques d'icelle ou assisteront aux dites assotiations, celebrations, ou oraisons ou quelque d'icelle offreront. ou priront que toutes fois vrays penitans seront et confiez de leurs pechéz, ou dans huict jours continuant a conter du jour ou des jours du bienfaits de leurs associations, et celebration, oraisons, oblation, ou eslargissement de biens, ou autres benefices, nous leurs concedons quarante jours d'indulgence leur relaschans misericordieusement au Seigneur.

Davantage, voulons un transcript, une coppie ou plusieurs estre donnéé des presentes aux susdits confrères sils leur plaist soubs le scel de notre cour de Langres et duplicques a laquelle coppie ou transcript des presentes ou lettres duplicqués comme a nos presentes Lettres originelles, voulons et mandons pleine foy estre adjoutez en signe et témoin de quoy et de toute et chacune des choses premises, teneur, certitude et perpétuel tesmoignage, voulons nôtre scel estre apposez a ces presentes Lettres. Donné et faite a Montsaujon en notre Chateau le samedy apres la Saint Thomas apostre qui a esté le vingt-deuxiesme du mois de Decembre en l'an du seigneur mil trois cens soixante neuf par le seigneur Jean de Ibicio avec paraphes loriginal estant en parchemin avec double sceau en cire rouge pandans a deux queües.

La Presente coppie a eté prise et extraite sur la

grosse tirée de l'original par moy Didier Mareschal sous diacre au diocèse de Langres en presence des Nottaires au Bailliage de Montsaujon soubsigne avec moy et plusieurs autres des sieurs confreres de la ditte Confrairie, ce premier jour d'avril mil six cens soixante six.

Alexander Episcopus

Servus servorum dei (1), universis Christi fidelibus præsentes litteras inspecturis, salutem et apostolicam benedictionem considerantes nostræ mortalitatis fragilitatem et humani generis conditionem extremique severitatem judicii, pescupimus fideles singulos judicium ipsum bonis operibus et piis prœcibus pravenire ut per illa eorum peccata deleantur ipsi que œterna felicitatis gaudia facilius consequi mereantur, cum itaque sicut accepimus in parrochiali Ecclesia Montsaujon Lingonensis diocesis, una pia et devota utriusque sex ? Christi fidelium confraternitas sub in vocatione sancti nicalai ad Dei omnipotentis Laudem et animarum salutem proximique subventionem canonicé non tamen pro omnibus specialis artis justituta extat. Cujus dilecta filii confratres quàm plurima pietatis et caritatis opera exercere consueverunt, ut igitur ipsi pro tempore existentes dictas confraternitatis confratres in hujus modi piorum operum exercitio confoueantur ac magis ad eo imposterum exercenda per amplius invitentur de ejusdem omnipotentio dei misericordiæ beatorum petri et pauli apostolorum eorum auctoritate confisi. Omnibus et singularis utriusque sexus Christi fidelibus veré pœnitentibus et confessis, qui dictam cônfraternitatem de cœtero ingredientur et inea recipientur die prima eorum ingressus et receptionis hujus modi in sanctis-

(1) La copie de ces actes, quoique scrupuleusement faite, ne manque certainement pas d'erreurs.

simum Eucharistiæ sacramentum sumpserunt ipsisque ad præsens et pro tempore existentibus dicta confraternitatis confratribus et veré pœnitentibus, et confessis ac sacra communione si id commodé fieri poterit et refectis aut salutem contritis in eorum mortis articulo nomen *Jesu* corde si ore nequiverint tenete invocantibus ac insuper eisdem confratribus similiter pœtentibus et confessis ac sacra communione refectis quid tamen Ecclesiam in die festo translationis ejusdem Sancti Nicolai a primis vesperis usque ad occasum solis diei festi ejus modi singulis annis devoté visitaverint in ibique haresum (?) extirpatione Lareticorum ad unitatem Ecclesià reductione infidelium conversione ac Sanctà Matris Eclesià (e) exaltatione ac inter Christianos principes facienda et fovenda pace concordia et unione ac Nomiñationem pontificis salute pias ad Deum preces effuderint, quo die festo prædicto id pro tempore fecerint plenariam omnium et singulorum peccatorum suorum indulgentiam et Remissionem perpetuo concedimus et elargimus nec non ipsis confratribus et veré pœnitentibus et confessis dictaque sacra communione refectis qui dictam Eclesiam in Sancti Nicolai prœdicti, ac assomptionis et annunciationis beatà Marià Virginis, ac Nativitatis Domini nostri Jesu Christi, festivitatibus singulis annis, et devoté visitaverint in jbique ut pràfertur oraverint, Euoquatuor (Evoquatur?) posteriorum festivitatum hujus modi id pro tempore fuerint septem annos et totidem quadragenas, prostremo eisdem confratribus quoties Divinis officiis indicta Eclesia, seu oratorio dicto confraternitatis hujus modi more confratum celebrandis, aut congregationibus publicis, vel secretis ejusdem confraternitatis pro quocumque opere pio exercendo et proccessionibus ordinariis et exordinariis tam dicta confraternitatis quam aliis et scientia ordinarii faciendis aut sepelendis mortuis officiosé interfuerint aut ipsum sanctissimum sacramentum dum aliquem infirmum defertur associaverint vel qui hoc facere impediti campanæ ad id signo dato genibus flexis semel orationem dominicam et salutationem angelicam pro dicto infirmo recitaverint vel pauperes peregrinos, hospitio exceperint ac ignorantes Dei pràcepta, et quæad salutem suum docuerint vel divinum aliquem adviam salutis reduxerint vel pacem cum inimicis propriis vel alienis composuerint, vel quinques orationem et totus (toties) ? salutationem pràdicta et pro animabus confratrum dictà confraternitatis in Christi Charitate defunctorum recitaverint toties pro quolibet pràdictorum piorum operum exercitio sixaginta dies de injunctis eis seu aliter quomodo libet debitis pœnitentiis auctorite et tenore prœmissis et miseriditer in domino œterno perpetuo, relaxamus pràsentibus perpetuis futuris temporibus duraturis. Volumus autem quod si dicta confraternitas alicui archiconfraternitati aggregata sit vel in posterum aggregetur, seu quavis alia ratione, vel causa pro illius indulgentiis consequendis, aut de illis participandis uniatur, vel aliter quomodolibet instituatur priores, seu quà vis alia litterà de super obtenta, pràter pràsentes, nulla tenus eis suffragentur sedex (ou sed ex) nunc prorsus nulla fuit coipso (ou eo ipso), quodque si confratribus presentibus ratione prà missorum, aut aliter aliquas alia indulgentia perpetuo, vel ad festum tempus nundum elapsum duratura per nos concessa fuerit et dum pràsentes litterà nullius fuit roboris vel momenti (momenté). Datum Roma apud sanctam Mariam majorem anno incarnationis millesimo sexentesimo sexagesimo quinto, idus februarii, pontificatus nortri anno undecimo,

Cum nulla alia indulgentia, inquirentibus nobis, confraternitati sancti Nicolai de Montsaujon, reperiatur concessa, hanc promulgare ac celebrare licet, assignata etiam publica supplicatione seu pro cessione in diem festi translationis ejusdem sancti Nicolai, post vesperas, moneant autem parochi sedulo ; indulgentias quœ penitentiam necessario habent annexam, cum cusibus, choreis, conversationibus, aliis que id generis, christiana disciplinà dehonestamentis, nulla posse ratione consistere, porro statuta eisdem confraternitatis reverendissimo atque illustrissimo domino, D. Episcopo confirmanda exhibeantuo nis jam legitima authoritate confirmata sint. Datum Lini gonis die sexto Maij anno Domini millesimo sixcentesimo sexagesimo sexto. Alexander Cordier vicarius generalis.

« *Les jours* pour gaigner les Indulgences, sont le jour de la translation St Nicolas, 9 may. Le jour de la feste dudit sainct Nicolas, 6. Decembre. Les jours de l'Assomption 15 aoust, Annonciation de Nostre Dame 25 mars et le jour de Noël. »

« *Catalogue* des noms et surnoms des confreres et consœurs de la confrairie du Glorieux Sainct Nicolas evesque et confesseur establie a Montsaujon en l'année mil trois cens soixante neuf, et particulièrement de ceux qui se sont trouvés depuis l'année mil six cent vingt huict. »

« Ce que dessus transcript en dix roole et le présent est conforme a ce qui est escript sur le Livre et registre de la ditte Confrairie qui est es mains de moy Antoine Trecourt secretaire d'icelle soubsigné cejourdhuy premier may mil sept cent vingt — Trécourt.

Icy s'ensuyt le nom cfreres et consœurs des..... vivant en l'année mil six cent vingt-huict.

La Confrérie de St Nicolas, dont les statuts ont été plusieurs fois modifiés, existe encore aujourd'hui

CHAPITRE IX

L'évêque de Langres seigneur de Montsaugeon

On a vu qu'en 870, à Baissey, l'évêque de Langres, Isaac, vint tenir un synode ; qu'un certain Almaury ou Almaric, vraisemblablement comte bénéficiaire de Montsaugeon, fit à l'évêque de Langres des donations, qui paraissent être l'origine des droits de l'évêché sur le Montsaugeonnais. Nous avons rappelé comment et dans quelles circonstances le domaine de l'évêque de Langres se forma par acquisitions, donations sur les seigneurs de Montsaugeon, qui conservaient leur titre tout en prêtant foi et hommage au chef de l'évêché. Dès 1069, il se considérait comme seigneur; en 1098, il recevait en cette qualité l'hommage de Eudes ou Odon de Montsaugeon.

Une bulle du pape Pascal II (1105) mentionne parmi les possessions de l'évêque Robert : les abbayes de St-Bénigne et de Saint-Etienne de Dijon, ainsi que celles de Bèze, de Molesme, de Molosme, de Saint-Michel-de-Tonnerre, de Saint-Seine, de Saint-Jean-des-Prés ou Moutier Saint-Jean, de Châtillon, de Saint-Geosmes, de Poulongy et de Rougemont, ainsi que les châteaux de Gurgy, de *Montsaugeon*, de Coublanc, de Fouvent, de Choiseul, de Grancey, de Saulx-le-Duc, de Bar-sur-Aube, de Bar-sur-Seine, de Channay, de Sexfontaines, de Tonnerre, de Blaise, d'Aigremont, de Bourbonne, de Dues, de Grinon, etc. etc., avec toutes autres possessions de l'église de Langres (1).

Nous avons montré comment le pape Adrien IV (Bulle de 1159) détermina les droits sur le château de Montsaugeon, en assurant à l'évêque la moitié du château et de ses dépendances ; nous avons signalé les acquisitions faites, 1176, sur les seigneurs de ce fief, qui se réservèrent leur titre de seigneurs ; et, en 1193, Les droits de Pierre II de Mauregard et de son frère Gérard, ainsi que la cession faite par Renaud chevalier de Cohons (1214) à Guillaume, évêque de Langres.

Vers 1235, Robert de Torote, évêque, acquit quelques autres droits et parties de la seigneurie soit par donation, soit par achat. Quand, en 1268, l'évêque Guy II reçut de Thibaut, roi de Navarre, comte de Champagne et de Brie, l'hommage qui lui était dû en sa qualité de seigneur de *Montsaugeon*, il était accompagné d'un autre *Seigneur* de ce fief, qui avait conservé, on le voit, son droit au titre.

Après 1266, Montsaugeon passa définitivement aux évêques de Langres, qui, de suzerains, devinrent possesseurs de ce fief.

En 1360, l'évêque Guillaume de Poitiers se qualifie *comte de Montsaugeon*, que l'épiscopat conserva jusqu'à la Révolution.

L'évêque de Langres était un haut seigneur, un puissant prince de l'Eglise ; Le vénérable Gauthier de Bourgogne, 58e évêque (1163-1179), sixième et

(1) L'abbé Roussel, *Le Diocèse de Langres*. I. 203.

dernier fils de Hugues II, duc de Bourgogne, et le troisième de ses frères élévés à l'épiscopat, est le premier des prélats de Langres, qui ait été *duc* et *pair* ; César Guillaume de la Luzerne fut le dernier (1).

Duc et pair, l'évêque de Langres était aussi *marquis* de Coublans, *comte* de Montsaugeon, *baron* de Gurgy-le-Châtel, Mussy et Luzy.

Il comptait parmi ses vassaux des princes et des grands seigneurs, parmi lesquels on remarque le roi de Navarre, le roi de Sicile, le duc et le comte de Bourgogne, le comte de Tonnerre, les sires de Grancey, de Thil-Châtel, de Vignory, de Choiseul, de Conflans, de *Montsaugeon*.

Les six barons de l'évêque de Langres étaient les sires de *Montsaugeon*, de Luzy, de Conflans, d'Aigremont, de Choiseul et de Grancey (2).

L'évêque de Langres, duc et pair de France, occupait le troisième rang et portait le sceptre au couronnement des rois.

Le temporel de l'évêché était considérable (3).

L'évêque Guy Bernard (1453-1481) dressa le dénombrement de ses terres, droits et privilèges. On remarque Montsaugeon, *en toute propriété* (4).

En conformité des lettres patentes du roi ce

(1) L'abbé Roussel. *Le Diocèse de Langres*. I, 107.
(2) de Piépape. *Hist*re *mil*re *du pays de Langres*. p. 32.
(3) D'après un ancien terrier (1334) (*Archives de la Haute-Marne*) le domaine comportait huit seigneuries : Baissey, Neuilly-l'Evêque, Hortes, Ormancey, Luzy, Coublanc, Langres Bourg, Cohons, etc. et *Montsaugeon*.
La seigneurie de *Montsaugeon* comprenait, en 1334 : Chatoillenot, Courcelles, Esmons, Rivières, Couzon, Occey, Isômes, Vaux, Aubigny, Prauthoy, Sacquenay, Talmay, Percey-le-Grand, Percey-le-Petit, Choilley, Dardenay, Dommarien, St Michel, St Broingt-les-Fosses, Montigny-sur Vingeanne, La Villeneuve-sur-Vingeanne, La Chaume.
Le nombre total des fiefs de l'evêché, au XIVe siècle, était de 83
Au XVIIIe siècle on ne trouve plus Isomes dans le comté.
(5) P. Vignier. *Décade* II, 198.

dénombrement fut présenté à la chambre des comptes le 23 février 1645.

En voici le détail :

1° *Langres.* L'évêque reconnaissait tenir du roi la ville avec ses portes et entrées ; la garde de la moitié des clefs, l'instruction des capitaines élus et présentés par les habitants (1).

Il avait haute, basse et moyenne justice, administrée par un bailli, un prévôt et des sergents ; palais, maison des plaids pour son bailli, et prison. Le droit de *pertuisage* (2) aux cinq portes de la ville, de *rouage* (3), *taille* de la trésorerie et la rue franche, *four*, *rivière banale*, droit *de vente* et d'échange ; 101 fauchées de prés, que plusieurs hospices et paroisses des environs étaient tenus de soigner et rentrer les foins ; droits sur les foires et marchés ; *Ban vin* (4) ; *minage* (5) des pannetiers et gâteliers (patissiers fabricants de gâteaux), *mesurage* sur le sel entrant (2 sous sur chaque muid et une geloignée de sel), droit bien diminué quand le roi établit à Langres un grenier à sel ; droit de *banlieue* (6) et de *péage* (7) qui pesait

(1) Ces capitaines institués au XIVe siècle par le roi Philippe, étaient avec les prévôts et les baillis chargés de commander les troupes et de veiller à la tranquillité publique.

(2) *Pertuisage*. voici, d'après le lexique de Godefroy le sens de pertuisage, sens adopté d'ailleurs par Du Cange et Lacurne de Ste Palaye : « droit de forage qui se payait sur le vin qu'on vendait en détail ; droit dû au seigneur, pour mettre un tonneau en perce et vendre le vin qu'il contenait ; droit dû par les marchands forains fréquentant les foires. »

(3) *Rouage* taxe levée sur les voitures à titre d'indemnité par les seigneurs féodaux pour les dommages que les roues causaient aux chemins. Cet impôt devait être affecté primitivement à l'entretien des routes.

(4) Ban vin, droit qu'avait le seigneur d'accorder l'autorisation de vendre du vin dans ses domaines ; il prélevait un impôt sur ces ventes. Droit qu'avait un seigneur de vendre son vin avant tous ses vassaux jusqu'à une certaine époque de l'année.

(5) *Minage*, droit sur la *mine* de blé ou d'autres grains pour le mesurage.

(6) *Banlieue*, droit sur les amendes encourues pour délits dans la banlieue.

(7) *Péage*, droit perçu sur les chemins et passages des rivières ; à charge par les seigneurs qui le percevaient d'entretenir leurs chemins.

surtout sur les juifs ; *chambre* (1) dont tous les sujets étaient justiciables ; droits de *gruerie* (2) ; droits sur les maisons, les terres, les redevances, les rentes, etc...

Les habitants, n'ayant ni corps constitué, ni commune ne pouvaient s'assembler sans la permission du seigneur, ni hors de sa présence ou de celle de ses officiers.

Il recevait le serment du procureur et du *maître des œuvres* (le bourreau, exécuteur *des hautes œuvres*).

2° *Châtillon-sur-Seine.* L'évêque avait son hôtel dans le château, et partageait la juridiction, instituait un bailli, un maire et autres officiers. Ses officiers siégeaient avec ceux du duc de Bourgogne, de sorte que s'il y avait à mettre un homme au dernier supplice, on l'exécutait à deux *chevestrées.* Il avait scel, tabellions, prisons, tailles, banvin, partage, aide, cens en argent, chapons, gelines, œufs, corvées et autres droits seigneuriaux.

3° L'évêque possédait les *châteaux* et *maisons fortes* de Mussy, Luzy, Bourg, Coublanc, *Montsaugeon*, Gurgy, Cohons, Baissey, Hortes, Chatoillenot, etc., etc.

4° Pour le *service des châteaux*, il recevait lits de plume, linceuls (draps), couvertures, gelines, etc. de Baissey, Bourg, Coublanc, Cohons, Dardenay, Dommarien, Isomes, Perrogney, Prauthoy, St-Michel, Vaux et Aubigny, Verseilles, etc.

5° *Bailliages*. Indépendamment de ceux de Lan-

(1) *Chambre*, chambre ecclesiastique, tribunal où l'on jugeait en appel les procès relatifs à la levée des décimes et autres impôts sur le clergé.

(2) *Gruerie*, juridiction inférieure qui prononçait sur les délits forestiers. — La gruerie était aussi un droit que percevait le seigneur sur les ventes de bois.

gres et de Châtillon, il en avait encore à La Chaume, *Montsaugeon* et Mussy.

6° *Assises.* Ses baillis et prévôts tenaient assises à Baissey, Châtillon-s-Seine, Coublanc, Hortes, Isomes, *Montsaugeon*, Mussy, Vaux et Aubigny, etc.

7° La *haute, moyenne et basse justice* dans plus de 70 communes notamment : Bourg, Baissey, Cohons, Coublanc (moitié), Cusey (haute), Couzon, Choilley, Chatoillenot, Dardenay, Dommarien, Esnoms, Hortes, Isomes, Leuchey, *Montsaugeon*, Mussy, Occey (haute), Perrogney, Percey-le-Petit, Piépape (haute), Percey-le-Grand, Prauthoy, Rivières-les-Fosses, Saint Broingt-les-Fosses, St Michel, Les Verseilles, etc.

8° *Officiers de Justice* : Toutes les communes où l'évêque tenait une juridiction avaient des maires, à l'exception de quinze lieux d'assises, qui étaient érigés en prévôtés...

9° *Hommes de mainmorte et de serve condition ;* il y en avait encore dans quelques communes, notamment : Leuchey, Verseilles-le-Haut, etc...

10 *Tailles* dans 46 communes, notamment : Balesmes, Bourg, Baissey, Cohons, Chatoillenot, Couzon, Choilley, Dardenay, Dommarien, Esnoms, Leuchey, Isômes, *Montsaugeon*, Mussy, Perrogney, Prauthoy, Rivières-les-Fosses, St-Michel, St Broingt-les-Fosses, Vaux et Aubigny, etc...

11° *Corvées* :

(*a.*) *Charrois*, en 20 communes, notamment à Baissey, Dommarien, Esnoms, Isomes, *Montsaugeon*, Perrogney, Prauthoy, St-Michel, St-Broingt-les-Fosses, Vaux et Aubigny, etc...

(*b.*) *Charrue*, en 12 communes, notamment : à Baissey (avec bœufs, ou vaches et non avec chevaux), Coublanc, Cohons, Dardenay, Dommarien, Humes, Hortes, Prauthoy, etc.

(*c.*) *Sarclage et moissonnage*, en trois communes : Aujeures (pour un quart), Cohons et Maatz.

(*d.*) *Gerberie de moissons*, à Cohons et à Gevrolles.

(*e.*) *Fauchage et fenaison*, en dix communes, notamment à Baissey, Cohons, Esnoms, etc...

(*f.*) *Pour le bois*, Buxerolles et Hortes.

12° *Droit de souveraineté* (pouvoir législatif : institution des officiers et magistrats chargés de rendre la justice, droit de battre monnaie, de déclarer la guerre, de lever des impôts, de percevoir les droits domaniaux, etc.), à Arbot, Aulnay, Leugly et Rouvres-sur-Aube.

13°. *Dîmes et tierces :*

(*a.*) de *grains* en 26 communes, notamment à Baissey, Coublanc (moitié), Chatoillenot, Isomes, Mussy, Leuchey, Occey, Prauthoy, Rivières-les-Fosses, St-Michel, St.-Broingt-les-Fosses, Verseilles-Bas, etc...

(*b.*) de *vins* en 19 communes, notamment à Baissey, Cohons, Coublanc (moitié).

(*c.*) d'*agneaux* à Baissey et à Occey.

14° *Droits divers.* (*a*) *Saulvement* en onze communes notamment à Balesmes, Cohons, Humes, etc...

(*b.*) *Remuement d'héritage* : en huit communes, notamment à Bourg, Baissey, Cohons, etc...

(*c.*) *Lots et ventes* en treize communes, notamment à Hortes. (*Les lots et ventes*, droit que l'on payait à la vente d'un héritage censier ou compris dans la censive.)

(*d.*) *Forestage* (droit qu'un forestier devait payer à son seigneur) en sept communes, notamment : Chatoillenot, Dommarien, Esnoms, Rivières-les-Fosses, etc...

(*e.*) *Vente et rouage*, en sept communes : notamment à Humes, *Montsaugeon*, Mussy, Verseilles-le-Haut, etc...

(*f.*) *Charruage*, (droit féodal que les seigneurs de Champagne prélevaient sur les charrues de leurs vassaux) ; à Chatoillenot, à Rivières-les-Fosses, etc...

(*g.*) *Péage*, à Montigny-sur-Vingeanne.

(*h.*) *Ban vin* à Gurgy, Lachaume et Montsaugeon.

(*i.*) *Désabonnement des terres* à Baissey.

(*j.*) *Le jet de bâton aux gelines* à Erizeul et dans une rue de Prauthroy : (Le *gelinage* redevance annuelle d'une poule, appelée *geline de coutume*, que dans quelques contrées les serfs payaient leurs à seigneurs).

(*k.*) Dans plusieurs communes des redevances en grains, gelines, chapons, cire, gâteaux, etc.

15° Droits sur les *halles* de Gurgy, Hortes et *Montsaugeon*.

16° *Banalité* : 28 moulins, un foulon, 23 fours, des bois dans six communes, et des rivières dans dix. — Un pressoir et des vignes à Beaune, d'où le duc de Bourgogne était tenu d'amener le vin jusqu'à Thil-Châtel.

17° *Foi et hommage*. Le comte de Champagne tenait de l'Evêque de Langres : Chaumont, Nogent, Montigny-le-Roi, Coiffy, Bar-s-Aube, et la garde de Molesme, et il en a rendu les devoirs jusqu'à la Révolution.

Le duc de Bourgogne tenait de l'évêque de Chatillon, tout ce qu'il avait dans cette ville et le château de Montbard.

Le comte de Bar-s-Seine, tenait la garde de Pothières, etc.

Le comte de Bourgogne tenait en Franche-Comté, Gray, etc.

Le comte de Tonnerre son comté et les fiefs en dépendant.

Les seigneurs de la Ferté-sur-Aube, Grancey, Thil-Châtel, Fouvent, Choiseul étaient les hommes liges de l'évêché et devaient l'assister à son premier avènement.

On tenait encore de lui plus de cinquante seigneuries ou maisons fortes, entre autres : Aigremont, Fontaines-Françaises, les maisons de Gratte-dos et d'Aprey, la motte de Veuxaules, le châtel de Corginon, la maison deNoidant-le Rocheux, la forteresse de Bourbonne, etc. sans compter des terres, prés, maisons, dimes, cens et autres droits dans une vingtaine de localités autres ; et en la plupart des villes, châtellenies et seigneuries dont on a parlé ; ceux qui avaient des portions de justice, de cens etc. les tenaient aussi de l'évêque.

18. *Droit commun.* Les hommes de chaque châtellenie étaient tenus à la garde du château par l'ordonnance du châtelain ou capitaine.

L'évêque instituait un gruyer ayant la juridiction sur ses terres. — Il recueillait les successions des bâtards, aubains, ultramontains et autres décédés sans hoirs.

D'après l'inventaire des biens dresssé en 1741, les évêques de Langres possédaient treize seigneuries principales dont dépendaient un grand nombre d'autres non moins considérables :

834. (Arch. de la Hte Marne), ancien terrier. 8 seigneuries : Baissey, Neuilly-l'Évêque, Hortes, Armancey, Luzy, Coublanc, Langres, Bourg, Cohons, etc. et Montsaugeon.)

Seigneurie de Montsaugeon (1334).

Chatoilenot, Courcelles, Esnoms, Rivières, Couzon, Occey, Isomes, Vaux, Aubigny, Prauthoy, Saquenay, Talmay, Percey-le-Grand, Percey-lePetit, Choilley, Dardenay, Dommarien, St Michel, St-Broingt-les-Fosses Montigny-sur-Vingeanne, La Villeneuve-sur-Vingeanne, La Chaume, Chatillon-sur-Seine, Gevrolles, Mussy-l'Évêque, Gurgy.

Total des fiefs de l'évêché au XIVe s. 83. Au XVIII s. on ne trouve pas Isomes dans le comté.

Valeur pécuniaire de Montsaugeon paroisse.

1600. — 50 liv. 1760. — 400 liv.
1730. — 500liv. 1765. — 818 liv.
1732. — 500 liv.

Décimes en 1765 31 fr. 9 s.

1°. Langres, duché pairie, polce et mouvance. (La seigneurie de Langres comportait 34 fiefs dont Bourg, Cohons, Longeau, Perrogney, Piépape, Petasse, St-Geosmes, Vesvres, etc...)

2° Montsaugeon, comté, prévôté et mouvance.

3° Gurgy-le-château, baronnie, id.

4° Luzy « «

5° Chatillon-sur-Seine, bailliage ducal et mouvance,

6° Coublanc, marquisat, châtellenie, prévôté et mouvance.

7° Mussy-l'évêque, marquisat, bailliage, prévôté et mouvance.

8° La Chaume, châtellenie, prévôté et mouvance.

9° Gevrolles.

10° Hortes, prévôté seulement.

11° Neuilly-l'évêque, Id.

12° Baissey, prévôté et mouvance.

13° Ormancey, Id.

Montsaugeon comprenait 39 seigneuries :

I. Accelot ? Arcelot ? Asselot ?

II. *Aubigny.* — Canton de Prauthoy, église pour Aubigny et pour Vaux, avec desservant ; dépendait autrefois du doyenné de Grancey; siège d'un prieuré — en 1789 se trouvait depuis plus d'un siècle réunie au séminaire. L'évêque de Langres acquit Aubigny de la maison de Montsaugeon, au XIII° siècle. — Le seigneur y avait un maire *d'hoirie*, c'est-à-dire héréditaire, — des droits de lits de plumes, de draps, de couvertures, etc., pour ses châteaux, un moulin près de Vaux, 400 ouvrées de vigne façonnées par corvées, les vendanges transportées par les habitants, par les *harnais* fournis par l'abbé d'Auberive et le maître de Grosse-Sauve, étaient amenées devant le *treuil* (pressoir) du seigneur, qui remplissait aussi l'office de *jaultier* (jaugeur) (1).

III. *Aurain*. Orain-sur-Vingeanne, annexe de Saint. Maurice en Champagne, diocèse de Langres, doyenné de Grancey.

IV. *Bèze*. Canton de Mirebeau, l'abbaye de Bèze enrichie par les libéralités des évêques de Langres, dès le VIII^esiècle, les reconnaissait comme leurs seigneurs ; ils avaient le titre de barons, et touchaient à Bèze des redevances.

V. *Champy*, (Grange).

VII *Chatoillenot*. Eglise St-Etienne, à la collation de l'évêque ; doyenné de Grancey. En 1789 la seigneurie appartenait à l'évêque et à un laïque, M. de Serrey de Chatoillenot subdélégué de l'intendant à Langres. Le château était démoli en 1464 ; le château moderne construit par l'évêque, passa aux Pistollet de Saint Ferjeux et est actuellement possédé par le comte de Montsaugeon.

VII. *Choilley*, canton de Prauthoy, doyenné de Grancey, annexe de Dommarien. Le château fut ruiné après Charles VII. L'évêque de Langres tenait la seigneurie avec un laïque.

VIII. *Courcelles-Val-d'Esnoms*, canton de Prauthoy, doyenné de Grancey; bien que la seigneurie fut laïque l'évêque et l'abbaye d'Auberive y percevaient des droits.

IX. *Courchamp*, doyenné de Fontaines-Françaises. L'église St-Martin jadis du doyenné de Bèze succursale de Percey-le-Grand, est aujourd'hui du diocèse de Dijon. La *Romagne* était sur ce territoire.

X. *Couzon*, canton de Prauthoy. En 1464, dans le dénombrement du temporel de l'évêché de Langres on lit : *Inhabité de présent.*

(1) Il était d'usage de donner à boire du vin aux communiants de Pâques, (1648).

XI. *Cussey-les-Forges* (1), doyenné de Grancey, Le village était fermé de murs en 1520 et appartenait aux sires de Grancey ; mais l'évêque de Langres y avait certains droits.

XII. *Dardenay*, canton de Prauthoy, seigneurie à l'évêque et à un laïque. Au XVe siècle, le capitaine de Dardenay, gentilhomme au service de l'évêque Descars commandait dans le château de Luzy au nom de la Ligue.

XIII. *Dommarien*, canton de Prauthoy, doyenné de Grancey, seigneurie à un laïque et à l'évêque, seigneur dominant, qui possédait Dommarien dès le XIIIe siècle.

XIV. *Esnoms*, canton de Prauthoy, doyenné de Grancey. Les moines d'Auberive y avaient ainsi que l'évêque de Langres de vastes propriétés.

XV. *Faye*, *Fahy* ou *Fay-les-Autrey*, à l'abbaye de St-Etienne au XIIe siècle ; après la fondation de l'abbaye de Theuley, Faye ne fut plus alors qu'une *grange* habitée par des frères lais.. Réuni au diocèse de Dijon ; autrefois du doyenné de Bèze.

XVI. *Fontaines-Françaises*, doyenné de Bèze puis de de Grancey. Seigneurie aux Vergy, qui la vendirent en 1379, à la famille de Longwy ; elle passa ensuite aux Chabot, et aux St Julien.

XVII *Fouvent*, *Fouvent le bas ou Fouvent-la-Ville*, bailliage de Dijon, jadis du diocèse de Langres, et dépendant du doyenné de Fouvent.— *Fouvent-le-Haut* ou le château, bailliage et élection de Langres, seigneurie relevant de l'évêché de Langres, avec titre de comté ; mais plus tard elle obtint celui de baronnie. Au XIIIe siècle Fouvent et Champlitte appartenaient à la maison de Vergy.

(1) Courtepée, IV. p. 9.

XVIII. *Frettes*, canton de Fays-Billot, doyenné de Pierrefaite. Il y avait dans l'église paroissiale deux chapelles de fondation (St Nicolas et Ste Barbe) à la collation de l'évêque. Seigneurie laïque.

XIX. *Gissey*, baillage d'Arnay, autrefois diocèse de Langres, doyenné de St-Seine, puis doyenné de Sombernon. Cure à la collation du chapitre de Langres.

XX. *Leffond* (Haute-Saône), bailliage de Gray, seigneurie laïque, fief mouvant du comté de Fouvent ; autrefois du diocèse de Langres, doyenné de Fouvent.

XXI. *La Romagne*, paroisse de Courchamp. Commanderie de Templiers (1140). L'église de la Commanderie jadis diocèse de Langres et du doyenné de Bèze, puis de Grancey (1731) fut choisie par le seigneur de Fouvent pour rendre foi et hommage à l'évêque de Langres en 1297. Canton de Fontaines-Françaises.

XXII. *La Villeneuve-sur-Vingeanne* doyenné de Bèze, puis de Grancey. La seigneurie faisait partie de la châtellenie de Montsaugeon.

XXIII. *Marcilly-sur-Tille*, Justice à laquelle ressortissaient plusieurs villages voisins appartenant à la Champagne. Jadis du diocèse de Langres, doyenné de Grancey, puis doyenné d'Is-sur-Tille. Aujourd'hui du diocèse de Dijon depuis 1731.

XXIV. *Montigny-sur-Vingeanne* ; domaine-fief dépendant avec Lavilleneuve de la seigneurie de Montsaugeon, aux évêques de Langres, doyenné de Bèze, puis de Grancey ; cure à la collation du chapitre de Langres avec Lavilleneuve comme succursale.

XXV. *Mornay*, fief des évêques de Langres, doyenné de Bèze, aujourd'hui diocèse de Dijon (1731).

XXVI. *Occey*, canton de Prauthoy. — La seigneurie était laïque et relevait de l'évêque, qui avait la haute justice, un maire, la moitié des dîmes du vin, du lin, du millet, etc. ; le tiers de celles de la laine et des agneaux et les deux tiers du pain offert sur l'autel le jour de la Toussaint.

En 1204, l'évêque donne ce qu'il a à Occey aux frères Hugues et Guerric d'Achey (de *Aucellis*) en échange de ce que ces seigneurs possédaient à Montsaugeon et dans quelques villages voisins ; il réserve la dîme et le droit de garde de la Maison-Dieu de Sessons (sans doute Sussy). Le prélat déclare qu'on pourra conserver la forteresse d'Occey, mais qu'on ne devra y faire aucune réparation sans son consentement et que celui qui la tiendra sera homme lige de l'évêché. On reconnaît encore aujourd'hui l'emplacement de cette forteresse.

XXVII. *Montsaugeon*, chef-lieu.

XXVIII. *Orville*. Une partie du village avec l'église dépendait du bailliage de Gray, et appartenait en 1377 à la seigneurie d'Autrey ; une portion ressortissait à la Champagne et aux bailliages et élections de Langres. Jadis diocèse de Langres, doyenné de Grancey. — Aujourd'hui, depuis 1731, doyenné d'Is-sur-Tille.

XXIX. *Percey-le-Grand*, bailliage de Gray. Domaine aux Vergy, seigneurs de Fouvent et Champlette ; jadis diocèse de Langres, doyenné de Bèze. Cure à la collation du chapitre de Langres. Diocèse de Dijon 1731.

XXX. *Percey-le-Petit*, canton de Prauthoy, Seigneurie avec titre de baronnie, laïque mais relevant de l'évêque qui avait haute justice. A la fin du XIIIe et au commencement du XIVe siècle l'évêque acquile droit de suzeraineté ; en partie de Jean de Vergy, (1293) et le reste (1314) de Jeanne d'Occey avec le dotmaine de Cusey. — L'évêque y possédait aussi trois familles par suite des *parcours* de Sacquenay.

En 1383, Guillaume de Trestondan, devint propriétaire d'une partie de la Seigneurie par son mariage avec Alixant d'Achey (Occey), fille de Jacques. Son fils réunit le reste en épousant Henriette de St-Seine, veuve de *Jean* de Dommarien. Elle était fille de Thierry de St-Seine et de Catherine de Recey ; son frère Jean de St-Seine était chanoine de Langres.

Le fief de Percey resta en la possession des Trestondan jusqu'au XVIIIe siècle et, en 1630, il fut érigé en baronnie par Louis XIII, en considération des services rendus par Claude de Trestondan, officier distingué, qui avait épousé, trois ans auparavant, Gabrielle de Han, fille de Georges, chevalier, seigneur de Beuillon, Laneuvelle, Ravenne, Fontaine, etc., et d Edmée de St-Blin.

La baronnie de Percey comprenait Montormentier, Grand-Champs et trois autres paroisses qui sont hors du département.

Au XVe siècle Percey fut dépeuplé par la guerre. Le château-fort qui est situé au sud du village est mal conservé. Il est flanqué de quatre grosses tours carrées et entouré de fossés profonds. On a démoli deux tours rondes qui en défendaient l'entrée.

On sait que les Trestondan avaient leur sépulture à Montormentier (1).

XXXI. *Prauthoy*, chef lieu de canton. — doyenné de Grancey, cure à la nomination de l'évêque et du prieur d'Aubigny, alternativement. Seigneurie laïque mais l'évêque avait toute justice et les droits de suzeraineté. La seigneurie laïque appartint quelque temps aux Baufremont.

Au dénombrement de 1464, on remarque ce singulier droit : « Item, audit lieu de Prauthoy, en la rue

(1) Jolibois. *La Haute-Marne*, V[o] Montormentier.

seullement et non pas ès maisons le *gect de baton aux gelines* dont nous devons pour chaque geline ainsi prise ung denier tournois ».

Le seigneur évêque avait dimes de blé et de vin, tierces, corvées de charrue, le charroi pour les vins et les foins, — four banal, lits de plumes, draps et couvertures pour son hôtel de Chatoillenot, etc. — Mairie héréditaire.

XXXII. *Rivières-les-Fosses*, canton de Prauthoy, doyenné de Grancey, chapitre de la cathédrale, collateur de la cure et décimateur. Seigneurie en grande partie à l'église ; l'évêque, seigneur dominant. — Mairie héréditaire.

XXXIII. *St Broingt-les-Fosses*, canton de Prauthoy, les évêques de Langres seigneurs dès le XIIIe siècle, — doyenné du Moge au diocèse de Langres, cure à la collation de l'évêque héritier des droits du prieur de Sussy (*Sussy*, ferme au sud-est près de la route n° 74). — L'évêque seigneur dominant avec toute justice. — Mairie héréditaire. — Services de *fouasse* et geline.

XXXIV. *Saint-Michel*, doyenné du Moge ; la seigneurie appartenait à l'évêque depuis le commencement du XIIIe siècle.

XXXV. *Sacquenay*. (Côte-d'Or, canton de Selongey).

XXXVI. *Talmay*, (Côte-d'Or, canton de Pontailler).

XXXVII. *Til-Chatel*, (Côte-d'Or, canton d'Is-sur-Tille).

XXXVIII. *Tornay*, (canton de Fays-Billot).

XXXIV, *Vaux-sous-Aubigny*, près de Prauthoy.

L'évêché possédait au XVIIIe siècle 186 fiefs ; non exclusivement, car les seigneuries étaient souvent partagées entre plusieurs ; certains fiefs ne lui appartenaient pas, quant au temporel, mais le seigneur de Montsaugeon prélevait des droits, quant au spirituel, droit de visite par exemple, qui étaient rémunérés.

Le domaine de l'évêché varia souvent; tantôt il s'augmente par des acquisitions nouvelles, tantôt il diminue par suite d'aliénations volontaires ou forcées. En 1587, notamment, une bulle de Sixte V donnée à la sollicitation du roi de France, conseille au clergé de subvenir aux besoins du royaume pour 500.000 écus, pris sur les revenus de l'évêché. Le chapitre de Saint-Mammès, les abbayes, furent obligés de vendre plusieurs de leurs possessions.

En 1291, à la mort de Guy de Genève, l'évêché de Langres avait en revenus divers plus de 145.000 livr. de notre monnaie actuelle. Le pouillé de 1648 ne lui en donne que 25.000 livr., aujourd'hui 150.000 fr. Le revenu de l'évêché de Langres était évalué à 36.000 livr. en 1732, et à 40.000 livr. en 1760.

En 1731, à la création de l'évêché de Dijon, douze paroisses restèrent unies au diocèse de Langres et formèrent une partie du doyenné de Grancey : (Isômes, Montsaugeon, Prauthoy, etc. (1).

(1) 1790. 27 décembre. — Etat du taux auquel se perçoit la dîme sur Montsaugeon : *curé et prieuré d'Aubigny*, 1 gerbe par journal, 180 gerbes de froment, 150 d'orge, 120 de seigle, 250 d'avoine.

Pour l'évêque sur la 20e gerbe dans un canton, sur la 12e dans un autre ; année moyenne, 230 gerbes de froment, 30 d'orge, 30 de seigle ; vin, un sou par ouvrée de vigne. Archives communales, D. I).

CHAPITRE X

Bailliage.

Les seigneurs avaient sur leurs domaines droit de justice, qu'ils tenaient non en vertu d'une délégation mais comme propriétaires du sol, du fief; non comme vassaux mais comme maîtres du lieu.

D'abord, les seigneurs rendirent eux-mêmes la justice, comme saint Louis sous le chêne de Vincennes ; ils tenaient leurs grands jours, soit sur la place publique, ou devant le carcan, qui servait à l'exposition des malfaiteurs, soit auprès de leurs fourches patibulaires, simples ou doubles, qui servaient à pendre les criminels, à côté du signe sinistre de la haute justice ; soit sous les halles quand la commune en possédait.

Plus tard, les procès augmentant, les seigneurs durent faire rendre la justice, en leur nom, comme elle est rendue aujourd'hui, au nom du peuple français, dont les magistrats ne sont que les délégués.

Plusieurs juridictions existaient à Montsaugeon, chef lieu judiciaire des fiefs mouvants de l'évêché, seigneur de ce qu'on appelle le *Montsaugeonnais*, 1° Le *Bailliage*, 2° *Le Grenier à sel*, 3° *La Gruerie*.

Les baillis étaient chargés du gouvernement d'une province ; mais les seigneurs obtinrent d'avoir leur bailli seigneurial et leur prévôté.

Les prévôts, plus tard les *châtelains*, avaient d'abord des fonctions multiples, civiles, militaires et judiciaires (1) ; ils ne conservèrent dans la suite qu'un droit de juridiction en première instance dans certaines matières civiles, personnelles et mixtes entre roturiers et pour tous les délits qui n'étaient pas réservés aux baillis. Louis XV, en 1749, les réunit aux bailliages, et aux présidiaux.

En 1464, la prévôté de Montsaugeon avait juridiction : pour la haute, basse et moyenne justices sur Isômes, Couzon, Rivières-les-Fosses, Vaux, Prauthoy, Aubigny, Chatoillenot, Esnom, Courcelles, St Broingt-les-Fosses, St-Michel. Dommarien, Choilley, Dardenay et Sacquenay ; pour la haute justice seulement sur Cusey, Percey-le-Petit, Montormentier, Piépape, Occey et en partie Percey-le-Grand.

Le *Bailli*, outre la juridiction sur toute la prévôté, avait sous sa dépendance Grancey-le-Château, Chalancey, Thil-Châtel, Fontaine-Française et Fouvent, qui faisaient partie de la châtellenie ou du Montsaugeonnais.

Il tenait ses assises sous les halles de Montsaugeon, assisté de son greffier.

Comme, le plus souvent, le bailli était avocat ou procureur et résidait à la ville, il s'adjoignit un lieutenant de juge, qui le suppléait. Bientôt il eùt à ses côtés un procureur d'office ou fiscal, qui remplissait auprès de lui les fonctions de ministère public, était chargé de la police de sa localité, saisissait le juge des délits et des crimes, requérait la peine, faisait apposer les scellés après décès, protégeait les mineurs, etc. On l'appellerait aujourd'hui le procureur de la république.

1787. Du bailliage et présidial de Langres ressortissaient 236 commune dont : Aubigny, Aujeures,

Baissey, Balesmes, Brennes, Chalancey, Chassigny, Chatoillenot, Choilley, Cohons, Corgirnon, Coublanc, Courcelles-Val-d'Esnoms, Couzon, Cusey, Dardenay, Dommarien, Esnoms, Flagey, Heuilley-Cotton, Heuilley-le-Grand, Isômes, Leuchey, Longeau, *Montsaugeon*, Noidant-Chatenoy, Noidant-le-Rocheux, Occey, Orcevaut, Percey-le-Pautel, Perrogney, Piépape, Prauthoy, Rivières-les-Fosses, St. Broingt-les-Fosses, St.-Michel, Vaux-s/-Aubigny, Verseilles-le-Haut et le Bas, Villegusien, Villiers-les-Aprey, etc....

En évaluant leur traitement : le bailli à 10 fr., le lieutenant à 8 fr., le procureur fiscal à 8 fr., on peut, en tenant compte de leurs droits à des vacations porter à 200 et 300 fr. le maximum de leurs appointements, valeur actuelle.

Ces magistrats étaient autrefois nommés par leurs seigneurs.

Ainsi qu'on le verra plus loin, dès 1630, la prévôté, la gruyerie et la mairie seigneuriale se réunissent en une seule fonction exercée par le *châtelain* qui partage ses droits avec le bailli et le procureur d'office.

Baillis.

Agnus *Turquet*, (1648 ou 1672 3 nov.), époux d'Edmée Girault, bailli et juge premier au bailliage et comté de Montsaugeon (1). La pierre commémorative placée en l'église de Montsaugeon, ainsi que nous l'avons dit, est en souvenir d'Agnus Turquet, qui aurait en premières noces, d'après les archives de la Fabrique, épousé dame Edmée Girault. Il a contribué à établir le collège des Jésuites à Langres (2).

(1) Vignier. *Décade* II. p. 262.
(2) Vignier. *Décade* II. p. 262.

« *Charpy* Jean, portant d'azur à la bande d'or accompagnée de deux moutons d'argent, laissa deux fils : Laurent, père de Marguerite, et Guy, avec trois filles : scavoir Marie, femme de Monginot Genevois, Marguerite espouse de Jean Gastebois et Henriette, mariée à Girard Varnerot, s[r] de Moinay, bailly de Champlitte. Guy eut, d'Isabeau d'Arbois, Guillaume, Barthelemy et Bonne Charpy. Guillaume espousa Lucotte des Molins et en eut Antoine, Simon et Guy II. Antoine eut de Marie Milot, Simon, Claire et autres enfants. Guy II espousa Jacquette de Chastillon et en eut plusieurs enfants : scavoir Guillaume, advocat à Langres, puis Lieutenant particulier à Bar-sur-Seine (dont nous avons parlé au commencement de ces généalogies), Guiette, femme de François Geulot ; Claude, femme de Jean Vignard, et Isabeau mariée 1° à François Begat, mentionné cy dessus ; 2° à *Edme Turquet* conseiller à Langres en 1590 et dont Anne femme de N. Godard.

Le *dict Turquet* espousa en 2emes noces Oudette Boittotte d'où *Agnus ou Anne Turquet*, bailly de Montsaujon, père de Jean-Baptiste, décédé, l'an 1662, bailly du mesme lieu, de Jeanne femme de Bernard Vacher et de Françoise, espouse de Nicolas Demongeot. Ledict Jean-Baptiste a laissé d'Anne Girault sa femme, trois fils : Agnus, Edme et Bernard ; et enfin Marie Charpy, femme *de Pierre Simon* (1).

« Claude Girault II, seigneur de Chalancey en 1535 etc, espousa Claude Girardot et en eut trois fils et deux filles filles, scavoir Jean, *Simon*, grenetier à Montsaujeon, qui, d'Eglantine Gillot, eut Charles et Marguerite Girault, alliée à Guillaume de Montbeby,

(1) Vignier. *Décade*, II. p. 310.

seigneur de Changey et de Voncourt. Le dict Charles Girault, grenetier, espousa Anne du Bois. ».... (1)

1679. *Spalte*, Etienne, avocat en Parlement et bailli de Montsaugeon.

1864. Le *Vacher*, J.-B^e^, avocat en Parlement, bailli et juge premier au bailliage, domaine, gruerie et graierie (2) du Comté de Montsaugeon. 1688 (13 mars), 1692, 1695 (7 septembre). *Gravier* (3), Philibert, bailli et juge premier au bailliage, gruerie et graierie de Montsaugeon. On trouve en 1696 un Philippe Gravier qui doit être le même.

1726. *Fremyot*, bailli et juge premier au Comté de Montsaugeon.

1737-1739. *Aubry*, (3) Antoine, bailli et juge premier civil et criminel au bailliage et comté de Montsaugeon, gruerie et grairie et police en dépendant.

1739. (30 juin). 17 58 (31 mai). *Richardot*, (3) Jean Nicolas bailli au comté de Montsaugeon, demeurant à Cusey.

Lieutenants

Le *lieutenant* dans l'ancienne organisation judiciaire était un officier de judicature, qui remplaçait le premier officier du siège en cas d'absence.

A côté des lieutenants-généraux de provinces qui administraient sous l'autorité des gouverneurs, on voyait le lieutenant particulier, qui jugeait en l'absence du lieutenant-général dans les présidiaux et autres Justices royales.

Le lieutenant civil jugeait en matière civile les con-

(1) Vignier. *Décade*, II. p. 354.
(2) Est-ce le *gréage?* droit feodal que les seigneurs prélevaient dans certaines contrées sur les ventes de gré à gré.
(3) *Archives paroissiales.*

testations qui demandaient une prompte solution sous la forme du *référé* que juge aujourd'hui le président du tribunal civil, tenait les *assemblées* de *parents* ou *conseils de famille*, ouvrait les testaments, statuait sur les demandes en séparation de corps, etc.

Les lieutenants dont les noms suivent sont-ils tous des lieutenants du bailli ?

1640. Nicolas *Varney*, lieutenant au baillage.

1702. Nicolas *Robinet*, lieutenant en la justice de Rivières.

1703. Edme *Ruelle*, lieutenant-général au comté de Montsaugeon.

1710. Etienne *Rivet*, lieutenant dans les fermes du Roi.

1825 Antoine *Miot*, lieutenant de justice à Choilley.

1727. *Richardot*, lieutenant au comté de Montsaugeon (1).

1781. 12 novembre, J, Louis Berthot, lieutenant-général du baillage de Montsaugeon (2).

Prévôté. — Maréchaussée.

Les *prévôts*, au moyen âge, étaient des officiers de police rurale, qui étaient chargés de veiller aux droits du seigneur, de recueillir ses rentes et de rappeler aux vassaux les services qu'ils devaient lui rendre. Le prévôt jugeait aussi les causes portées au tribunal du seigneur. Le prévôt chargé de la garde des moissons s'appelait *Messier* (le garde champêtre d'aujourd'hui). Je puis citer deux noms :

1671. 4 janvier. *Calmelet*, André, lieutenant en la prévôté de Vaux, Couzon, Choilley, Dardenay, etc.

(1) 1751. 25 fev. Richardot lieutenant-général. *Arch. paroissiales* II, 54 cah. III. p. 38.
(2) *Arch. paroissiales*, II, p. 20, cah. II. p. 25.

1671 22 nov. *Aubry* Henry, procureur fiscal, en la prévôté de Vaux.

Deux noms aussi ont été conservés pour la *maréchaussée*, la gendarmerie actuelle :

1707. 10 octobre. *Demongeot*, Agnus, sieur de *Confeburon*, conseiller du roi, lieutenant de la Maréchaussée de Langres — époux de Chevilliot Didière. — nobles. — Bernard Demongeot et J. B. son père (1).

1738. 21 mai — *Ballet* Antoine, brigadier de la maréchaussée à Prauthoy.

Procureurs fiscaux.

Magistrats établis près des justices seigneuriales pour y remplir les fonctions du ministère public.

1669. Claude *Fremy*, procureur fiscal.

1727. Jacques *Bougueret*, procureur fiscal de Montsaugeon.

1755. *Mugnier*, notaire, procureur fiscal de Montsaugeon.

1764. J.-B. *Michel*, procureur postulant à Montsaugeon.

1777 J.-B. *Michel* procureur au bailliage de Montsaugeon.

1785 Nicolas *Vallot*, procureur fiscal en la prévôté de Baissey.

Greffiers.

1669. *Dallot*, André, greffier de la justice de paix.

1709. (1 nov.) *Bougeret* ou *Bougueret*, Pierre-Jacques, greffier à la justice de paix de Prauthoy.

1709. (17 janvier-25 mars) *Calmelet*, François, greffier en la justice de paix de Montsaugeon.

1717. *Calmelet*, Etienne, greffier au bailliage de Monsaugeon.

(1) La famille de Conféyron existe encore à Langres.

1758. *Collombet* Jean, greffier en la justice de Vaux.

1751. (25 fév.) *Mugny*, Fiacre, greffier au bailliage.

1775 (17 juin) *Aubertot*, Jean, greffier commis à Montsaugeon.

1777. (15 mai) *Jayet*, Jean, greffier au bailliage de Montsaugeon, demeurant à Vaux.

1782 *Nouvelier*, Jean, greffier à Prauthoy (1).

Sergents-Huissiers.

Les sergents de justice, ou sergents ès lois ou huissiers établis au XIVe siècle, remplissaient les fonctions des huissiers d'aujourd'hui. Non seulement, s'ils étaient audienciers, ils devaient garder l'*huis* (porte), faire la police de l'audience, mais encore notifier, signifier, faire exécuter tous actes, jugements ou ordonnances rendus par la justice.

1671. *Gelicot* Antoine, sergent royal à Montsaugeon.

1677 *Arbeltier* Noël, sergent au comté de Montsaugeon.

1699. *Michegault* Claude, huissier au comté de Montsaugeon.

1721. *Michegault* Claude, huissier au comté de Montsaugeon.

1730. 19 juillet, *Aubry*, François, huissier royal, à Montsaugeon.

1759. *Varney*, Etienne, sergent à Montsaugeon.

1765. *Jacquinot*, Nicolas, sergent au comté de Montsaugeon.

1777. 22 juin. Etienne *Varney*, sergent au comté de Montsaugeon. — Publication à l'issue de la messe.

Praticiens.

Les avocats en Parlement ne résidant pas à Mont-

(1) (*Archives paroisisales*, II. 7, 9, 19, 20, 44, 61).
(1) *Arch paroissiales*. II. (62 cah). III p. 39.

saugeon, les justiciables confiaient le soin de les défendre devant la justice à des *praticiens*, sortes de procureurs (avoués), défenseurs ou autres gens de lois versés dans les usages des tribunaux.

1648. 7 mai. Guillaume *Frerot*, procureur (avoué). — Voir Agnus Turquet.

1670. *Charron*. Gaspard, praticien au bailliage de Montsaugeon.

1671 *Louot*, Etienne, id.

1679. *Girardot*, Nicolas, praticien à Montsaugeon.

1682. *Calmelet*, Jacques, praticien à Montsaugeon.

1682 *Louot*, praticien à Vaux.

1684. *Thirion*, Didier, praticien à Montsaugeon.

1686 *Berrot* Nicolas, praticien, à Fouvent.

1686. *Fremy* Nicolas, praticien à Fouvent.

1692. J.-B. Le *Vacher*, avocat au Parlement à Langres (2).

1722. *Mugnier* J.-B., praticien à Montsaugeon.

1727. *Ballet* ou Bulet, praticien (3).

1781. *Valot* Michel, praticien à Langres (4).

1777. 15 mai. J.-B. *Michel*, praticien, demeurant à Montsaugeon.

Notaires

Il y eut d'abord les *notaires apostoliques*, clercs ou laïques, qui avaient reçu des provisions de Rome pour instrumenter par tout le pays pour les actes ecclésiastiques. En outre, il y avait les *notaires royaux*, qui, en certains cas, pouvaient instrumenter dans les matières ecclésiastiques, à la fois civils et religieux, étaient notaires royaux ecclésiastiques. Jusqu'au XVIe siècle, la plupart des notaires étaient clercs et

(1) *Arch, paroissiales, ch. 1*. 1. cahier II p. 17
(2) *Arch, paroissiales, II*, 7 cahier II p. 21
(3) *Arch, paroissiales*, ch. 1 1 cahier II. p. 18.
(4) *Arch. paroissiales*, II. 19. cah. II, p. 25.

même, assez souvent, curés ou chanoines. La ville de Langres avait, en 1788, quatre notaires apostoliques.

Les notaires de Paris, puis ceux de province, reçurent de Louis XIV la qualification de conseillers du roi qu'ils conservèrent jusqu'à la Révolution.

Je donne ici les noms de tous ceux dont j'ai retrouvé la trace dans les archives du pays :

1353. Guy Dicam d'Andilly, clerc, tabellion en l'official de Langres.

1376. Jehan Montrailleti, tabellion juré des cour et officialité de Langres.

1614. Prudent Robelot (2), notaire et praticien à Isômes.

1618 Gautherot, notaire.

1660. Varney, Jean Baptiste, notaire à Montsaugeon.

1662. Jacques Calmelet, notaire à Montsaugeon.

1672. Gelicot, notaire royal à Montsaugeon.

1679 (28 avril) François Chaudot, notaire et garde notes héréditaire en la prévôté de Montigny-le-Roi, bailliage de Langres et comté de Montsaugeon, résidant à Pamot.

1684. Fremy, Claude, notaire au comté de Montsaugeon y demeurant.

1692 Argenton, notaire, Dadant, notaire.

1693-1696. Michegault, Antoine, notaire au comté de Montsaugeon y demeurant.

1701. Gy, Jean, notaire au bailliage et comté de Montsaugeon, demeurant à Choilley ; Jacques Gy son frère, notaire en la justice de Choilley et Dardenay, ayant les minutes de Jean, son frère.

(1) *Archives paroissiales*, II, 1. 27 et *passim*
(2) *Archives communales*. D. D. 4.

1702. Bougueret, Jacques, notaire, résidant à Prauthoy.

1716. Cherey, Etienne, notaire royal au bailliage et siège présidial de Langres, résidant à Montsaugeon.

1716. (11 mai) Gérard, notaire à Langres. — Toussaint Argenton, notaire, résidant à Isômes.

1717. (19 novembre) Jacques Bougueret. notaire à Prauthoy.

1717. (2 décembre) Aubry, Antoine, notaire et garde notes à Vaux. Il est mentionné aussi comme notaire au grenier à sel de Montsaugeon, ainsi qu'Argenton.

1724. Cherey, Etienne, notaire ; Decharnet, Jean-Baptiste, avocat en Parlement, notaire royal apostolique à Langres.

1727. Calmelet (Claude ou Thomas), notaire au bailliage et comté de Montsaugeon, demeurant à Aubigny.

1731. Arnoult, J. B[e], notaire royal au grenier à sel de Montsaugeon.

1750. Fremiot, François, notaire au comté de Montsaugeon.

1755. Mugnier, notaire, procureur fiscal au comté de Montsaugeon.

1756. Berthot, le jeune, Jean-Louis, notaire.

1777. (15 mai) Richardot, Jean Nicolas, notaire au bailliage et comté de Montsaugeon, demeurant à Cusey.

1785. Mugnier, Jean-Baptiste, fils de Mugnier Jean-Baptiste, ancien procureur fiscal et notaire au bailliage et comté de Monsaugeon, prête serment comme notaire au comté de Montsaugeon ; serment renouvelé en qualité de notaire à Montsaugeon (an XII, 19 therm.) (1) ; il est dit ensuite (1810) notaire impérial

(1) *Archives paroissiales*, II, passim. — *Archives communales* D. I.

dans le ressort du canton de Prauthoy, demeurant à Montsaugeon.

1816. Berthot, Claude Edme, notaire royal, résidant à Vaux.

1832 (17 janvier). Ecurel François, notaire à Chassigny.

1837 (25 août). Séjournant, notaire à Vaux.

Aides.

A partir de Louis XIV les impôts directs et les impôts indirects, cessent de se confondre et le mot *aides* désigne ces derniers.

Sous le dernier régime la perception des aides se faisait non par les agents directs de l'Etat, mais par les fermiers généraux, avec lesquels l'Etat traitait à forfait.

1697. de *Bissonnais*, François, receveur des aides à Montsaugeon.

1700. *Roy*, Sébastien, conseiller du roi et son receveur, demeurant à Dommarien.

1703. *D'Anicourt*, receveur des aides du département de Montsaugeon, demeurant à Langres.

1705. *Ruminy*, François, receveur des aides au département de Montsaugeon.

1707. *Simon*, Jacques, receveur des aides dans le département de Montsaugeon.

1710. *Guignot*, receveur des aides du roi.

1714. *Colson*, receveur des aides à Monsaugeon.

1717. *Michelot* receveur des aides au département de Monsaugeon.

1721. *Lamarche* Jean-Baptiste, receveur des aides à Montsaugeon.

1728. *Darbois,* François, receveur pour le roi dans les aides.

1730. *Courtat* receveur pour le roi dans les Aides, de Champagne.

1732. *Guinot* Claude François, commis pour le roi dans les Aides de France, demeurant à Montsaugeon.

1738. 9 octobre. Jobelot Nicolas, fermier des aides et autres droits joints de la généralité de Champagne. (Arch. fab. II, 16. cahier II. p. 30).

1746. *Froissard*, Charles, receveur des aides à Montsaugeon.

1738. 9 octobre. Danicourt, commis et buraliste (1).

Percepteurs.

An XII. 15 pluviose — citoyen François Poinsot, percepteur des contributions de Montsaugeon.

An XIII. 15 pluviose, — François-Julien Pernot, contrôleur des contributions de Montsaugeon (2).

Fermes du Roi.

Fermiers généraux, association financière et privilégiée qui tenait à bail les revenus publics de la France avant la révolution de 1789. Ses baux comprenaient les grandes gabelles, les gabelles locales, les petites gabelles, le tabac, les traites, les entrées des octrois de Paris et les aides du pays plat. — Ils avaient des adjoints, qui ne figuraient au traité du bail, que comme cautions du fermier titulaire, qui était toujours un prête-nom ; un modique traitement annuel de 2 à 3.000 fr. était alloué au signataire, seul personnellement responsable des conditions du bail.

1714. avril. *Henry* André, employé dans les fermes du roi.

1716 2 août. *Balet*, brigadier dans les fermes du roi.

(1) *Archives paroissiales*, II. 16.
(2) *Archives municipales*, *D. I.*

1717. 9 février. *Regnard*, capitaine général des fermes du roi.

1721. 25 novembre. *Popelard*, Nicolas, employé dans les fermes du roi, demeurant à Dommarien.

1722. 8 mars. *Popelard*, Bénigne, employé dans les fermes du roi.

1722. 11 juin. *Bourgeois*, Félix, employé à Montsaugeon.

1722. 11 juin. De *Belleville*, Pierre Mathieu employé dans les fermes du roi à Montsaugeon.

1723. 3 juin. *Renard*, Jacques, employé brigadier dans les fermes du roi à Cusey.

Calais, Jean, brigadier à Dommarien.

Gilbert, Pierre, sous-brigadier à Cusey.

1731. 21 mars, *Bouchard*, François, employé.

1739. 8 mai. *Renaud la terie*, J.-B., capitaine-général dans les fermes du roi à Dommarien.

Receveurs.

Receveurs. Agents des administrations financières qui perçoivent les impôts. — D'abord baillis, prévôts, etc. — puis (1318) *receveurs* jusqu'au XVIIIe s. ; il y eut toujours des receveurs des tailles et de certains impôts ou droits domaniaux, tandis que d'autres impôts, et spécialement les aides, étaient affermés.

1617. 18 février. *Renaud*, capitaine-général des employés à Montsaugeon.

1724. 1 février. *Dumont* Edme, receveur, épouse Thomassin, Françoise, fille de Thomassin agent des affaires de son A. R. Mgr le prince de Conti.

1733. 21 novembre. *Marivet* Etienne, receveur général de la province de Berry.

Domaines.

Noirot Cl. Bernard avocat et receveur des domaines du roi demeurant à Langres.

1789 20 janv. *Henry* Claude vérificateur des domaines du roi présentement à Montsaugeon

Pernot de Marson J. Louis Albert, receveur des domaines au bureau de Montsaugeon.

1717. 2 sept. *Courtin* fermier des droits d'amortissement et francs fiefs de la généralité de Champagne, — Bureau général à Chalons. — François Baconnier directeur général.

A Montsaugeon le receveur particulier est Pierre Guichard (1722) (1).

Traites foraines.

Traites : Droits que l'on prélevait sur toutes marchandises à l'entrée et à la sortie d'une province ou du royaume. *Traites foraines* pour indiquer que les marchandises venaient du dehors. — Droits l'un concernant toutes les marchandises importées ou exportées, l'autre les droits d'entrée ou sortie sur toutes les marchandises et denrées exportées des provinces renfermées dans l'étendue de la ferme générale pour être transportées dans les provinces du royaume réputées étrangères, ou importées de celles-ci dans l'étendue de la ferme générale.

1708. 16 fév. *Roy* Sebastien, conseiller du roi receveur des traites foraines à Dommarien.

Amodiateurs

1702-9 mars. Nicolas Balet originaire de Montsaugeon, amodiateur de la terre et seigneurie, d'Isomes y demeurant. — Elisabeth Filleul, sa femme, — fondation.

(1) *Archives paroissiales*. II. 7.

1717. 19 nov. Nicolas Balet bourgeois et amodiateur de Mgr l'évêque —Elisabeth Filleul, 1ere femme — Didière Bougueret, 2me femme —Françoise Mille, 3me femme. Fondation—lampe d'église.

1766. 17 janvier. — Lorel, Jacques, amodiateur à Occey (1).

Voyer.

1768. 16 mars. *Robinet* Jean inspecteur des chemins royaux à Aujeures.

1670. sept. *Muniot* François, voyer à Montsaugeon.

(1) *Archives paroissiales*, II, 5. 8.

CHAPITRE XI.

Grenier à Sel.

La *Gabelle* était anciennement l'impôt sur le sel. Le *grenier à sel* était non seulement le local où l'on renfermait les réserves, mais on l'appelait, par extension le village où se trouvait ce grenier.

L'impôt sur le sel, d'abord considéré comme une ressource extraordinaire, devint permanent.

Tout le sel fabriqué devait être porté, sous peine de confiscation, au grenier à sel.

Chaque grenier à sel était administré par un Grenetier et un contrôleur. Trois clefs le fermaient : la première aux mains du Grenetier, la seconde au contrôleur, la troisième au marchand ou livreur du sel.

Le Grenetier vendait le sel aux marchands en gros, à un prix qui fut d'abord autorisé à être fixé de gré à gré et plus tard soumis à un tarif mobile pour lequel le muids de Paris servait d'étalon. « Le prix de la pinte, c'est-à-dire environ un litre et demi était de 1 fr. 50 cent. » Les marchands en gros le revendaient tantôt directement aux consommateurs, tantôt, et le plus souvent à des détaillants, appelés *Regrattiers* (1).

Chaque habitant était tenu de renouveler sa provision tous les trois mois et cette provision était estimée d'après les besoins présumés. Il était défendu de revendre l'excédent de sa consommation.

(1) Huguenin. *Un village bourguignon*, p. 180.

Comme on le pense bien, cette taxe exorbitante, vexatoire, devait engendrer la fraude, la contrebande.

Les contrebandiers ou *Faux Sauniers*, étaient sévèrement punis, poursuivis sans pitié. On sonnait le tocsin pour les faire arrêter ; « mais les paysans s'en gardaient bien ; ils les auraient plutôt protégés contre *les loups* et *les rats ;* les soldats envoyés pour les arrêter s'entendaient avec eux et faisaient aussi la contrebande » (1). Celui qui avait dénoncé un contrebandier recevait le tiers du corps du délit.

Le grenetier, assisté de conseillers au grenier prononçait en première instance sur les différents relatifs aux Gabelles. Il était ainsi juge et partie dans sa propre cause.

Au XVIIIe siècle, la France formait pour le paiement de la Gabelle plusieurs circonscriptions :

1° *Le pays de grande Gabelle* ou *de la Gabelle de France*, comprenant notamment : la Bourgogne, la Champagne, etc. — Dans les derniers temps de la monarchie les familles étaient taxées à 9 livres pesant de sel, par tête, et le prix du quintal ou cent livres était fixé à 62 livres tournois.

2° *Le pays de petite Gabelle*, dont, entre autres, le Mâconnais et le Lyonnais payaient le minimum : 33 livres 10 sous le quintal, mais la consommation obligée s'elevait à 11 ou 12 livres, par tête.

3° *Les pays rédimés*, qui payaient un prix déterminé, global et fort élevé.

4° *Les pays des salines*, provinces alimentées par les salines de Lorraine, de Franche-Comté, et des trois évêchés, cette division conprenait, outre ces trois pays, le Barrois et une partie de l'Alsace. Le

(1) Huguenin. *Un village bourguignon*, p. 180.

prix moyen du quintal ou 100 livres était de 21 livres 10 sous.

5°. *Les provinces franches*, non soumises à l'impôt et qui, à raison du voisinage des marais salants, offraient des moyens de contrebande impossibles à réprimer.

La Gabelle fut supprimée le 10 mai 1790 ; l'impôt actuel a été établi le 24 Avril 1806 et fut réformé par la loi du 31 Décembre 1848.

En dehors des établissements et des droits du seigneur, le roi avait ordonné l'organisation d'un grenier à sel à Montsaugeon. Pour l'administrer il y avait un procureur du roi, un procureur fiscal, un grenetier et plusieurs autres employés subalternes.

En 1790 (6 avril) un procès verbal dressé en présence de M. Daudebois, commis à la vente du *scel* (sel) en place dans les greniers, constate qu'à ce moment le sel appartenant à le nation (21 mars) se montait à 960 quintaux, 17 livres (1). Le commis était chargé de vendre le sel au public 3 sols la livre.

Voici les noms des fonctionnaires des Gabelles que nous avons pu retrouver :

1708. 25 oct. *Roydet*, capitaine dans les fermes du roi pour les gabelles.

1733. 29 sep. *Leclerc*, Robert, contrôleur pour le roi dans les gabelles de France.

1734. 7 fev. *Fouvel*, avocat en parlement, receveur pour le roi dans les gabelles de France.

1773 10 mars *Corneux* Nicolas, commis à la recette des gabelles de Montsaugeon.

1781. 27 juin *Demesse*, Jean, commis au bureau des gabelles de Montsaugeon.

1787. 25 sep. *Fouvel Dautebois*, Nicolas, receveur

(1) (*Arch. com.* Délibération 1790. 6 avril D. I.

des Gabelles de Montsaugeon décédé le 25 sept. Assistance : *Guyardin* Louis, lieutenant particulier du bailliage et siège présidial de Langres. — *Jamard,* Nicolas, avocat en Parlement.

Grenetiers, Receveurs.

1669. 5 septembre. *Pautheret,* Hubert, docteur en médecine, grenetier (1).

16711. 9 septembre *Pautherot,* Hubert, docteur en médecine, conseiller du roi, grenetier.

1671. 4 août. *Mauparty,* J. B. conseiller du roi, grenetier.

1671. 4 août. *Mauparty* Germain, conseiller du roi, grenetier.

1676. 5 février. *Thury,* Michel, receveur au grenier à sel.

1679. 6 décembre. *Le Bas,* Simon, receveur au grenier à sel.

1681. 2 novembre. *Durand,* Hugues, conseiller et avocat du roi au grenier à sel.

1695. 8 septembre. *Cherey,* conseiller du roi et grenetier.

1696. 9 octobre. de *Richemond,* François, conseiller du roi, receveur au grenier à sel.

1706. 17 décembre. *Gravier* J. B^e, balli et juge premier, conseiller du roi et grenetier au grenier à sel.

1705. 3 décembre. *Cothenet,* Didier, grenetier.

1708. 17 septembre. *André* J. B. receveur au grenier.

1709. 1 août. *Fourneret,* conseiller du roi, grenetier.

(1) *Petit.* Grenier à sel. Gruerie Pierre Petit, capitaine et gruyer de Langres et de Montsaugeon. Voir la généalogie Petit. (Vignier. *Décade* II. p 336.)

1716. 26 octobre. *Chaudot*, Etienne, receveur à titre d'office au grenier.

1617. 2 septembre. François de *Richemond*, conseiller du roi, receveur en titre au grenier à sel de Montsaugeon y demeurant et dame Jeanne Parisot sa femme en 2e noces (fondation) (1).

1717. 6 juin. *André* J. Be. receveur à titre d'office au grenier à sel.

1720. 2 mars. *Dumont*, Edme, commis chez M. Thomassin receveur du grenier.

1726. 18 juillet. *Brousse*, Bernard, Joseph, receveur du grenier à sel d'*Is-sur-Tille*.

1741. 22 avril. *Pernot*, Bénigne, conseiller du roi au grenier à sel.

1741. 16 mars. Jean *Fouvel* (2).

1746. 27 juin. *Fouvel* Jean, avocat en Parlement, receveur du grenier à sel.

1750. 14 avril. *Fouvel* (noble), Nicolas, sieur Dautebois, receveur au grenier à sel.

1750. 14 avril. 1768 *Fouvel*, Jean, avocat en Parlement, *ancien receveur* du grenier.

1768. 10 juillet. *Gillet*, François, receveur du *grenier à sel de Langres*.

1768. 10 juillet *Fouvel* Nicolas, receveur au grenier à sel.

1789. 20 janvier. *Fouvel Dautebois*, Georges, Alexis receveur au grenier à sel.

1790. 8 septembre. *Fouvel Dautebois* (décès de) Joseph, fils de *Georges-Alexis*, receveur au grenier et de dame Leclerc de Vaubonne-Marie, Pulchérie.

1789. 20 janv. *Pernot*, Claude, conseiller du roi au grenier à sel.

(1) *Archives paroissiales*

(2) 1773 Jean Fouvel av. en parlement ancien receveur du grenier à sel de Montsaugeon, fondation. Arch. paroissiales II. p. 18.

Procureurs au grenier (1).

1669, 18 juillet. *Vacher*, Bernard, avocat en parlement et procureur au grenier à sel (2).

1745. 9 mai. *Morelet,* Claude, procureur du roi au grenier à *sel de Saulxures.*

Contrôleurs.

1709. 1 août. *Cherey*, Etienne, conseiller du roi, contrôleur au grenier à sel (3).

1671. 4 août. *Lemoine*, Claude, conseiller du roi, contrôleur au grenier à sel.

1676. 5 février. *Lemoine* Claude, conseiller du roi, contrôleur au grenier à sel.

1684. 18 septembre. De Bertholat, Marguerite, veuve de *Legoux*, Claude, conseiller du roi, contrôleur au grenier à sel.

Greffiers.

1614. 25 août. Clément *Fabre*, greffier au grenier à sel de Montsaugeon (4).

1682. 6 juin. *Raillard,* Nicolas, greffier en chef au grenier à sel (5).

1700. 27 janvier, d'Anicourt, premier greffier audiencier au grenier.

Huissier.

1720. 2 mars, *d'Anicourt* Martin, huissier au grenier à sel.

Mesureurs.

1671. *Cheuillot* ou *Chevillot*, recenseur au grenier à sel, conseiller du roi.

(1) Voir plus loin *Procureur fiscal.*
(2) *Archives paroissiales* II. 17.
(3) 1745. 15 décembre Chevey commis à la recette du grenier. *Archives paroissiales.* II 77
(4) *Archives communales.* D D. 2.
(5) *Archives paroissiales.* II. 71

1693. 26 novembre, *Calmelet* J. B[e], mesureur au grenier à sel.

1693. 26 novembre, *Fleurot*, Agnus, ancien mesureur au grenier à sel — *greffier au bailliage* de Montsaugeon.

1768. 23 janvier *Vigneley*, Nicolas, mesureur au grenier à sel.

1785. 29 décembre, *Vigneley*, Nicolas, mesureur au grenier à sel.

CHAPITRE XII

La commune de Montsaugeon.

Au XIVe siècle, la France était divisée en *Généralités* ou *Intendances*, ayant sous leur dépendance les *Elections*, divisées elles-mêmes en plusieurs subdélégations. *L'Intendant* avait sur toute la province l'autorité des préfets actuels. Les *Elus* ou chefs des *Elections*, sorte de sous-préfets. — Les Elus étaient aidés par des subdélégués ou chefs de subdélégation (1355).

Les *bailliages* remplacent les élections qui deviennent synonymes.

La *Généralité de Champagne* avait son intendant à Châlons-sur-Marne ; elle se divisait en douze élections, dont *Langres*.

Le Gouvernement de Bourgogne comportait 23 bailliages royaux, plus le bailliage particulier de Saint-Jean-de-Losne.

Montsaugeon, de la généralité de Champagne, faisait partie de l'Election ou Bailliage de Langres.

La *commune*, au moyen âge, était une circonscription territoriale, constituant une petite république, ayant ses lois, ses magistrats, sa milice, ses privilèges; en un mot son organisation propre et indépendante.

La commune a pour origines : 1° la tradition

romaine ; les *municipes* retrouvent leur nom avec la *municipalité* ; 2° *l'insurrection* de la bourgoisie contre les seigneurs féodaux, dès le XIIe siècle, ceux-ci, partant pour les croisades, et obligés de *réaliser* pour se procurer de l'argent, leurs droits et privilèges ; 3° les *concessions* octroyées par des chartes royales ou seigneuriales à la bourgoisie, qui laborieuse, commerçante, industrielle, acheta à prix d'argent, sa liberté, son affranchissement.

La première charte d'affranchissement de commune en Haute-Marne est celle de Langres donnée en 1168, par l'évêque ; c'est donc l'évêque qui a donné sur ce point l'exemple aux seigneurs laïques. *Montsaugeon* n'y figure pas.

L'organisation des communes leur donnait le droit d'élire leur maire, de voter leurs impôts, de gouverner leur milice, d'administrer la cité, de rendre la justice, de surveiller les voies publiques, etc.

Depuis 1789 la commune est une réunion de citoyens qui sont habitants ou propriétaires dans une même ville, bourg ou village. (Constitution du 3 septembre 1791).

Ne pas confondre commune et municipalité.

La commune est l'agrégation d'individus formant dans l'Etat une personne à part, ayant son existence propre et une organisation particulière. La municipalité est le corps chargé de représenter la commune, d'agir pour elle et de remplir dans de certaines limites des fonctions publiques et administratives.

Le maire est le chef du corps municipal. (Loi du 14 décembre 1789) ; à côté de lui un procureur de la commune, sans voix délibérative, chargé de défendre les intérêts et de poursuivre les affaires de la commune ; des citoyens actifs, qui nommaient les notables. Pour être citoyen actif, il fallait être français, agé de 25 ans, être domicilié, et payer une contribution directe au moins égale à la valeur de trois journées de travail, n'être pas domestique ou serviteur à gages ; plus tard, avoir été inscrit au rôle des gardes nationaux et avoir prêté le serment civique.

Ces citoyens actifs nommaient, par un seul scrutin de liste et à la pluralité relative des suffrages, un nombre de notables double de celui du conseil municipal. Les notables formaient, avec les membres du conseil, le conseil général de la commune et n'étaient appelés que pour les affaires importantes.

Montsaugeon ayant moins de 500 âmes, le corps municipal ne se composait que de trois membres, y compris le maire, élus par la réunion des citoyens actifs.

La constitution du 5 fructidor an III, modifia profondément cette organisation nouvelle ; au dessous de 5.000 habitants il n'y avait plus qu'un agent municipal et un adjoint. Les agents se réunissaient au chef-lieu de canton sous la présidence d'un agent élu.

La loi du 28 pluviôse an VIII fit revenir à l'organisation de 1789 ; mais les maires et adjoints sont nommés par le préfet.

La loi du 19 juillet 1837 nous ramena, à peu près, à l'état actuel.

En exécution de la loi du 14 décembre 1789, J.-B. Michel, syndic municipal de la paroisse de Montsaugeon, assembla, le 31 janvier 1790, au son de la cloche communale, tous les citoyens actifs pour délibérer sur la formation de la nouvelle municipalité. Les élections eurent lieu le 7 février suivant.

Elus : J.-B. Michel, maire. André Demesle et Pierre Aibeltier-Boulanger.

Membres.

J.-B[e], Mugnier, procureur de la commune.

Didier Talnet J. Aubertot. Didier Thirion Didier Jaugey Etienne Varney le jeune François Thevenot (1)	notables

En vertu de la constitution du 5 fructidor an III (1794), le citoyen Etienne Varney est nommé agent national à Montsaugeon. A côté de lui : Pernot, maire, Martel, officier, Demesse, secrétaire greffier (2).

En l'an VIII, 1 thermidor (1799), on voit Vallot, agent national, rendre des comptes de l'an IV, 18 brumaire à l'an V, 10 germinal. Recettes, néant ; dépenses septante cinq livres cinq deniers (3).

Il rendait ses comptes à ceux qui devaient lui succéder de par la nouvelle loi du 28 pluviôse an VIII, qui nous ramenait à la précédente organisation des municipalités.

Le 1 thermidor an VIII (1799) le citoyen Fouvel était nommé président et le citoyen Vallot secrétaire.

Le même jour prêtent serment (4) comme membres du conseil nommés par le préfet :

Fouvel, prop[re] — Bertrand, Nicolas, père — Talnet, Didier — Varney Etienne — Demesse, André — Vignetey, Thomas — Aubertot, J. — Benoit, Toussaint — Laurent Xavier — Vallot.

An IX, 15 pluv. 1800. *Maires*: Citoyen Pernot Claude; Bernard Nicolas — Conseillers : Citoyen Fourd, George ; Alexis président ; Didier Talnet ; J. Aubertot ; André Demesse vice président ; E. Varney ; Nic.

(1) *Arch. com.* D. I.
(2) *Archives communales*, D. I.
(3) *Arch. comm.* D. I.
(4) « Je promet d'être fidel à la constitution » *Arch. comm.* D. I.

Bertrand ; Toussaint Benoit ; Bernard Valot secrétaire.

An XI, 15 pluviose 1802. Maire Mugnier, J. B[te].

An XII, 22 vend. 1803. : Maire Fouvel Dautebois démissionnaire. — Conseillers J. B. Aubertot ; André Demesse ; Toussaint Benoit ; J. B. Michel ; Cl. Bernard ; Nic. Pernot.

1809, 1 nov. Maire : Cournault Nicolas.

1817, 15 mai. Maire : Fouvel Dautebois.

1818, 30 avril. Le conseil se rassemble chez le maire faute de maison commune.

1819, 13 novembre, Maire, Bernard Vallot. — Conseillers : Joseph Méot remplace Vallot. — Adjoint : Pierre Bourcey.

1820. J. B. Mugnier en place de M. Guidel officier en retraite non acceptant.

1820, 20 mai. Maire : Dautebois.

1821, 25 mars. Conseillers : Michel ; Borne ; André Deglaise ; J. B. Thirion ; Mugnier ; Pernot ; Joseph Méot ; Nicolas Moine.

1821, 2 mai. Conseillers : Michel ; Desglaise ; Méot ; Borre ; J. B. Thirion l'ainé.

1822, 19 décembre. Maire : d'Autebois, avec particule.

1823, 30 mars. Conseiller : Louis N. Vignetey.

1823, 15 mai. Conseiller : François Poinsot.

1821, 23 avril. Baptême de S. A. R. le duc de Bordeaux. (Suivant arrêté préfectoral du 10 avril 1821) :

« Le 1er mai il sera fait une invitation à M. le desservant d'annoncer à la fête de St Jacques que l'on ferait jouer un mouton pour divertir la jeunesse, qu'il leur serait loué un joueur de vidon (ou violon), qu'il serait délivré du pain aux mendiants d'habitude de cette commune proportionnellement à leur famille ».

Ecoles

Recteurs — Maîtres d'école — Instituteurs.

Chaque paroisse avait, avant la Révolution son maître d'école, nommé par l'évêque et surveillé par le curé.

Aux XIIe et XIIIe siècles, le clergé seul avait une instruction suffisante pour enseigner.

Clerc paroissial, il devait non seulement faire les fonctions de maître d'école, mais encore il était en même temps chantre au lutrin et sonneur à l'église. Il n'est pas rare de trouver le curé remplir les fonctions de maître d'école.

Plus tard, les recteurs furent nommés par les habitants réunis en assemblée générale.

L'école restait ouverte : en été, de 6 h. du matin à 10 h. et de 1 h. à 5 h. ; en hiver de 8 h. à 11 h. 1/2, et de 1 h. à 4 h. 1/2. Il y avait vacance l'après-midi du jeudi de chaque semaine et pendant le temps des vendanges.

Le traitement du recteur, était payable soit en denrées, soit en argent : 4 sous pour les commençants ; 5 sous pour ceux qui savaient un peu lire et écrire ; 6 sous pour ceux qui savaient lire dans les écritures à la main, écrire et chiffrer. Au moment de la vendange, le recteur quêtait au village ; chacun donnait à sa volonté ; les habitants qui n'avaient pas de vignes payaient 8 sols. Il était logé, exempt de taille, de capitation et d'impositions. En sa qualité de clerc paroissial, assistant aux offices, et aux fondations, le maître d'école réalisait un petit casuel qui l'aidait à vivre. Selon une ancienne coutume que j'ai vu encore pratiquer à Plombières-lez-Dijon, il y a peu d'années, le recteur portait l'eau bénite chez chaque habitant le dimanche après la messe, et recevait 5 sous par maison abonnée. Le recteur devait faire le catéchisme trois fois la semaine, et tous les jours pendant le carême, jusqu'à l'admission des enfants à la première communion.

En dehors des rétributions collectives des parents, et des cotisations ou allocations communales, je puis citer l'exemple du curé Turquet, qui, par son testament, légua pour l'instruction des enfants pauvres un pré situé sur le chemin de Montsaugeon à Isomes et que la commune possède encore.

Voici, d'après les archives communales et paroissiales, et sur les indications de M. Jourdheuil, instituteur en exercice à Montsaugeon, la liste des maîtres d'école de cette commune :

MM. Bertrand, Nicolas,	recteur		1670-1681
Paufert, François,	»		1681-1686
Cordier, Gabriel,	»		1686-1688
André, Claude,	»		1688-1689
André, André	»	(1)	1689-1719
Hémery, J. B[te]	»		1719-1737
Naudet, Nicolas	»		1737-1760
Naudet, Antoine	»		1760-1789
Barillot, Hugues,	»		1789-1804
Auvigne, Simon,	instituteur		1804-1807
Finot, Nicolas, (2)	»		1807-1832
Dargentolle, Didier	»		1832-1838
Clerget, François	»		1838-1853
Monget, François	»		1853-1855

(1) En 1702, 5 mars, on voit qu'il recevait 5 sols pour service. *Archives paroissiales*. II. 5.

(2) Finot. Autorisation d'enseigner en qualité d'instituteur primaire à Montsaugeon et non ailleurs (Délib. 10 octobre 1817. *Arch. comm.* D. I.) Le conseil municipal considérant que pour les années 1813 à 1817 le traitement n'a pas été payé à cause de la pénurie des revenus de la commune dont le gouvernement d'alors s'était emparé, donne mandat de 325 fr. pour payer Finot. (Délib. du 29 mars 1819 *Arch. comm.* D. I.) — *Arch. par.* II. 20. 1810, 18 mars Cah. II. p. 25).

Chareyre Jean	»	1855-1857
Perron	»	1857-1860
Charbonne Nicolas-Senoch		1860-1871
Pionnier, Prosper-Isidore-Oreste		1871-1882
Degand, François-Auguste		1882-1894
Jourdeuil, Marie-Jules	»	1894-...
en exercice.		

De nos jours l'instituteur n'est plus chantre, ni sonneur, cependant il doit annoncer l'ouverture des classes par la cloche paroissiale ou communale. Il est généralement encore secrétaire de la municipalité.

Halles, Foires.

Les *halles* de Montsaugeon existaient avant le 10 mai 1625, car on trouve à cette date une délibération municipale, ayant trait à leur réparation (1).

Il est fait mention, en 1790, de procès-verbaux faits aux halles pour vente de beurre à faux poids (2).

En 1807, il est dit que Mgr de Montmorin, ancien évêque de Langres et seigneur de Montsaugeon avait, en 1761, fait construire les halles à ses frais et les avait même relaissées à son profit. Il paraît que le terrain sur lequel était établie la halle appartenait à la commune ; c'était au dire des habitants une place publique, une rue lui appartenant, imprescriptible, et, par conséquent, on ne pouvait ni l'aliéner à son préjudice, ni la lui faire payer (3).

Montsaugeon eut à soutenir (1818, 26 nov.) énergiquement une lutte sérieuse contre Prauthoy, qui vou-

(1) *Archives communales*. D. I.
(2) *Ibidem*.
(3) *Arch. comm*. D. I.

lait avoir foires et marchés au préjudice de Montsaugeon.

La commune faisait valoir l'importance de ses foires, apportant marchandises de toute espèce, pour les besoins de l'habillement et du ménage ; il y avait là un beau pâtis pour recevoir les bestiaux, et un étang pour l'abreuver : elles étaient presqu'en tout semblables à celles de Langres, aussi belles, aussi importantes. Les halles construites depuis 40 ans environ sont couvertes en tuiles, solides et les plus belles qui existent à vingt lieues à la ronde. Pourquoi déposséder la commune de Montsaugeon qui a été forcée par le gouvernement d'en faire l'acquisition et qui les a amodiées (120 à 130 fr. par an) (1). D'ailleurs Prauthoy n'a pas de halles, pas de ressources et il faudra imposer le canton pour en construire, ce qui coûtera une vingtaine de mille francs. Prauthoy ne saurait-il se contenter d'avoir obtenu de devenir chef-lieu de canton, avec la justice de Paix ?

Ces considérations étaient de nature à laisser à Montsaugeon ses halles, et ses marchés.

Les foires, ouvertes de quatre heures du matin à deux ou trois heures du soir, étaient fréquentées par 40 ou 50 communes, dont 27 composant le canton de Montsaugeon et dont 24 ou 25 ne sont éloignées que d'une lieue. — Le marché du jeudi amenait de nombreux *Causonniers* et jardiniers de Côte-d'Or et de Langres (2).

Outre le prix de son bail, l'adjudicataire des foires et marchés était obligé de fournir aux marchands les

(1) 1815. 2 avril. Diminution d'un quart sur le bail des halles pour non jouissance en 1814 (M. Bouret adj[re]) pour une foire qui n'a pas eu lieu à cause de la présence des armées alliées. (*Arch. comm.* D. I).

(2) *Archives communales.* D. I.

attelages nécessaires, des trétaux, échelles, planches et autres accessoires ; entretenir les halles en bon état de propreté, désigner les places etc. En 1822, Pierre Bourcey, pépiniériste, était adjudicataire au prix de 125 fr.

Le beurre, les œufs, le jardinage et les fruits étaient exempts de tous droits *ainsi que les bestiaux de toute nature* (1).

Mines.

Le territoire de Montsaugeon renfermait des minerais de fer. On voit, en 1731, Jean Didier Mutel, maître de forges et fourneau de Vernoy, y demeurant (2).

En 1821, un fourneau était exploité à la Folie, commune de Couzon, par M. Elie Constant Daguin, maître de forges à Cussey.

Le 2 juin, Jean Nicolas Durled, directeur de la Folie, commune de Couzon, demeurant au dit fourneau, agissant pour M. Elie Constant Daguin, maître de forges à Cussey, se plaint des vols commis sur ses parcs où sont déposées ses mines sur le finage de Montsaugeon, lieu dit *derrière le jardin*, l'autre au dessus de l'endouzoir(?). M. Daguin fait clore par des landages celui qui est derrière le jardin ; il demande au maire que les gardes champêtres veillent à la conservation des barrières, etc (3).

Le 22 Décembre 1822, on trouve une délibération sur l'occupation par M. Daguain, m° de forges d'Auberive qui fait fabriquer des terres à mines et qui se refuse à payer à la commune la location d'un chemin (4).

(1) *Arch. comm.* D. I.
(2) *Archives paroissiales* II. 13.
(3) *Archives communales*. D. I.
(4) *Archives communales* D. I.

En 1825 (21 mars) M. Elie Constant Daguain, et M. Noël, propriétaire à Montsaugeon, adressèrent une pétition tendant à l'autorisation de maintenir un atelier de lavoirs à bras au nombre de 36, que M. Daguain a depuis plusieurs années sur le territoire de Prauthoy dans une propriété lui appartenant au climat appelé Corne Galante, finages de Prauthoy, et Montsaugeon, le long du ruisseau de la Foireuse (1).

Un sieur Forgeot déclare qu'ayant acheté un tas de minerai du Sr Lejour de Montsaugeon pour le compte de M. M. Noël, aîné et cadet, maîtres de forges, demeurant à Courtivron (Côte-d'Or), il se propose de faire enlever le tas de minerai et de pratiquer un chemin dans les héritages les plus proches de celui qui conduit d'Isômes à Montsangeon en se soumettant de payer aux propriétaires des héritages tous les dégâts occasionnés par le transport des dites mines.

Depuis longtemps le minerai de Montsaugeon n'est plus exploité.

Médecins-Chirurgiens.

Il y avait au moyen âge, un grand nombre d'écoles de médecine, dont : Besançon, Reims, Nancy parmi les plus proches de nos contrées.

On distinguait les chirurgiens en robe longue et les chirurgiens-barbiers ; les premiers, ceux qui avaient étudié la médecine ; les seconds n'étaient que des Praticiens.

1669, 5 septembre. — *Pautheret* docteur en médecine, grainetier au grenier à sel.

1671, 3 octobre. — *Paillort* Agnus (maire ou maître) chirurgien à Montsaugeon.

(1) *Archives communales.* D I.

1671, 19 novembre. — *Pautherot*, Hubert, docteur en médecine, conseiller du roi, et grenetier à sel.

1679, 21 mars. — *Paillot* ou *Paillat* ou *Paillort* (honorable) J.-B. chirurgien.

1693, 3 février. — *Arbeltier*, Symphorien, chirurgien à Montsaugeon.

1696, 9 octobre. — *Mazayer*, docteur en médecine à Langres.

1701, 25 octobre. — *Girardot*, chirurgien à Montsaugeon.

1705, 9 novembre. — *Floriot*, Didier, chirurgien à Langres.

1705, 3 décembre. — *Perriquet*, Humbert, chirurgien au comté de Montsaugeon.

1712, 3 janvier. — *Danicourt*, Joseph, chirurgien à Montsaugeon (1).

1713, 3 février. — *Personne*, Nicolas ,chirurgien à Montsaugeon.

1722, 15 février. — *Danicourt*, Joseph, chirurgien juré à Montsaugeon.

1727, 9 novembre. — *Cholet* chirurgien juré.

1728, 17 août. — *Floriot*, chirurgien à Langres.

1744, 15 mars. — *Cholet*, Claude, chirurgien juré en la prévôté de Curey.

1744, 15 mars. — *Danicourt*, Joseph, chirurgien, demeurant à Montsaugeon.

1746, 10 mars. — *Renaud*, Aubin, chirurgien à Montsaugeon.

1750, 16 août, 23 août. — *Rozier*, Joseph, chirurgien à Montsaujeon.

1761, 20 janvier. — *Jobert*, Joseph, chirurgien juré, de Montigny-sur-Aube.

1761, 30 novembre. — *Guiardin*. J.-B. chirurgien juré à Dommarien.

(1) *Archives paroissiales*. II. 9.

1773, 4 août. — *Fourot*, chirurgien juré, à Esnoms a baptisé une fille en péril de mort, fille de haut et puissant seigneur Messire Joseph de Charlary, chevalier de l'ordre royal et militaire de St Louis, chambellan de l'infant de Parme et de puissante dame Madame Rose Alexandrine, née marquise de la Farre.

1786, 30 septembre. — *Varney*, Nicolas, chirurgien juré à Prauthoy.

Sage femme.

La sage femme de Montsaugeon, Claudette Nouvellier femme de Jean-Baptiste Vignetey, vigneron, âgée de 45 ans, instruite à Langres pendant deux mois, a obtenu le 21 avril 1788 le premier prix du cours d'accouchement et reçu des lettres de maîtrise le 20 mars 1789 (1).

Gardes champêtres

Ils ont été institués par la loi des 28 septembre, 6 octobre 1791 : on leur adjoignait des *messiers* ou gardes messiers, à l'époque des récoltes pour les aider dans leur surveillance.

On trouve dans les archives de la commune (an III. (1794) 15 thermidor) : le citoyen Et. Vignetey en exercice et François Moine ; salaire 40 fr. chacun.

1809. — François Varney, et J.-J Courtaut, chacun 48 fr.

1810 (15 mars). — Par économie on ne conserva que Courtaut aux appointements de 72 fr.

1812. — Parisot François, laboureur et un suppléant Nicolas Laurent avec 100 fr. de gages.

1822. — Antoine Méot jeune, gages au rabais 72 fr.

1823. — François Varney et Denis Delaage, vignerons (2).

(1) *Archives communales*. D. I.
(2) *Archives communales*. D. I.

1824. — Nicolas Moine et Nicolas Vigneley, gages 120 fr.

Tambour.

Le tambour de ville, en 1807 était Jean Auberthot, Il recevait 9 fr. par an (1).

Valeur des denrées.

1791. 9 janvier. — par mesure :	Blé boulangé	3 livres		5s.
	Blé rentaire	3	«	s.
	Seigle		«	48 s.
	Orge		«	36 s.
	Coureau		«	54 s.
	Orgie		«	36 s.
	Avoine		«	26 s.
	Navette de vain	6	«	s.
	Navette d'Hongrie	4	«	s.
	Chenevy	3	«	s.
	Pois	3	«	3 s.
	Beurre	«	«	11 s.
	Chapon	«	«	16 s.
	Poule	«	«	17 s.
	Œuvre	«	«	17 s.
	Chanvre	«	«	5 s.
	Pinte vin pinot	«	«	12 s.
	« gamet	«	«	8 s.
	Haricots	«	«	5 s.
	Livre de lard	«	«	10 s.

Poids et mesures de Montsaugeon.

Bois, — arpent ou arpent de roy.

Terre, journal 400 toises (toise = 8 pieds 3 pouces).

Le journal se divise en ouvrées de 50 toises chacune.

(1) *Archives communales*, D. I.

Fauchée, même quantité de toises que le journal.

Tonneaux — 120 pintes.

Emine — 24 boisseaux.

Le boisseau de blé et de seigle se *racle* ; il se *comble* pour l'orge, l'avoine et les graines rondes et fruits tels que chenevis, navette, pois, haricots, pommes de terre, noix, etc.

Etoffes — l'aune de Paris.

Tixiers — Aune de 32 pouces.

La livre vaut 16 onces.

CHAPITRE XIII

On peut dire qu'à partir de la paix de Wesphalie qui mit fin à la guerre de trente ans, l'histoire de Montsaugeon est terminée, car depuis cette époque on ne rencontre plus de fait intéressant particulièrement ce pays.

Pendant la Révolution on ne peut que mentionner des contributions patriotiques, des votes de secours aux défenseurs de la patrie, des dons en argent ou en bijoux et argenterie généreusement faits par les habitants, des comptes de réquisitions.

En 1814 eut lieu, non loin de Montsaugeon, le combat de Longeau et Percey-le-Pautel, décrit par M. P. de St-Ferjeux (1) et M. le général de Piépape.

C'est encore à Longeau et à Prauthoy qu'en 1870 se passèrent les seuls faits mémorables en dehors des souffrances communes à toute la contrée (2).

Montsaugeon est aujourd'hui un village agréable et paisible qui ne demande qu'à vivre heureux sur le souvenir de son illustre passé.

Percey-le-Pautel — 1907.

Ern. SERRIGNY.

(1) De Piépape. 254. — Jolibois — Notice sur la Hte-Marne p. 408.

(2) Voir. Combat de Longeau 16 décembre 1870. — Documents recueillis par un officier de l'armée régulière — Cavaniol — *Invasion de la Haute Marne.*

TABLE DES MATIÈRES

Chapitres. Pages.

IMPRIMERIE DE L'UNION TYPOGRAPHIQUE — DOMOIS-DIJON

Principaux ouvrages du même Auteur.

De Saint-Dizier à Wassy.

Journal d'une expédition contre les Iroquois en 1687, par le chevalier de Baugy.

La représentation d'un mystère de Saint Martin à Seurre, en 1496.

La chapelle des Bossuet à Seurre.

Cæcilia. — Oratorio de M. Ch. Poisot.

Triduum en l'honneur de J.-B. de la Salle.

Sigurd, opéra de M. Reyer.

La Jeanne d'Arc de Schiller.

Rédemption. — Oratorio de M. Gounod.

L'abbé Chevojon — Un Seurrois.

Les Verseilles et Valpelle.

Orphée chrétien, représenté sur un bassin d'étain.

La Crèche de Villegusien.

Le grand Pardon général de peine et de coulpe à Chaumont.

www.ingramcontent.com/pod-product-compliance
Ingram Content Group UK Ltd.
Pitfield, Milton Keynes, MK11 3LW, UK
UKHW021101220726
13924UKWH00005B/2191